XIAOSHUIDIAN JIANSHE XIANGMU
ZICHAN ZHENGQUANHUA MOSHI JI YINGYONG

# 小水电建设项目

## 资产证券化模式及应用

胡玉明 梁 川 王吉娟 编著

四川大学出版社

责任编辑:唐　飞
责任校对:王　锋
封面设计:墨创文化
责任印制:王　炜

**图书在版编目(CIP)数据**

小水电建设项目资产证券化模式及应用 / 胡玉明，
梁川，王吉娟编著. —成都：四川大学出版社，
2018.10
　ISBN 978-7-5690-2517-0

Ⅰ.①小… Ⅱ.①胡… ②梁… ③王… Ⅲ.①水利水
电工程-资产证券化-研究-中国 Ⅳ.①F832.51

中国版本图书馆 CIP 数据核字（2018）第 250089 号

书　名　**小水电建设项目资产证券化模式及应用**

编　　著　胡玉明　梁　川　王吉娟
出　　版　四川大学出版社
地　　址　成都市一环路南一段 24 号 (610065)
发　　行　四川大学出版社
书　　号　ISBN 978-7-5690-2517-0
印　　刷　四川五洲彩印有限责任公司
成品尺寸　170 mm×240 mm
印　　张　14
字　　数　264 千字
版　　次　2018 年 12 月第 1 版
印　　次　2018 年 12 月第 1 次印刷
定　　价　48.00 元

◆读者邮购本书，请与本社发行科联系。
　电话: (028)85408408/(028)85401670/
　(028)85408023　邮政编码: 610065
◆本社图书如有印装质量问题，请
　寄回出版社调换。
◆网址: http://press.scu.edu.cn

# 前　言

　　2016 年，我国全年的固定资产投资总计约 59.65 亿元，其中国有控股投资约 21.31 亿元，占比 35.73％；民间投资 36.52 亿元，占比 61.22％。全年新增人民币贷款 12.65 万亿元，新增人民币存款 14.88 万亿元，与上年数据基本持平。人民币贷款余额 106.6 万亿元，人民币存款余额 150.59 万亿元，存贷差额约 44 万亿元。怎样让闲置的庞大的存款余额参与到投资活动中来，怎样打通投融资渠道，拓宽投资项目的资金来源，充分挖掘社会资金的潜力，让更多的储蓄转化为有效投资，有效地缓解投资项目融资难、融资贵问题，都需要利用好资产证券化这项金融利器。

　　资产证券化（Asset-backed Securities，ABS）是 20 世纪 70 年代在美国发起的全球金融领域的重大创新之一，经过 40 多年的发展，它成功地实现了一系列金融创新制度。资产证券化在我国起步虽然较晚，但是还有非常大的发展空间，未来在吸引社会资金投资、提高企业直接融资比例、引导企业去杠杆的目标下，资产证券化对于企业债、银行贷款等融资活动必然会产生一定的替代作用。

　　从政策层面上看，近年来，国务院及央行、财政部、发改委、证监会、银监会、保监会等部委都分别出台了一系列相关政策，大力规范和推动资产证券化的发展。资产证券化从审批制转变为注册备案制，不良资产证券化试点开始重启和扩大。相关政策明确鼓励绿色环保产业相关项目通过资产证券化方式融资发展，鼓励住房租赁企业发行 ABS 产品，积极推动 PPP 基础设施项目发行资产证券化产品，提出要稳步推进资产证券化发展，把有序开展企业资产证券化作为盘活企业存量资产、降低企业杠杆率的主要途径之一，使得资产证券化市场有了很快的发展。

　　从市场层面上看，我国资产证券化市场规模近几年增长势头迅猛，仍然延续着非常良好的发展态势，在政策、监管、发行和交易市场等方面都呈现出新的发展特点。资产证券化市场呈现出快速增长、稳健运行、创新性层出不穷的良性发展局面。信贷资产支持证券发行趋于常态化，企业资产支持专项计划增长迅猛，社会资产流动性得到明显改善。资产证券化基础资产类型日益丰富，各类新型资产证券化产品不断推出，资产证券化产品余额规模突破万亿元。不良资产证券化、PPP 资产证券化、绿色资产证券化、个人消费贷款证券化、REITs 和境外发行等领域都实现重要突破，资产证券化市场热度不断提升。资产证券化在盘活社会存量资产、提高企业资金配置效率、服务实体经济等方面发挥着越来越重要的作用。

迄今为止，我国的小水电作为水电能源的重要组成部分之一，虽然其装机容量不到水电总装机容量的三成，但其数量却占到水电站总数量的九成左右，且主要分布在广大的中西部地区，解决了中西部大部分农村人口的用电问题。从水电行业的内在环境看，近几年国家逐步明确了水电改革发展的方向，为小水电明确了新的定位。我国的小水电改革发展要解决好以下三个方面的问题：第一，农村小水电配套改造工程和新农村的电气化建设；第二，小水电代燃料生态保护项目建设；第三，广大农村无电人口用电问题。

从目前水电能源的投资来源来看，银行贷款和发股、发债仍然占绝大多数。而小水电建设作为水电行业里的一个细分板块，规模不大、企业资信度不高，获取银行贷款、发股、发债的难度大，没有办法筹集到所需的资金。与此同时，现有的小水电项目拥有大量优良的沉淀资产，但这些资产应有的效率却没有发挥出来，降低了小水电项目的综合效益。

从行业的外在环境看，近几年国家不断推动扩大信贷资产证券化试点，鼓励和引导民间资本参与农田水利建设等，促进解决水电融资通道不畅的问题。因此，积极探索小水电建设项目新的资金来源通道，提升小水电项目资产效率，优化小水电企业自身存量资产结构，将会积极推进我国小水电行业的健康稳定发展。

2016 年 12 月 21 日，国家发改委、证监会印发《关于推进传统基础设施领域政府和社会资本合作（PPP）项目资产证券化相关工作的通知》，创新性地提出"PPP＋ABS"的资产证券化新模式，给 PPP 融资模式提供了新的融资和退出通道。2017 年 6 月 19 日，财政部联合中国人民银行和证监会发布《关于规范开展政府和社会资本合作项目资产证券化有关事宜的通知》，突破资产证券化要求基础资产已运营两年的限制，尝试在建设期实施资产证券化，这一创新举措意味着可以实施资产证券化的资产不再仅限于已建成运营的小水电项目，在建的小水电项目也可实施资产证券化，再加上国家鼓励 PPP＋ABS 的创新模式，未来小水电项目的资产证券化将大有发展空间。

我们期待随着资产证券化的持续推进，相关政策更加完善，创新产品层出不穷，这才与我国作为全球第一大消费品市场、第二大经济体和第二大资本市场的地位相匹配。

本书将小水电建设的融资和资产证券化结合在一起，解析了小水电建设资产证券化的模式、简易评估方法和现金流预测方法，让读者基本了解小水电建设资产证券化的模式。全书列举了若干国内各行业资产证券化的实践案例，不仅介绍了我国电力及小水电的发展状况，而且介绍了资产证券化在我国的发展情况，使得读者能由近及远、深入浅出地了解资产证券化这一金融创新工具。

本书的研究将资产证券化这种融资创新工具引入小水电建设项目融资方案，能够拓宽小水电建设项目的融资通道，解决小水电建设发展的资金瓶颈，给我国小水电企业指出新的融资思路，提升我国小水电行业的发展建设。对我国小水电项目资产证券化融资理论和应用的研究，充实丰富了我国小水电建设项目资产证券化融资的理论、方法体系，同时也为我国小水电建设项目实施资产证券化的研究和实践提供了有益借鉴。

本书主要着力于资产证券化在小水电建设项目中的应用性研究。全书主要采用了比较研究、案例分析的方法。一方面，以优化资本结构为目的，构建小水电建设项目资产证券化融资模式，对小水电建设项目实施资产证券化过程中证券化产品设计的关键步骤以及操作模式进行初步的研究。其中，对于基础资产的选择、基础资产池的组成、证券化产品的定价设计、定价评估和现金流量的测算是本书所关注的重点。另一方面，注重从小水电建设项目资产所有者的视角考虑上述问题，强调实用性、可操作性在模式设计和操作中的主导地位，并以构建能够实际运用的模式作为主要研究思路。通过对资产池的组合研究，形成具体设计方案，使小水电建设项目资产证券化在实际运用中，能根据基础资产的差别进行具体情况具体分析。

本书除第 1 章导论和结语外，正文包括 8 章内容。第 2 章是关于我国水电建设及小水电发展状况，主要内容包括我国电力资源状况和发展现状，我国水电的特点、优缺点及其发展状况，我国小水电的特点、优缺点及其发展状况。第 3 章是项目融资及资产证券化融资相关理论的概述，主要包括项目融资的特点、发展和我国项目融资的基本模式。简述了资产证券化的定义、分类、关键要素、主要原理与效应，并介绍了国内外资产支持证券的实践与借鉴。分析了华能澜沧江、南通天电和莞深高速等具体案例。第 4 章是小水电建设项目资产证券化的定价原理与方法。介绍了资产证券化定价的基本原理和常用模型，并抓住小水电项目资产的特点，通过小水电未来现金流的现值计算对小水电资产证券化产品合理定价，提出在小水电资产证券化定价过程中可以不予考虑提前清偿的风险。第 5 章是小水电建设项目资产证券化的必要性和可行性论证。通过对小水电建设项目资产证券化内外部驱动性分析，以及资产证券化特性的分析，提出小水电建设项目实施资产证券化具有可行性。而对小水电建设项目资产证券化产品的供需分析，则表明小水电建设项目资产证券化产品在证券交易市场具备一定的前景。第 6 章是小水电建设项目资产证券化模式构建。在分析了小水电建设项目资产证券化的操作流程之后，找出与其他资产证券化流程不同的地方，并分别就小水电建设项目特殊目的机构的构建和信用增级进行具体论述。简要介绍国家为解决在海外上市的优秀企业回归 A 股而设计的 CDR 模式，并提出未来可以设计以离岸公司作为特殊目的机构发行收益凭证的证券化模式。第 7 章是小水电资产证券化的定价与评估模型。在定价方案上，主要针对未来现金流的折现值加以设计。在定价评估模型上，则通过比较未来现金流和投资者收益折现值的覆盖程度来评估定价的合理性。应用灰色理论和神经网络工具建立未来现金流预测模型，给出应用 Matlab 进行辅助运算的方法。第 8 章是预测及评估模型应用。选用汶川福堂水电站和黑水冰川水电站未来 5 年的电费收入组成基础资产池，采用本书给出的定价模型，应用现金流预测模型对未来 5 年的现金流进行预测，并应用定价评估模型对产品定价进行评估。第 9 章是小水电建设项目资产证券化融资模式的风险和应对设计，分析小水电建设项目资产证券化在实行过程中可能遇到的政策、行业和法律等方面的风险和应对方法。

以上各章之间的分工与联系如图 1 所示。

本书可作为从事水电建设、工程项目管理和资产证券化相关专业的本科和研究生教学用书以及供相关研究人员参考，也可供具有一定工程项目管理知识基础的项目业主、政府建设管理部门以及从事资产证券化业务的证券公司、信托公司等各类咨询机构和工程建设单位的相关人员参考。

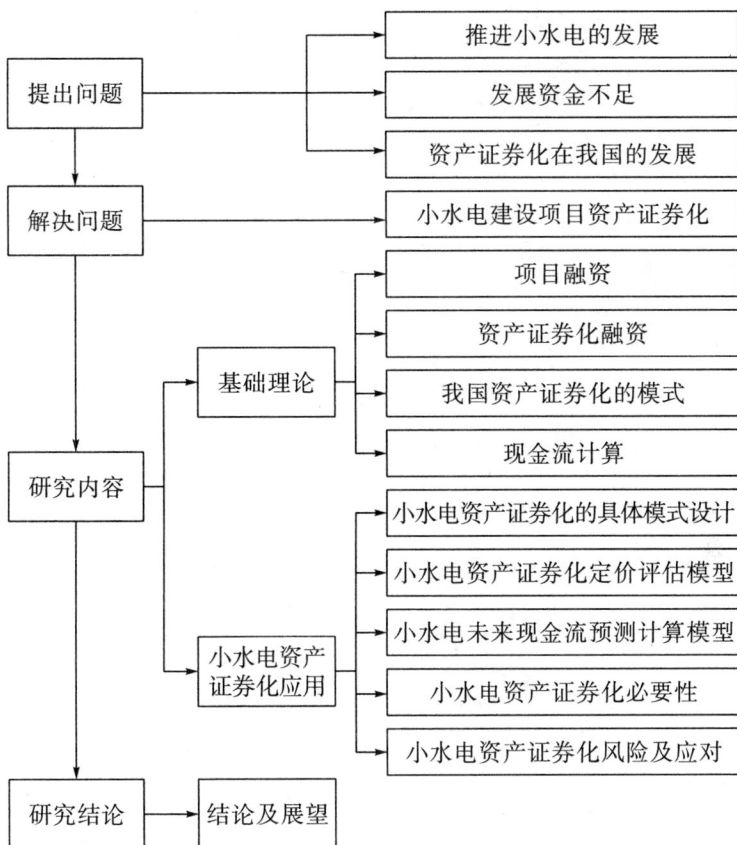

**图 1　各章之间的分工与联系**

本书于 2015 年 9 月初稿成型,本次根据近两年资产证券化相关政策、市场和交易的发展情况,进行了增补和调整。由于本书涉及水电工程、管理、金融和法律等多个领域,限于编者的学术水平和研究能力,书中难免存在疏漏和不当之处,恳请读者批评指正。

编　者

**2018 年 9 月**

# 目　录

# 第1章 导 论

## 1.1 资产证券化研究背景

### 1.1.1 资产证券化在世界资本市场的蓬勃发展

资产证券化是自 20 世纪 70 年代以来全球资本领域最为重要和发展最快的金融创新工具之一。据 SIFMA（美国证券业和金融市场协会）公布的统计数据，在美国资本市场，资产证券化规模已经超过美国联邦政府债券市场。截至 2015 年末，全美资产证券化产品的余额约为 10.05 万亿美元，成为美国资本市场最重要的融资工具之一。亚洲诸多国家在亚洲金融危机之后，也开始积极推广资产证券化，不断地进行创新和发展，目前亚洲已成为资产证券化推广最为活跃的地区。

在 2008 年金融危机的冲击下，全球已发行的资产证券化产品规模明显缩减。但近几年伴随着全球经济的复苏和资本市场的恢复，全球资产证券化产品的发行规模和承销规模又开始迅速回升。美国在 2008 年金融危机之后，吸取了教训，对其国内信贷资产证券化的监管有所加强，资产证券化规模相比此前有所下降，但信贷资产的证券化率却仍然不低（证券化率从 2007 年的 35％下降到 2014 年的 24.3％），这在支撑美国本轮经济复苏中显然发挥了积极的作用。

2012 年美国通过国内证券市场发行资产证券化产品大约 2.1 万亿美元，比 2011 年的规模增加了 24.4％。当年美国证券市场资产证券化产品余额总计约 9 万亿美元，约占美国 GDP 的 57％（2012 年美国 GDP 增长 3.9％，达 15.68 万亿美元）。在全部资产证券化产品存量规模中，MBS 约有 5.7 万亿美元，约占总规模的 65％，CMO（Collateralized Mortgage Obligation，抵押担保债券）约有 1.23 万亿美元，约占总规模的 14％，ABS 约有 4650 亿美元，约占总规模的 5％。美国在 2008 年至 2014 年间，银行业的信贷资产总额从 8.9 万亿美元增加到 10.9 万亿美元，年均增长仅为 3.4％，而美国在 2014 年信贷资产的证券化率为 24.3％。

2015 年年底，在美国资产证券化产品余额中，其中由三大发起机构担保的 MBS 产品余额占到全部证券化产品的 72％，私人发行的 MBS 约占 9.95％，ABS 产品的余额约占 13.23％，ABS 产品的基础资产主要包括信用卡贷款、学生贷款、汽车贷款、企业设备租赁以及 CDO（Collateralized Debt Obligation，担保债务凭证）等。

欧洲的资产证券化产品余额在 2009 年曾经一度超过 3 万亿美元，但后来其规模也随着全球金融危机的爆发不断缩减，近几年才又随着经济的复苏逐渐增加。截至 2015 年年底，欧洲资产证券化市场规模约 1.68 万亿美元，其中 MBS 占 65％，SME（Small Medium Enterprises，中小企业证券化产品）和 WBS（Whole Business Securitization，全业务证券化）分别占 7％和 5％，SME 和 WBS 是欧洲两个独具特色的资产证券化产品。

## 1.1.2 电力基础设施投资规模稳步增长

我国的电力工业历来是国民经济中最重要的基础产业，电力工业的发展与国民经济的增长也一直存在着紧密的相关性。随着我国经济的稳定持续增长，全社会用电量从 2009 年的 36430 亿千瓦时迅速增长到 2016 年的 59198 亿千瓦时，全国大部分省级电网的局部区域和用电时段在每年用电高峰期会经常性出现短时间电力紧张甚至拉闸限电情况，这说明目前的电力发展水平仍然不能满足现阶段国民经济的增长对电力的需求。

据中国电力企业联合会统计，自 2008 年以来，我国的年度发电量一直都保持稳步增长，尤其是水电、光伏发电、风电、核电等清洁能源，更是增长迅速，见表 1.1。

表 1.1　2009—2017 年我国发电量统计表（单位：亿千瓦时）

| 年度 | 发电量 | 增长率（％） | 火电 | 增长率（％） | 水电 | 增长率（％） | 核电 | 增长率（％） |
|---|---|---|---|---|---|---|---|---|
| 2009 | 36812 | | 30117 | | 5717 | | 701 | |
| 2010 | 42278 | 14.85 | 34166 | 13.45 | 6867 | 20.13 | 747 | 6.70 |
| 2011 | 47306 | 11.89 | 39003 | 14.16 | 6681 | −2.71 | 872 | 16.67 |

| 年度 | 发电量 | 增长率（%） | 火电 | 增长率（%） | 水电 | 增长率（%） | 核电 | 增长率（%） |
|------|--------|-------------|------|-------------|------|-------------|------|-------------|
| 2012 | 49865 | 5.41 | 39255 | 0.65 | 8556 | 28.06 | 983 | 12.75 |
| 2013 | 53721 | 7.73 | 42216 | 7.54 | 8921 | 4.27 | 1115 | 13.41 |
| 2014 | 56045 | 4.33 | 42274 | 0.14 | 10601 | 18.83 | 1332 | 19.48 |
| 2015 | 57399 | 1.05 | 42307 | −1.68 | 11127 | 4.96 | 1714 | 28.65 |
| 2016 | 60228 | 4.93 | 43273 | 2.28 | 11748 | 5.58 | 2132 | 24.39 |
| 2017 | 64179 | 6.50 | 45513 | 5.20 | 11945 | 1.70 | 2483 | 16.50 |

注：数据来自中国电力企业联合会。

2008 年全球金融危机发生后，为了应对金融危机对我国国民经济带来的负面影响，我国以基础建设为主要方向投入 4 万亿元以拉动内需，抵销出口缩减对我国经济带来的不利影响，电力行业的投资增速经过两年的回落，在2009 年迅速回升。据中国电力企业联合会公布的统计数据，2008 年，全国完成电力建设投资约 6302 亿元，比上年增长 11.01%；2009 年，全国完成电力建设投资约 7702 亿元，比上年增长 22.20%。随着 2008 年金融危机后我国经济的复苏，电力基础建设投资规模继续保持着一定的发展规模。在随后的2011—2016 年，电源及电网的年度完成总投资分别达到 7614 亿元、7393 亿元、7728 亿元、7764 亿元、8576 亿元和 8855 亿元，增速也相当可观。

由于世界人口增长与人均能源消费增长的双重影响，今后能源的消费还会呈持续性增长，大概到 2020—2030 年，人类能源需求总量与能源的供给之间将产生较大的短缺，也就是所谓的能源短缺。要解决将来的能源短缺，就需要发展相应的新能源，如太阳光能、太阳热能、风能、海洋能、地热能、水能等自然界的能源。因此，我国"十二五"规划提出的电力产业规划目标，主要是促进电力基础设施建设投资增速与国民经济的发展水平相匹配，明确提出在确保生态环境保护和移民安置的前提下，还是要积极地发展水电能源建设，重点推进我国西南区域大型水电站建设，同步推进中小河流水能资源的开发和抽水蓄能电站的科学规划与建设。

对于我国小水电建设的规划设想，在"十二五"规划中也提到要继续加快农村电网改造，加强小水电的开发规划和管理，扩大农村电网供电人口数量，加快实行用电的城乡同网同价。加快农村能源体系建设，推广使用沼气发电、小水电、风电和太阳能发电等新能源，建立新型农村能源体系。

2011 年中央"1 号文件"提出，要加快开发水能资源，加强水能资源的管理，在农村积极发展小水电，积极推进新农村电气化建设，积极推进小水电代燃料生态保护工程建设。这对加强我国水电基础设施建设、改善能源结构、促进国民经济社会可持续发展具有重要意义。关于小水电代燃料的计划，在2002 年的《全国小水电代燃料生态保护工程规划》中就明确，规划到 2020 年小水电代燃料试点县的小水电代燃料户拟达到约 2830 万户，受益人口约 1.04 亿；代燃料年用电量约 339.5 亿千瓦时，总计需新建小水电代燃料电源装机约2403.8 万千瓦，新增年发电量约 781.2 亿千瓦时。2013 年中央"1 号文件"提出将继续支持农村水电供电区电网改造和农村水电增效扩容改造。2015 年中央"1 号文件"中提出在当年要继续对农村电网进行升级改造，采取小水电、风电、光伏发电等方式解决农村无电人口的用电问题。

2016 年和 2017 年中央"1 号文件"提出，要大规模推进农田水利建设，加快重大水利工程建设，开展农村"低电压"综合治理，发展绿色小水电，实施农村饮水安全巩固提升工程和新一轮农村电网改造升级工程。

"十三五"规划提出，要统筹水电开发与生态保护，以重要流域龙头水电站建设为重点，科学开发西南水电资源。加快建设抽水蓄能电站、龙头水电站、天然气调峰电站等优质调峰电源，加强多种电源和储能设施集成互补，提高电力系统的调节能力和运行效率。在可再生能源方面，以西南水电开发为重点，开工建设常规水电 6000 万千瓦。规划提出，要全面改善农村生产生活条件，开展新一轮农网改造升级，农网供电可靠率达到 99.8%。在推进精准扶贫、精准脱贫工作安排上，加强贫困地区水利建设，全面解决贫困人口饮用水安全问题，大力扶持贫困地区农村水电开发。这些具体措施的落地，都会给未来五年的水电发展带来机遇。

## 1.1.3　雾霾治理给水电建设带来了机遇

近年来，由于大气中 PM2.5 颗粒物含量超标，导致我国区域性雾霾污染频发。从 2015 年开始，不时爆发的长时间、大范围的雾霾天气更是席卷我国华北、华中和华东地区，尤其以京津冀鲁和长三角地区最为严重。

严重的雾霾污染表面上看是由不利气候条件所引发，但其内在原因却是不协调的经济发展模式、不合理的产业结构和能源结构搭配不当等因素共同作用下造成的。

一方面，我国化石能源在能源消耗比例中一直占比过高。我国的经济发展过于依赖石油、煤炭等化石能源，虽然可再生能源比例逐渐提高，但火电仍然是我国第一大电源。2017 年，我国能源资源还是以煤为主，火电装机占发电机组总装机的 62％左右，火电发电量占总发电量的 72％左右。由于火电厂通过一定高度的空中排放，在大气中的传播距离相对较远，加之火电厂排放出来的污染物中既有细颗粒物，也有如硫酸盐、硝酸盐和挥发性有机污染物等二次颗粒物的前体物，加剧了区域性污染的产生。

另一方面，我国电力工业布局一直实行就地平衡的发展模式。以前是哪里缺电，就会就近在哪里修建电厂。但我国能源供给与能源需求呈逆向分布格局，电力需求大部分集中在环渤海、长三角和珠三角经济相对发达地区，而煤炭资源多集中在中西部欠发达地区，客观上需要在全国范围内优化配置能源资源。然而，从现实上看换算到单位面积的火电机组装机容量，华北地区的需求是西北地区的十余倍，长三角地区的需求是西北地区的二十余倍。

这两方面的原因直接导致煤电运输紧张，附带引起如今严重的雾霾频发。目前，我国二氧化硫和二氧化碳排放量均居世界首位，我国华北和东部地区生态环境的承载能力已接近极限。雾霾污染发生在我国经济发展最快的华北和中东部地区，说明能源消耗和工业生产等经济发展造成的污染给生态环境带来的压力已不可承受。

出于环保的考虑，能源发展"十三五"规划针对火电提出"优化规划建设时序，加快淘汰落后产能，促进煤电清洁高效发展"的要求，建立煤电规划建设风险预警机制，加强煤电利用小时数监测和考核，与新上项目规模挂钩，合理调控煤电建设节奏。根据《电力发展"十三五"规划（2016—2020 年）》，"十三五"期间将力争淘汰火电落后产能 2000 万千瓦以上，取消和推迟煤电建设项目 1.5 亿千瓦以上，到 2020 年全国煤电装机力争控制在 11 亿千瓦以内，由 2016 年年底 57％的占比降至约 55％。

总之，雾霾污染的产生，既与我国经济发展方式有关，更与能源发展方式有关。转变就地平衡的电力发展方式和过度依赖煤炭的能源利用方式是解决问题的关键。实施"以电代煤、以电代油、电从远方来"必将成为我国治理雾霾污染的有效措施。

"电从远方来"是指将我国西部、北部的火电、风电、太阳能发电和西南的水电，通过特高压电网大规模、远距离、高效率地输送到中东部发达地区，减少中东部地区的燃煤发电机组。

从水电的资源属性、输送的可行性、经济性和规模性上分析，水电对火电是有替代性的。我国的高能耗产业往中西部转移，也会增加用电量，促进水电需求。这些年国家重视生态文明，提高环保标准，同样会增加火电成本，间接促使电力企业在水电开发方面增加投入。例如 2017 年开工的白鹤滩水电站，总装机容量 1600 万千瓦，兼顾航运、清洁能源开发，预计每年可节约 2000 万吨煤炭，减少排放二氧化碳 5160 万吨、二氧化硫 17 万吨，既提供了电力供应，又兼顾了减排效应。

### 1.1.4 电力企业积极尝试多元化融资方式

我国电力工业作为国民经济运行中最重要的基础产业，在促进国民经济发展、社会进步和提高人民群众生活水平上发挥着不可替代的作用。由于其资金密集型的产业属性，要想力保国民经济持续、稳定的发展趋势，必须提高电力企业的生产效率，电力行业所需资金的持续投入是基础和关键。我国在 1979—1984 年经历了电力行业投融资的起步阶段，1985—1991 年为解决当时电力短缺的矛盾，转为多家办电、集资办电阶段，1992 年后逐渐发展到多元化、多途径融资的阶段。1996 年，随着国务院在固定资产投资项目中试行资本金制度，"以国家投资为主，其他投资形式为辅"的格局才在电力基础设施建设领域逐渐形成。2002 年 3 月，《电力体制改革》获得国务院正式批准。以"厂网分开"为标志的电力体制改革开始推行，国家独家办电的模式被打破，先后成立了国家电网、南方电网两大电网公司和国电、华电、华能、大唐、中电投五大发电集团，发电项目建设资金来源的限制逐步放开，全面形成了发电企业投资的新格局，资金来源呈现多元化、市场化。

发电企业为了寻找新的融资通道、优化资产负债结构、提升自我发展能力，也积极尝试通过发行债券和加强银企合作等方式来解决融资难问题。但限于电力工业的独特的行业壁垒，当时的电力建设投资还是以国有或国有控股性质的资金占主导地位，民间资本少有问津。

经过这些年的发展，我国电力基础设施建设还是以银行贷款、股债发行、融资租赁、项目融资和 BOT 等融资方式为主。受我国电力市场环境和资本市场发展水平的限制，上述融资方式多多少少都存在一定的局限性，通过向银行贷款和企业自筹等间接融资是发电企业现阶段采取的主要融资手段。从投资资金来源上看，不管是从电力行业的角度（见图 1.1，其中包含供热、天然气等）还是水利行业的角度（见图 1.2）分析，都说明了这个现状。

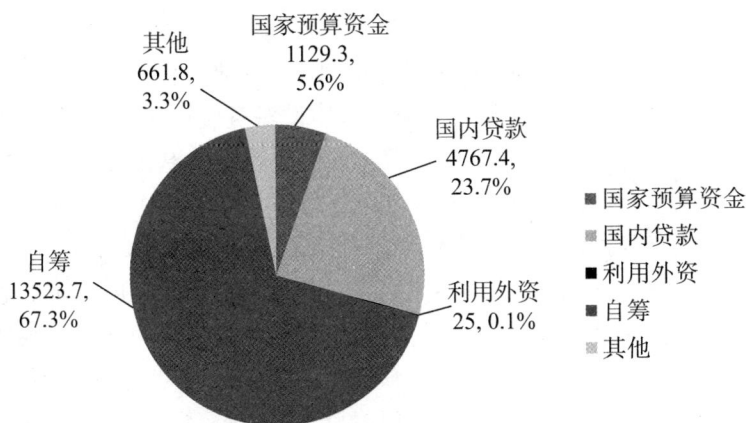

图 1.1　2015 年我国电力行业固定投资来源示意（单位：亿元）

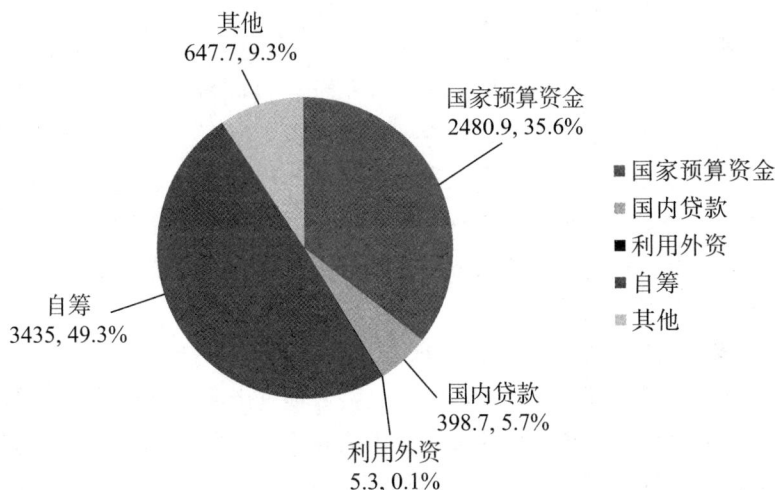

图 1.2　2015 年我国水利建设投资来源示意（单位：亿元）

发电企业目前已完全引入市场竞争机制，企业的建设和运营管理基本上按照市场化的要求来进行。但前些年动力煤价格上涨，发电企业单位生产成本随之持续上涨，此时上网电价却受到严格的价格管制。源于上游产业与政策的双重压力，发电企业利润空间受到严重影响，经济效益逐年下滑，发电企业建设与运行资金的融资压力增大。此外，部分电力建设项目主要是为了解决当地经济发展和人民生活基本需求，属于准公益性建设项目，经济效益不高，在项目投资可行性分析上基本不占优势，很难从银行等金融机构手中获取贷款。在这种情况下，发电企业探索新的融资来源是十分必要的。总体上说，我国发电企业的资产质量等级较高，未来的现金流收入持续稳定，主要以上网电费收入为主，能够准确地测算，具备资产证券化基础资产的典型特征。

相对于发电企业，其他电力基础设施建设对资金同样有着巨大的需求规模，但是大多建设投资周期长、回收慢，这也迫使电力基础设施建设在近年来积极尝试 BOT、PFI 和 PPP 等多元化的融资方式。过去电力基础设施建设基本上是依赖政府拨款、银行贷款和企业自筹，这几年电力企业不仅积极在 A 股市场上市融资，还探索电力企业的多途径融资方式，采用中期票据、可转债、信用债等各种形式的债务融资。对融资形式的开拓，2011 年中央"1 号文件"提出要积极开展水利项目收益权质押贷款等多种形式的融资，建议地方政府融资平台公司要拓宽水利水电建设投融资通道，吸引更多的社会资金参与水利水电建设。2015 年中央"1 号文件"中也鲜明地指出，要继续深化水利系统改革，将民间资金引导到水利建设和运营中来。

从我国资金市场的情况看，2016 年全年固定资产投资（不含农户）596501 亿元，其中国有控股投资 213096 亿元，民间投资 365219 亿元，人民币贷款余额 106.6 万亿元，人民币存款余额 150.59 万亿元。银行存贷差约 44 万亿元闲置在银行，怎样让闲置的存款余额参与到基础设施投资建设中来，怎么样打通投融资渠道，拓宽投资项目资金来源，充分挖掘社会资金潜力，让更多储蓄转化为有效投资，有效缓解项目融资、难融资贵问题，都需要利用好资产证券化这项金融工具。

2006 年中国华能集团试水资产证券化，率先发行了我国电力行业首个电力资产证券化产品，即华能澜沧江水电收益专项资产管理计划，采用资产证券化方式进行直接融资。中国华能集团以华能澜沧江水电有限公司所属的漫湾发电厂未来 38 个月的电费收入作为基础资产，发行 20 亿元的专项资产管理计划收益凭证。这款产品应该是我国发电企业的第一款资产证券化产品。

随后，南通天生港发电有限公司发行南通天电销售资产支持专项资产管理计划产品，该计划产品是以南通天生港发电有限公司未来 36 个月的电费收入作为基础资产，发行 8 亿元的专项收益凭证。

澜沧江水电资产管理计划和南通天电资产管理计划产品的成功发行，最终按约定兑现本息，不仅减少了企业的融资财务费用，优化了企业资产的流动性，也为发电企业拓宽融资通道提供了新的方式，对于拓宽发电企业资金来源路径具有积极的示范作用。2017 年 8 月 28 日，华能澜沧江水电股份有限公司披露招股书称，拟于上海证券交易所公开发行不超过 22.0909 亿股，募集资金 80 亿元人民币，计划投资 3 座总装机容量为 281 万千瓦的水电站（苗尾水电站、乌弄龙水电站、里底水电站），开拓了直接融资的渠道。

包括小水电在内的发电企业积极推广实施资产证券化，不但可以解决发电企业建设资金不足的难题，优化企业的资产负债结构，而且还能够提高我国电力行业的整体竞争力，促进我国国民经济继续保持稳定和健康的发展势头。因此，推进发电企业采用资产证券化的融资手段获取建设资金对电力行业和企业的发展有重要的现实意义。

## 1.2 资产证券化研究意义

本书的研究重点是小水电建设项目资产证券化的模式设计及应用，在分析资产证券化的特点和我国资产证券化实践应用的基础上，结合我国小水电建设项目资产的特点，构建适合我国现阶段电力市场发展和资本市场环境的小水电建设项目资产证券化的电费收入证券化模式。

本书的研究思路是针对我国小水电建设项目资产独特性，吸收国内外资产证券化操作的成熟经验，为我国小水电建设项目量身构建资产证券化的融资模式，期望能够达到将小水电项目的沉淀资产转化为建设资金的目的，为小水电企业进入良性的循环发展寻找新的融资渠道。

小水电行业单站规模偏小，要达到节约资源的目的，就是要充分利用规模效应，小水电建设项目的规模发展必须依靠一定数量的资金作保障。根据我国电力建设的远期规划，到 2020 年，含小水电在内的水电大约还需要提供约1.3 万亿千瓦时的年发电量，水电装机容量预计达到 3.2 亿千瓦。为了满足我国小水电建设的需求，需要持续地投入大量的资金，未来小水电建设项目的资金仍然严重不足。上述庞大的资金需求仅仅靠常规的、传统的融资方式肯定是难以满足的。而小水电建设项目在我国 A 股市场上发行股票或发行企业债券要受市场、规模等条件的限制，使得小水电建设项目直接融资很难短期实现，小水电建设项目通常还是指望通过向银行贷款来获取资金。但银行针对小水电建设项目的贷款额度一般不会很大，且通常限制贷款期限在十年以下，同时银行贷款会使得企业财务成本相对较高。

小水电站作为小水电建设项目的基础资产，通常拥有持续稳定的未来电费收入即稳定的现金流量，适合以电费收入为支撑发行资产证券化产品，将未来的资金变现。作为创新的融资手段，资产证券化对原始权益人来说具有规模效应，拟证券化基础资产的规模越大，发行过程中产生的费用就会被摊薄，单位筹资成本就越低。因此，小水电建设项目通过资产证券化方式融资，不仅可以优化现有的融资结构，为其稳定发展提供持续的资金保障，还可以降低融资成本和财务费用，加强小水电建设项目的市场竞争优势。在这种情况下，小水电建设项目可以其持续稳定的未来应收电费现金流作为基础资产，通过设计发行资产证券化产品融资，从而为企业持续发展提供稳定的、持续的资金保障。

小水电建设项目电费收入证券化作为一种新的融资方式，一方面开辟了小水电建设项目新的融资通道，另一方面降低了财务费用、提高了资产的流动性、优化了企业资产负债结构，在解决小水电建设项目融资困难的同时又提升了持续融资的空间。因此，对于小水电建设项目电费收入证券化的研究和探讨具有重要的现实意义。但是首先需要研究和探讨小水电建设项目电费收入证券化是否具有可行性，为此本书拟通过小水电基础资产组合和未来电费预测等方式着重研究小水电建设项目电费收入证券化的可行性，最后对小水电建设项目电费收入证券化基础资产池的构建进行深入分析，从而完善小水电建设项目资产证券化相关理论，并对实际操作提供一些指导。

资产证券化是全球资本市场上发展迅速且效力极高的一种新型融资模式，已在污水处理厂、高速公路、铁路等基础设施项目建设中得以成功运用，但在小水电建设项目中的研究和尝试还很欠缺。

本书以小水电建设项目的资产特性和资产证券化的相关理论为基础，参考资产证券化在电力、公路等基础设施建设领域成功操作的案例，将其与项目融资等融资模式对照比较，表明资产证券化用于小水电建设项目的可行性及适用范围。在小水电建设项目资产证券化融资设计过程中，重点分析了特殊目的机构的形式、产品定价及定价评估模型等关键问题，并简要介绍了资产证券化可能发生的风险和应对措施，为我国小水电建设项目实施资产证券化融资提供了一些理论依据。由于资产证券化在欧美国家已经是一种较为成熟的融资模式，而在我国的实践和应用也有十年以上，相关理论比较成熟，因此本书在基础理论上仅做简单介绍。

资产证券化用于小水电建设项目尽管还是初步探索，但已经存在较强的可操作性，一旦应用成功则具有重要的现实意义。它不但能很好地解决小水电建设项目的资金来源问题，有效引导社会资本进入小水电建设领域，而且能减轻政府的财政负担，使得政府将资金使用在其他必需的民生和公共服务项目上。本书研究的意义主要体现在以下几个方面：

（1）对小水电建设项目投融资多元化体系建立的意义。资产证券化为解决小水电建设项目资金来源问题提供了新思路，突破了传统的融资模式，为我国小水电建设项目提供强大的资金动力。

从 1979 年起，我国的小水电行业已经历了 30 年的快速发展，投融资体系已从早期的国家资金投资走向了资金来源多元化，从封闭走向了开放，投资主体多元化的局面逐步形成。随着我国国民经济的稳步发展，小水电投资建设规模也日渐增长，对建设资金的需求也是有增无减。怎样引导更多的社会资金参与小水电行业的建设，怎样降低小水电建设项目的融资成本，怎样形成小水电建设项目多元化的资金来源，这些问题仍需要继续研究、探索和实践。

小水电建设项目资产证券化产品的发行，将为资本市场的投资者提供更多的投资方向，将使其投资方向不仅仅局限于小水电固定资产，还能扩展到小水电的存量资产上，形成多元化的投资层次。而小水电建设项目资产证券化通过结构重组以及信用增级等手段，也能在很大程度上降低小水电建设项目的融资成本，对于优化小水电建设项目融资结构、丰富小水电建设项目低成本的融资通道有着重要的意义。

（2）对促进行业体制改革的意义。小水电建设项目资产证券化不仅能将小水电建设项目的沉淀资产盘活，也提高了不良资产的流动性，对于提升小水电建设项目资产负债管理水平、改善财务状况，有着最直接的效果。小水电建设项目资产证券化产品的发行，不仅不会削弱企业的控股权，也不会增加企业的负债，还能利用社会资本发展企业。此外，小水电建设项目资产证券化有利于提高资本的使用效率，促进小水电建设项目资本运作理念的提升，在满足企业资金需求的同时，有利于对小水电建设项目资产进行市场化合理定价。

（3）对我国资本市场开放与完善的意义。小水电建设项目实施资产证券化融资将会推动小水电行业的发展，丰富我国资产证券化的内涵，拓宽资产证券化的应用领域。

资产证券化的实施是一个比较复杂的、系统的过程，所涉及的参与者众多，对外部环境的规范性有较高要求，因而对我国资本市场体系建设提出了更高的要求。小水电建设项目通过证券化产品的发行，能增加资本市场的供给，为投资者提供新的投资品种，有助于丰富我国资本市场的产品结构，并促使资产证券化从信贷产品转向企业资产。随着我国资本市场对外开放步伐的加快，国外的金融机构也会陆续参与进入，带来各种金融创新的冲击，本土金融机构也要加强资产证券化实际运作的经验，而小水电建设项目资产证券化的开展，必定会为国内的金融机构探索企业资产证券化带来实践的机会。

（4）对小水电建设项目资产证券化融资风险进行分析和评价，为决策者提供理论依据和参考意见。

# 1.3 我国资产证券化发展状况

与欧美国家相比，我国资产证券化的起步较晚，但在"一行三会"的大力推动和证券、信托及银行等金融机构的积极参与下，我国的资产证券化从无到有，并快速发展和不断壮大起来。

自1992年开始，我国资产证券化道路已走过了20多年的历程。2005年12月，由中国国家开发银行和建设银行分别发行信贷资产支持证券和住房贷款支持证券，合计约70.5亿元，这应该算是国内的首批资产证券化产品。2008年，我国又发行了约296.5亿元共8只资产证券化产品，截至2008年年底，国内共发行各类资产支持证券约531.18亿元，证券化产品余额为434.4亿元。受全球金融危机的影响，2009年和2010年我国资产证券化尝试陷于停滞。

2011年，我国重启第二轮信贷资产证券化试点，500亿元的发行额度分别分配给7家国内金融机构。2012年9月，国开行发行约92.7亿元信贷资产证券化产品，开始了我国新一轮资产证券化的推广。2013年8月，国务院经研究决定进一步在国内资本市场扩大信贷资产证券化试点，新增了3000亿元的发行额度。我国的资产证券化主要包括信贷资产证券化、企业资产证券化和资产支持票据三类。2014年我国发行信贷资产支持证券约2833亿元，企业资产证券化产品（券商发行的专项资产管理计划）约342亿元，资产支持票据约89亿元，这三类产品合计总发行量约3264亿元，较上一年增长了10倍以上。

2015年，我国共发行1386只资产证券化产品，总金额6032.4亿元，同比增长84%，市场存量为7703.95亿元，同比增长129%。2016年，证券化市场共发行资产证券化产品491单，总规模8894.66亿元，同比增长44.97%，再创历史新高。具体从数据来看，企业ABS规模全面超过信贷ABS规模，发行数量为376单，发行规模4830.56亿元，同比增长136.31%，规模占比54.31%；信贷ABS全年共发行108单，发行规模稍有下降，为3909.53亿元，同比减少3.62%，规模占比43.95%；交易商协会全年发行ABN共8单，发行规模166.57亿元，同比增长341.63%，规模占比2.05%。2016年，我国资产证券化市场创新产品不断涌现，基础资产范围不断扩大，交易结构不断完善，证券化产品类型越来越丰富，资产证券化产品基础资产类型新增不良资产、票据收益权、商业住房抵押贷款（CMBS）、保单质押贷款等类型。

　　2016 年，我国资产证券化市场的主要亮点表现在不良资产证券化的重启，资产支持证券发行中加入信用风险缓释工具（CRM）的尝试，车贷证券化循环购买结构的创新，首单信托型 ABN 的成功发行，REITs 在交易所市场的推出等。不良资产证券化的重启对于盘活社会存量资产、优化信贷资源配置、改善银行经营状况、培育债券市场风险识别与分担机制具有深远意义。

　　2017 年上半年，全国共发行资产证券化产品 4884.1 亿元，同比增长 68.87％，市场存量为 14624.78 亿元，同比增长 66.48％。其中，信贷 ABS 发行规模 1911.82 亿元，同比增长 42.05％，占发行总量的 39.10％；存量为 6586.12 亿元，同比增长 27.21％，占市场总量的 45.03％。企业 ABS 发行规模 2864.14 亿元，同比增长 89.33％，占发行总量的 58.58％；存量为 7656.09 亿元，同比增长 123.14％，占市场总量的 52.35％；资产支持票据（ABN）发行规模 113.68 亿元，同比增长 237.53％，占发行总量的 2.32％；存量为 382.57 亿元，同比增长 116.66％，占市场总量的 2.62％。

　　2017 年，"太平洋证券新水源污水处理服务收费收益权资产支持专项计划""广发恒进－广晟东江环保虎门绿源 PPP 项目资产支持专项计划"和"华夏幸福固安工业园区新型城镇化 PPP 项目供热收费收益权资产支持专项计划"的发行，标志着国家发改委与证监会联合推动的"PPP＋ABS"模式高效落地，PPP 资产证券化业务的顺利推进，有利于盘活 PPP 项目存量资产，拓宽基础设施建设融资渠道，降低融资成本，更好地吸引社会资本服务于国家供给侧结构性改革。

　　但我国资产支持证券的产品规模占 GDP 的比重仍然还不到 2％（2016 年我国 GDP 达 74.41 万亿元人民币），美国的资产证券化产品规模占 GDP（2015 年）比重是 58.5％，可见还有巨大的增长空间。随着我国资本市场制度的不断完善，对资产证券化由审批制改为备案制，相信未来国内资产证券化的发展步伐会迎头赶上。预计到 2020 年，我国资产证券化的规模将会达到 2 万亿元人民币，年均增长速度在 40％以上。

## 1.3.1　我国资产证券化的市场特点

　　当前，我国资产证券化的市场有如下特点：

　　（1）资产证券化产品发起机构众多，但单次融资规模仍然偏小。在我国每一次信贷资产证券化的试点推进中，国有大型商业银行、政策性银行和股份制银行都有项目操作，各类证券公司和信托公司也可作为企业资产证券化的发起人。相较于美国的资产证券化市场存量超过 10 万亿美元的巨大规模来看，我国资产证券化已发行的产品规模还低于 2 万亿元人民币，市场的规模仍然很小，资产证券化业务的开展只能算是起步阶段。

（2）资产证券化一级投资者的范围有所扩大，但二级交易市场的交易活跃程度相对不足。我国各类商业银行、外资银行、信托公司、证券公司和基金公司等金融机构都可以投资资产证券化产品，但依然大都是以持有证券到期为主，在持有期内的交易量严重不足，容易造成证券产生流动性高溢价，会造成发起人的融资成本增加。这些都说明我国的资产证券化市场目前仍然处于初级阶段。

（3）对资产证券化有监管权力的部门众多，但信用风险却相对集中。目前我国资产证券化分为两大类，第一类是信贷资产证券化业务，第二类是企业资产证券化业务。信贷资产证券化产品由央行和银监会负责监管，只在银行间交易市场发行；企业资产证券化产品由银行间市场交易商协会和证监会分类监管，可分别在银行间交易市场和证券交易所发行。信贷资产证券化本来可以转移和分散银行的信贷风险，但以目前的市场结构来看，在银行间交易市场发行信贷资产证券化产品造成的风险却依然保留在银行体系内部，银行系统性风险隐患仍然没有消除。

## 1.3.2 我国未来收益类资产证券化的发展状况

根据我国当前实际情况，电费、水费、污水处理费、高速公路过路费等组成了基础设施收费、公用事业收费等未来收益类资产。

对企业未来收益实施资产证券化是基于法律上有某种权利的存在，这种权利有可能是某项资产或财产性权利的所有权，也有可能是某种资产附属的特许经营权，从本质上看这是对一种资产所附属的收益权进行资产证券化。这时候，如果能以未来收益权作支撑发行资产证券化产品，不但能发挥企业的这部分存量资产的作用，使未来的收益能够变现，而且能及时获取所需的资金，其现实意义显而易见。

首先，通过企业未来收益权的证券化，将企业未来的收益"真实出售"给特殊目的机构，能将未来的收益转化为可用的现金，从而将未来的收益提前使用。其次，这类证券化产品发行时一般是以资产的信用作支撑的，与原始权益人的信用无关。对于发行债券难度大、资产负债结构不好，但未来却有稳定收入的企业，用这些未来收益作支撑发行证券化产品进行融资其实是最现实的途径。再次，从国内华能澜沧江等已清偿的证券化产品来看，资产证券化的融资成本通常低于银行贷款，更远低于常规信托产品模式的融资成本。以未来收益权作支撑发行的收益凭证代表的是投入本金的收益权，不具有股权性质，因此收益凭证的持有人不是股东。

2005 年年底，作为我国上市公司首次收益权资产证券化尝试，东莞发展控股股份公司作为原始权益人，由广发证券公司担任计划管理人并设立资产管理计划，工商银行担任计划托管人、清算银行和担保机构，以东莞控股莞深高速公路（一、二期）未来一年半的公路收费现金流 6 亿元作支撑，莞深高速公路收费收益权专项资产管理计划成功发行 5.8 亿元，在 2007 年 6 月到期并成功兑付，该产品的年化收益率达到 3.56％。截至 2007 年 6 月 15 日，东莞控股在 18 个月内，分 3 次向莞深收益计划专用账户支付了 6 亿元，按约定完成了莞深收益计划所有的本息支付。

2006 年，南京公用控股（集团）有限责任公司作为原始权益人，由东海证券有限责任公司担任计划管理人并设立南京城建污水处理收费资产支持收益专项资产管理计划，上海浦东发展银行担任专项计划托管人和担保机构，专项计划成立日为 2006 年 7 月 13 日。专项计划以南京公用控股（集团）有限责任公司所拥有的自专项计划成立之次日起 5 年内从南京市财政局取得的污水处理收费收益权作支撑，预计每年能产生的现金流金额为 3.2 亿元，发行收益凭证 1 年期 1.21 亿元（年利率 2.8％～2.9％），2 年期 1.3 亿元（年利率 3.2％～3.3％），3 年期 2.3 亿元（年利率 3.5％～3.6％），4 年期 2.4 亿元（年利率 3.8％～3.9％）。

2012 年，南京市城市建设投资控股（集团）有限责任公司作为原始权益人，由东海证券有限责任公司担任计划管理人并设立南京公用控股污水处理收费资产支持收益专项资产管理计划（二期），招商银行股份有限公司担任计划托管人和担保机构，专项计划成立日为 2012 年 3 月 20 日，发行总额 12.5 亿元。专项计划以南京市城市建设投资控股（集团）有限责任公司所拥有的自专项计划成立之次日起 4 年合计为人民币 8 亿元的污水处理收费收益权作支撑，发行收益凭证 1 年期 2.2 亿元（年利率 6.3％），2 年期 2.3 亿元（年利率 6.8％），3 年期 2.5 亿元（年利率 6.99％），4 年期 2.7 亿元（年利率 6.99％），5 年期 2.8 亿元（年利率 6.99％），次级 0.8 亿元。

2012 年，华侨城 A、上海华侨城和北京华侨城作为原始权益人，由中信证券担任计划管理人并设立欢乐谷主题公园入园凭证专项资产管理计划，中信银行担任计划托管人，华侨城集团作为担保机构，专项计划成立日为 2012 年 12 月 4 日，募集资金 18.5 亿元。专项计划以成立次日起 5 年内特定期间（每年5月1日—10月31日）公司及下属子公司拥有的欢乐谷主题公园入园凭证为基础资产，设优先级收益凭证和次级收益凭证，分为1年期2.95亿元（年利率5.5%），2年期3.25亿元（年利率5.8%），3年期3.45亿元（年利率6%），4年期3.75亿元（年利率6%），5年期4.1亿元（年利率6%），次级1亿元。入园凭证包括全价票、团体票、夜场票、优惠票、年卡、情侣卡、家庭卡和其他各类可以入园的凭证。这是我国第一次将旅游项目入园凭证现金流实施资产证券化，华侨城也是第一家通过资产证券化融资的房地产及旅游企业。

我国电力企业未来收益权的资产证券化有华能澜沧江和南通天电案例，在后面章节有详细的介绍。

### 1.3.3　我国进入证券化的发展新阶段

近几年，国务院、央行、各部委陆续出台了一系列规范、支持资产证券化发展的文件，在监管发力、政策导向促进证券化市场良性发展的关键时期，这些文件明确支持推动资产证券化，表达了监管层对于大力发展资产证券化的明确态度，促使资产证券化在提高企业资产使用效率、降低负债率、盘活存量资产、助力去杠杆等方面发挥了更加积极的功效。

在政策层面，上述文件进一步明确了"资产证券化服务实体经济"的发展方向，积极发挥资产证券化在"去产能、去库存、降杠杆、降成本、补短板"等方面的作用，提高了金融服务实体经济的效率。

相关的政策文件有：

2016年2月2日，国务院印发《关于深入推进新型城镇化建设的若干意见》，提出要支持城市政府推行基础设施和租赁房资产证券化，提高城市基础设施项目直接融资比重。

2016年2月14日，央行等八部委印发《关于金融支持工业稳增长调结构增效益的若干意见》，提出进一步推进信贷资产证券化，加快推进住房和汽车贷款资产证券化。在审慎稳妥的前提下，选择少数符合条件的金融机构探索开展不良资产证券化试点，加快推进应收账款证券化等企业资产证券化业务发展，盘活工业企业存量资产。

2016年3月3日，央行等印发《关于金融支持养老服务业加快发展的指导意见》，鼓励运作比较成熟、未来现金流稳定的养老服务项目，以项目资产的未来现金流、收益权等为基础，探索发行项目收益票据、资产证券化等产品。支持符合条件的金融机构通过发行金融债、信贷资产支持证券等方式，募集资金重点用于支持小微养老服务企业发展。

2016 年 3 月 8 日，保监会印发《关于修改〈保险资金运用管理暂行办法〉的决定（征求意见稿）》，修改增加了第十五条"保险资金可以投资资产证券化产品"，将资产证券化产品纳入险资投资范围，拓宽了保险资金的投资领域，2018 年 1 月 24 日，《保险资金运用管理办法》正式发布。

2016 年 3 月 24 日，央行等印发《关于加大对新消费领域金融支持的指导意见》，大力发展汽车、消费和信用卡等零售类贷款信贷资产证券化，盘活信贷存量，扩大消费信贷规模，提升消费信贷供给能力。

2016 年 3 月 25 日，国务院批转《发改委关于 2016 年深化经济体制改革重点工作的意见》，支持开展基础设施资产证券化试点，推进不良资产实施证券化试点。

2016 年 5 月 17 日，国务院印发《关于加快培育和发展住房租赁市场的若干意见》，支持符合条件的住房租赁企业发行债券、不动产证券化产品。

2016 年 7 月 5 日，国务院印发《关于深化投融资体制改革的意见》，提出要依托多层次资本市场体系，拓宽投资项目融资渠道，支持有真实经济活动支撑的资产证券化，盘活存量资产，优化金融资源配置，更好地服务投资兴业。

2016 年 9 月 22 日，国务院印发《关于积极稳妥降低企业杠杆率的意见》，明确提出要有序开展企业资产证券化，以盘活企业存量资产、优化债务结构、降低企业融资杠杆。按照"真实出售、破产隔离"原则，积极开展以企业应收账款、租赁债权等财产权利和基础设施、商业物业等不动产财产或财产权益为基础资产的资产证券化业务。发挥积极的财政政策作用，落实并完善企业兼并重组、破产清算、资产证券化、债转股和银行不良资产核销等相关税收政策，推动银行不良资产证券化。

2016 年 12 月 21 日，发改委、证监会印发《关于推进传统基础设施领域政府和社会资本合作（PPP）项目资产证券化相关工作的通知》，提出要积极引入城镇化建设基金、基础设施投资基金、产业投资基金、不动产基金以及证券投资基金、证券资产管理产品等各类市场资金投资 PPP 项目资产证券化产品，推动传统基础设施领域 PPP 项目资产证券化融资平稳健康发展。

2017 年 1 月 11 日，中办、国办印发《关于创新政府配置资源方式的指导意见》，明确要完善国有资本退出机制，坚持以管资本为主，以提高国有资本流动性为目标，积极推动经营性国有资产证券化，支持企业依法合规通过证券交易、产权交易等市场，以市场公允价格处置国有资产。

2017 年 2 月 17 日，深交所和上交所分别对各自市场参与人发布《关于推进传统基础设施领域政府和社会资本合作（PPP）项目资产证券化业务的通知》，鼓励和支持 PPP 项目企业及相关中介依法积极开展 PPP 资产证券化业务，对于符合条件的优质产品建立绿色通道，提升受理评审和挂牌转让工作效率。

2017 年 3 月 2 日，证监会发布《中国证监会关于支持绿色债券发展的指导意见》，对绿色公司债券、绿色产业项目作出界定，鼓励市场主体投资绿色公司债券，并明确发行绿色资产支持证券参照绿色公司债券相关要求执行。这些创新都有助于提升企业发行绿色资产支持证券的便利性，有利于进一步降低融资成本，推动绿色资产证券化持续健康发展。

2017 年 5 月 31 日，财政部和农业部联合发文《关于深入推进农业领域政府和社会资本合作的实施意见》，引导社会资本积极参与农业领域 PPP 项目投资、建设、运营，开展农业 PPP 项目资产证券化试点，探索各类投资主体的合规退出渠道。

2017 年 6 月 7 日，财政部、央行、证监会印发《关于规范开展政府和社会资本合作项目资产证券化有关事宜的通知》（财金〔2017〕55 号），从推动 PPP 项目资产证券化，筛选拟开展资产证券化的 PPP 项目，完善 PPP 项目资产证券化工作程序，加强 PPP 项目资产证券化监督管理等方面提出了指导意见。在项目建成运营 2 年后，项目公司的股东可以以能够带来现金流的股权作为基础资产，发行资产证券化产品，盘活存量股权资产，提高资产流动性。优先支持水务、环境保护、交通运输等市场化程度较高、公共服务需求稳定、现金流可预测性较强的行业开展资产证券化。优先支持政府偿付能力较好、信用水平较高，并严格履行 PPP 项目财政管理要求的地区开展资产证券化。创新性地提出积极探索项目公司在项目建设期依托 PPP 合同约定的未来收益权，发行资产证券化产品，进一步拓宽项目融资渠道。

在市场层面，规范不良贷款、微小企业贷款、应收账款收益权以及资产支持票据等基础资产证券化信息披露行为，有效防范道德风险，拓宽基础资产类型，促进结构化融资市场健康发展。

2017 年以来，"太平洋证券新水源污水处理服务收费收益权资产支持专项计划""华夏幸福固安工业园区新型城镇化 PPP 项目供热收费收益权资产支持专项计划"和"川投集团 PPP 项目资产支持专项计划"的发行，在资产证券化基础资产、产品结构和发行模式上都在以往的基础上进行了创新，标志着我国资产证券化进入了新的发展机遇期。

## 1.3.4 相关的政策文件

2016 年 4 月 19 日，银行间市场交易商协会发布《不良贷款资产支持证券信息披露指引（试行）》及其配套的表格体系，对基础资产筛选标准、总体信息、判断回收金额的依据、参与机构信息和证券存续期提出了相关的信息披露要求，对发行环节信息披露、存续期定期信息披露、存续期重大事件信息披露、信息披露评价与反馈机制做出明确规定。在保护投资人合法权益的基础上，增强了市场的透明度，为进一步推动不良贷款资产证券化业务的高效、有序发展奠定了基础。

2016 年 10 月 14 日，银行间市场交易商协会发布《微小企业贷款资产支持证券信息披露指引（试行）》，通过明确基础资产定义及入池标准、新增发起机构历史静态池抽样贷款逐笔信息、新增发起机构针对贷款政策和监管指标披露要求三条制度安排，提高微小企业贷款资产证券化产品信息披露的透明度和有效性，有利于丰富银行间资产证券化的基础资产种类。

2016 年 10 月 28 日，上交所发布《资产证券化业务指南（第 10 次修订）》，围绕 ABS 的挂牌转让流程的完善，增加特殊情形处理，明确多期、分期、同类项目申报要求，增加发行前备案程序，调整申请材料清单要求，添加附件模板，增加管理人和律师尽职调查内容要求，优化登记与挂牌流程，调整存续期信息披露条款等共计 9 项内容。优化企业类资产证券化产品在上海交易所申请挂牌的业务流程，推动资产支持专项计划规范化发展。

2016 年 11 月 14 日，银行间市场交易商协会发布《信贷资产支持证券信息披露工作评价规程（试行）》和《信贷资产支持证券信息披露工作评价规程（试行）》，适用于银行间市场交易商协会组织市场成员对信贷资产证券化产品受托机构、发起机构、承销机构、信用评级机构、会计师事务所、律师事务所等信息披露义务人的市场信息披露质量进行评价，有利于进一步完善信贷资产证券化产品信息披露"事后事中"监管机制，维护投资者合法权益，促进信贷资产证券化市场健康有序发展，更好发挥金融支持实体经济的作用。

2016 年 12 月 12 日，银行间市场交易商协会发布《非金融企业资产支持票据指引（修订稿）》及其配套的表格体系，本次修订立足于"资产支持"的产品特性，重点对资产支持票据的资产类型、交易结构、风险隔离、信息披露、参与各方权利义务、投资人保护机制等进行了规范，以夯实非金融企业资产证券化产品制度基础，推动企业盘活存量资产，丰富债券品种，提升银行间债券市场普惠性，更好地配合供给侧改革任务的落实。

2016 年 12 月 26 日，发改委、证监会印发《关于推进传统基础设施领域政府和社会资本合作（PPP）项目资产证券化相关工作的通知》，部委层面首次正式启动 PPP 项目资产证券化，明确已建成并正常运营两年以上、具有持续经营能力的传统基础设施领域 PPP 项目可进行证券化模式融资，同时证监会为 PPP 资产证券化开通"绿色通道"。

2017 年 3 月 3 日，深交所发布《深圳证券交易所资产证券化业务问答》。较半年前的最近一次修订，除了增加 PPP 资产证券化相关内容外，还新增了融资租赁类、应收账款类、公用事业类、入园凭证类、保障房类、商业物业抵押贷款类基础资产的评审关注要点，明确了分期、同类项目申报要求，完善了对挂牌条件确认申请材料的要求，增加了管理人和律师尽职调查内容要求，明确了对财务报告有效期的要求，明确了召开证券持有人会议及变更管理人应履行的程序要求，优化了收益分配、信息披露业务流程等，有利于资产证券化项目的规范开展，也体现了深交所对基础资产和现金流稳定性的关注度有所加强。

2017 年 6 月 19 日，深交所修订并优化《资产支持证券挂牌条件确认业务指引》，规范了资产证券化产品挂牌条件确认行为，有助于进一步提高评审效率。同日，财政部联合中国人民银行和证监会发布《关于规范开展政府和社会资本合作项目资产证券化有关事宜的通知》，突破资产证券化基础资产已运营两年的限制，尝试在建设期实施资产证券化，这一创新举措意味着可以实施资产证券化的资产不再仅限于已建成运营的项目，在建的项目也可实施资产证券化。

伴随着一系列政策的落地实施，在监管部门、行业协会组织、市场参与各方的共同努力下，资产证券化产品发行逐渐进入新常态，存量规模放量增长，流动性提升，基础资产类型更加丰富，市场参与主体更加多样化，产品结构设计更加完善。

# 1.4　国外研究现状及评价

欧美国家在资产证券化方面的研究始于 20 世纪 70 年代，相应的实践和发展也是同步进行的，其研究成果内容丰富、数量众多，主要集中在资产证券化的理论依据、含义、意义、融资方式、融资效率、流动性和风险等方面。1977 年，美国投资银行家 Lewis S. Ranieri 在接受《华尔街日报》采访时，第一次提出资产支持证券的概念。在 40 多年的学术发展期间，资产证券化的理论体系也逐渐构建起来，其所包含的内容相当丰富。以下主要就相关资产证券化的国外文献，按照资产证券化的效应、定价、资产结构和运作模式等方面，加以归纳、总结和介绍。

### 1.4.1　资产证券化的效用研究

在资产证券化宏观效应研究中，耶鲁大学教授 Frank. J. Fabozzi（2001）认为资产证券化仅仅是一个金融交易过程，通过将企业的非流动性资产打包，将其变成一种可以在资本市场上进行交易的带息证券。Tamar Frankel 和 Mark Fagan（2009）详细地研究了资产证券化的法律环境和金融体系，对资产证券化进行了评估，并对未来资产证券化的发展尤其是金融监管等法律方面的问题进行了分析。Joseph C. Hu（2011）对欧美的资产证券化市场进行了比较全面的介绍，阐述了特殊目的机构、资产证券化定价和风险隔离措施等的重要基础和基本特征，充分解读了为什么和怎么样实施资产证券化，给出了具体实施或构建资产证券化的标准及必要的框架。

在微观效应研究方面，Skarabot（2001）指出，作为一项重要的金融工具，资产证券化可以促使企业的资产负债结构实现最优化。Schwarcz（2002）指出，资产证券化是降低资金交易成本的有效手段之一，实施资产证券化的额外成本与其发起人所获得的现金流的现值相比要低很多，这也是资产证券化的优势所在。Andrew（2003）分析了资产证券化的构建和投资特征，针对不同的证券化产品建立了评价其证券化和构建过程的框架，确认了跨越产品边界的投资分析过程的共同要素。Chih-yang Tsai（2008）提出通过实施资产证券化来改善企业的现金流结构，相当于将企业的应收账款变现，提高现金周转率，此过程对财务成本较高且对现金流动性有要求的企业尤其有效。Pu Liu 和 Ying-ying Shao（2013）对 1995—2008 年间美国银行中小企业贷款证券化的相关数据进行了大量的统计和分析，认为中小企业贷款证券化是经济发展的重要角色，有助于分担企业和银行的风险并增加收益。

### 1.4.2　资产证券化模式研究

在基础资产结构上，John Henderson（1997）提出证券化的基础资产的存续期限既可以是固定的，也可以是循环的。Bernhard（2008）研究了大量新兴市场的资产证券化案例，提出构建新兴市场的资产池时采用什么方法去选择基础资产，而且同时怎样去避免增加证券化的额外成本。Mei Cheng 等（2011）

研究了资产证券化的基础资产和证券化过程中的信息不对称现象，通过分析来自银行的样本数据，表明一旦证券化的参与者遇到困难，需要主动进行风险转移时，银行面临不确定性信息的可能性也就更大了。

在设计资产证券化交易结构时，Shenker 和 Colletta（1991）指出资产证券化的交易结构能够将基础资产的风险减少或重新分配，从而增大基础资产的所有权益或债权的流动性。Frank J. Fabozzi（2008）把资产证券化看作是一种新型的债务处理工具，是由贷款或应收账款的组合资金池支持的，并将资产证券化的资产分为抵押贷款资产和非抵押贷款资产两种类型。

在资产证券化产品的定价上，Lionel（2001）等研究了确定的和不确定的现金流的估价方法，为如何对固定收益证券进行定价和套期保值研究提供了大量新的研究方法和思路。Mayiyan（2010）则重点研究了怎样选取期权定价中的离散随机变量，借用计算机辅助计算，给出了随机变量的算式，并证明其结果是符合内在价值的。Oliver 等（2010）对资产证券化发起人的信用等级及其对证券化产品定价的影响进行了分析与研究，指出在资产证券化的实际定价过程中，原始权益人的信用质量水平并没有被充分考虑在资产证券化的定价中。

### 1.4.3 资产证券化的运作模式研究

在企业资产证券化的应用上，Dan Rosen（2008）等认为企业风险管理的核心就是对资产负债表的管理，认为资产负债表的管理工作可以采用数学建模的方法和资产证券化相结合的方式进行。

在电力企业资产证券化的研究上，John N. Jiang 和 Han－jie Chen（2005）提出参照按揭贷款资产证券化的经验将电力企业资产进行证券化处理，同时指出在管理、金融和法律上还需要做的工作。

在特殊目的机构的设立上，Robert（2008）仔细分析了对特殊目的机构监管措施的发展历程，指出对于有灵活的特殊目的机构建立机制的国家而言，由于特殊目的机构在表外模式下设立会造成风险更容易隐藏，因此就应该从财务上对特殊目的机构采取更严格的风控措施。

在信用增级问题上，Hugh Thomas（1999）仔细研究了资产证券化过程中的各种风险问题，指出资产证券化少量增加了公司债权人的权益，但使得股东的权益大增，而信用评级较低的公司也能通过实施资产证券化获得更多的收益，这说明风险爱好者更愿意参与资产证券化，这在某种程度上会促使证券化的道德风险增加。Patrick（2010）指出资产证券化中哪些是信用增级方案设计的重点工作，主张信用增级方案应将成本和成效结合起来，还要结合信用增级方案的社会效益，并对信用增级的机构建立适当的激励机制。

在信用评级方面，Vasiliki 和 Laura（2009）提出对比较复杂的资产证券化如何正确评级的问题，指出尽管事实上资产证券化信用评级中会有主辅等多层次的评级，但许多证券化产品发行人往往只选择最有利的信用评级进行披露。再者，每个评级机构对同一个资产证券化产品都会出具不同的评级结果，这不但是评级系统自身的原因造成的，而且最根本的是市场竞争造成了评级标准的不统一，评级机构有可能为了迎合客户而降低评级标准。James（2009）等研究了信用评级机构在资产证券化产品上评级标准不统一的问题，构建了相应的研究模型，并对信用评级机构的市场行为自律状况以及对拟证券化的资产是否有足够深入的分析进行了评估。其评估结果说明，信用评级机构的排名越是靠前，其主要收入对资产证券化等复杂产品的依赖度就越高，其信用评级的标准就越是容易放松。

## 1.5　国内研究现状及评价

早在 1983 年，国内就有研究者提出资产证券化，但直到 1998 年，国内才开始出现对资产证券化的理论体系较为系统的研究。张超英（1998）等系统介绍资产证券化理论的相关专著随之出版，相关的文献也不断出版发行。近十多年以来，有关资产证券化的文献种类和数量越来越多，王开国（1999）从多方面对资产证券化的相关知识进行了全面介绍，沈炳熙则对资产证券化在我国的实践进行了大量分析。下面总结近年来国内主要有关资产证券化的研究内容，并介绍部分比较重要的参考文献

国内关于小水电建设项目资产证券化融资的研究尚未深入，目前还缺乏系统的理论和应用研究，但有不少关于电力企业、水务设施和高速公路等基础设施建设资产证券化融资方面的文献和实践可供借鉴和参考。

### 1.5.1　资产证券化的效用研究

在宏观效应研究上，孙奉军（2004）经过对供给和需求进行分析后认为，资产证券化目前只适合于那些历史统计资料相对完整、收益较稳定、容易获得较高的信用级别和资产规模、能够实现规模经济的资产。扈企平（2007）认为通过资产证券化，将金融资产从银行的资产负债表中移出，银行的信贷融资规模得以瘦身，有助于推动从银行间接融资向资本市场直接融资的转型。沈炳熙

（2007）认为，资产证券化有利于优化我国的融资渠道构成，关键是要扩大投资者的范围和构成，还需要强化对市场的监管和约束。明晓磊（2011）则对资产证券化和次贷危机的相关性进行了分析，指出中美资产证券化市场的区别，提出需加强和改善金融监管，建立跨部门的合作协调机制，还提出了进一步完善资产证券化融资效应的策略建议。

在资产证券化的微观效应上，徐焕章等（2008）认为资产证券化不但盘活了企业的不良资产，企业的融资成本、交易成本、代理成本和信息成本得以降低，还使企业获得了急需的现金流，为企业带来了额外的收益，企业的净资产收益率也得以提高。苏雪（2009）认为资产证券化能够使过度集中在银行的金融风险得以分散化，银行信贷资产的流动性得以增强，企业的融资成本得以降低，资产证券化改善了企业的财务结构，优化了企业的资产负债表，降低了企业的财务风险，有利于盘活企业的存量资产，提高了企业经营的灵活性。邓海清等（2013）认为资产证券化是将一系列未来能产生稳定现金流但缺乏流动性的资产，通过将风险和现金流进行结构性重组，再加以信用增级，从而将其未来产生的现金流转换为可出售、可交易的证券产品的过程。张奇（2013）认为如何识别基础资产质量和防范基础资产质量风险，事关资产证券化业务的发展壮大和系统风险的可控。

## 1.5.2 资产证券化模式研究

在资产支持证券整体设计的问题上，何小锋（2002）提出了资产证券化具有一个关于现金流的核心原理，以及资产重组原理、风险隔离原理、信用增级原理3个基本原理。同时提出了我国进行资产证券化可以分为不良资产模式、住房抵押贷款模式、基础设施收费模式、出口应收款模式、离岸模式、表外模式、表内模式和准表外模式等8种模式，并建议在我国可以将"住房抵押贷款模式＋准表外模式"和"基础设施收费模式＋离岸模式"作为资产证券化的突破口。

关于资产证券化的基础资产，魏建国等（2006）认为，资产证券化作为融资工具，由于能够以较低的资金成本筹集到期限较长、规模较大的项目建设资金，因此对于投资规模大、建设周期长、资金回收慢的城市基础设施建设项目来说，是一种非常理想的融资方式。王健实（2007）以中国建设银行的"建元2005－1"作为分析对象，认为资产证券化的产品设计应该注重基础资产池的选择，不要只对自身的优质资产进行证券化处理，还应该配套将次级资产一并加入资产池对投资者出售。付彬（2009）认为，电力企业的应收账款证券化的基础资产池可以采用单一模式构建，同时依据资产组合理论、建设银行个人住房贷款证券化案例和电力企业的实际情况，认为也可以采用电力企业的联合模式构建应收账款基础资产池，并设计了具体的联合模式。谢世清（2015）认为，通过以寿险的现金流作支撑，发行证券化产品是寿险行业和资本市场高度融合的产物，将会给寿险行业提供更广阔的资金来源，并成为转移寿险风险的新型途径。

关于资产证券化的交易结构，项卫星等（2008）着手于不良资产证券化的交易结构的选择和设计的应用，认为不良资产只有以"真实出售"的方式从资产负债表内转移出来，才能够在不需要增加资本的同时又提高资本充足率。靳晓东（2012）认为，在资产证券化交易结构中，特殊目的机构满足了风险隔离、减少税收和具备完善的发行债券的功能这3个条件，是交易结构的中心。李智（2013）认为，我国现行的法律与资产证券化业务开展的需求冲突以及资产证券化法律体系在相关制度上存在着空白，资产证券化的实践和理论还需要进一步完善。史祯昕（2014）认为，只有在会计上将资产证券化业务的销售确定为"真实出售"时，资产证券化才能实现既定的目标，资产证券化会计处理的难点和关键是"真实出售"的认定，把握证券化资产控制权在过程中是否转移是解决问题的关键。

在资产支持证券的定价上，杨大楷等（2004）针对基础资产的定价，对基础资产定价的主流理论和非主流理论进行了介绍，研究了我国股票市场的有效性和波动性，为基于消费的资产定价理论及相关资产定价非主流理论提供了铺垫。李顶等（2014）研究了近年来国内比较热门的高速公路收费权的定价方法，以及D-S模型具体参数的选定和实物期权法在高速公路收费权应用中的实际意义。邓伟利（2003）应用或然性利率合约的二叉树定价理论，并结合Ho-Lee模型、所罗门兄弟公司模型，对住房抵押担保证券及其提前清偿期权进行了定价研究。赵贞玉（2012）从风险、收益和无套利均衡的经典理论着手，提出了弹簧振子理论，分析研究基础资产的定价问题。李斯克等（2014）对权益类证券定价方法进行了分析，解释了基本面信息是怎样通过相对价值估值模型转换到资产价格上去的，其方法的核心在于合理地选择市场交易中的可比公司股票的集合，并要求市场的定价方式是公平合理的。

### 1.5.3 资产证券化运作模式研究

在资产证券化运作模式的整体研究上，张锌（2005）认为信托财产的独立性刚好符合资产证券化的本质要求，在我国现有的法律制度环境下，信托形式无疑是我国资产证券化现阶段最合适的模式，通过信托载体能够保障资产证券化过程中的风险隔离和现金流的充足性及安全性的实现。戚峰（2008）则认为，信托、电网产业投资基金和资产证券化等融资创新工具在我国产生的条件逐渐成熟，其作为一种新的融资工具出现在经济活动中，实现了电网资产融资的多元化，给出了电网应收账款证券化和电力基础建设收益权证券化两种方案，指出信托在连接货币市场、资本市场和产业市场中所起到的重要作用。

李景欣（2008）对资产证券化的风险和法律问题进行了探讨，并对信贷资产证券化的法律问题进行了研究，认为法律、税收、会计和特殊目的机构相关规定的支持是我国信贷资产证券化的发展所必需的。陈金亮（2008）指出随着我国资产证券化相关法律环境的逐步完善，早期发起人多选择离岸方式实施资产证券化，现在也逐步开始选择在岸方式。但总体发行规模依然偏小，基础资产的形式和种类还比较单一，提出资产证券化还是应该有专门的法律文本，立法出台之前需要由相关部门出台业务指导条例，并须加强对证券化交易过程的监管。张培尧（2009）指出如何构建合规的特殊目的机构，实现特殊目的机构的破产风险隔离是证券化风险隔离成功与否的关键因素，也是资产证券化立法的重要内容。王固琴（2011）认为特殊目的机构是进行资产证券化融资的载体，成功地组建特殊目的机构是资产证券化有效运作的基本条件和关键因素，特殊目的机构可以是信托投资公司、信用担保公司、投资保险公司或其他独立法人等。

在拟证券化资产信用增级方面，杨静（2008）在介绍了美国次贷危机之后，认为不实的信用评级促成了资产泡沫的生成和破裂，提出应该重视信用评级的公正性和非营利性。侯光明等（2014）基于网络组织理论，针对资产证券化网络运作组织的特性，从风险分担机制、利益分配机制、监管担保机制以及激励约束机制四个方面构建了资产证券化的网络运作机制，用于提高资产证券化的运作效率。郑磊等（2016）认为，信用评级是资产证券化过程中最有技术含量和魅力的重要组成部分，是我国资产证券化当前面临的发展瓶颈，是在控制风险的前提下怎样将资产以市场化的方式卖出一个好价钱的关键所在。

在资产证券化的风险管理上，梁志峰（2008）对资产证券化的风险隔离机制及其风险管理建立了统一的制度分析框架，从制度经济学的角度来研究资产证券化的风险管理问题，认为风险隔离制度的本质也就是对资产的产权权利约束的系统性隔离，指出真实销售的确认也就是从法律和会计的角度对这种系统性隔离效果的审查，风险隔离制度的风险来自真实销售过程中对证券化资产的产权权利隔离不彻底所产生的风险。

在房地产资产证券化的研究上，王洪卫（2005）等在综合研究国内外房地产资产证券化研究成果的基础上，系统地研究我国的房地产资产证券化问题，提出了可行的房地产资产证券化运行机制，以此指导我国房地产资产证券化的实践，为我国房地产资产证券化设计了一种可行的运行机制。施方（2005）创新性地提出了房地产金融产权理论，为我国房地产资产证券化研究开创了一个新的研究方向，填补了国内相关理论研究的空白，并从根本上解决了房地产资产证券化的理论基础和实践前提。其研究涉及住房抵押贷款证券化的构架、定价和提前清偿行为，对国内该方面的研究特别是在提前清偿行为的界定和定价领域具有积极作用。

在电力企业资产证券化运作问题上，郑林平（2005）则专门对水电站建设项目进行离岸和在岸资产证券化的融资模式进行了分析，指出了选择离岸或在岸资产证券化的条件和环境。李明（2009）提出在小水电建设项目中应用资产证券化融资工具的优越性和可行性，并通过对小水电建设项目资产证券化的供求分析，提出小水电建设项目资产证券化的基本运作程序和基本模式。王军和韩小安（2011）从资产证券化的特殊目的机构入手，分析、探讨了在我国目前法律制度框架下，小水电建设项目资产证券化的两种实现模式。胡志成等（2010）指出，我国电力行业的特殊性使得电力资产证券化无提前清偿的风险，电力资产证券化相对于住房抵押贷款资产证券化等有着难得的稳定性，并结合电力企业的特征，指出采用资产证券化是对电力企业融资手段的重大创新，指明了电力资产证券化可能会面临的主要风险以及相应的防范措施。向存忠等（2014）认为，水电开发企业往往是通过将电力上网收费权益出售给特殊目的机构，设立资产专项管理计划，发行资产证券化产品来实现融资的，但仍保持对实物资产的实际有效控制。

针对资产证券化过程中的会计问题，张金若（2010）从会计的角度对资产证券化问题展开了深入的研究，选取了资产证券化会计中难度最大，也是最为重要的问题展开说明，阐述了发起人金融资产在转移过程中，金融资产终止任何确认、计量属性、SPE 合并等会计问题。

# 1.6 资产证券化研究难点

## 1.6.1 研究的难点

小水电建设项目的资产证券化融资是一项具有很大难度的研究课题。这是由于前人对小水电建设项目的融资问题研究不多，对小水电建设项目资产证券化融资问题同样研究不多，系统性的研究成果十分缺乏，实践中也没有太多的实际运作经验和案例可以遵循。我国小水电建设项目的多元化融资只是近几年的事情，尤其在资产证券化融资方面，实践过程相当短暂，然而资产证券化融资理论大多来源于实践经验的总结和创新。如前所述，由于这项研究对于我国小水电行业发展有着极其重要的意义，笔者最终还是选择了这项极具难度的研究。

在本研究中遇到的难点有：

（1）在欧美成熟的资产证券化市场，资产证券化的载体——特殊目的机构通常采用信托、公司或有限合伙的形式。由于我国推广资产证券化的时间不长，相关市场环境和法律法规体系还不完善，上述 3 种载体形式都或多或少存在这样或那样的缺陷。小水电建设项目采用什么样形式的特殊目的机构是本研究的一个难点。

（2）资产证券化有多种定价模式，小水电建设项目与资产证券化早期的房地产信贷资产有不同的资产特征，如何准确剖析小水电建设项目资产的特征，并设计针对性的定价模式，也是本研究的一个难点。

（3）资产证券化定价的准确性在于对资产未来产生的现金流的分析，小水电项目未来的电费收入受到用电需求、来水量、上网电价、气候和上网电价政策等因素影响，没有明显的规律可循，如何提高小水电项目未来电费收入的准确性是本研究的一个难点。

（4）要把资产证券化这种融资工具成功地引入小水电建设项目融资过程，这不仅需要对小水电行业很熟悉，还要对证券市场的情况有一个详细的了解，而且需要较为丰富的金融、会计、税务和相关法律法规知识，这也是本研究的一个难点。

## 1.6.2 研究的创新之处

小水电建设项目资产证券化的创新点主要表现在以下几个方面：

（1）在对小水电建设项目未来电费收入证券化可行性的分析中，首先在方法上改变以往对资产证券化较多的单纯理论分析的研究模式，转而运用以理论分析为基础、模式构建和产品定价为支撑、案例分析为例证的研究方法，从而在前人的研究成果上完善和补充了小水电建设项目电费收入证券化可行性的相关研究，并提出小水电建设项目资产证券化的可行性。

（2）与之前仅研究小水电建设项目资产证券化的理论及可行性不同，本书结合资产证券化早期的产品模式，在研究思路上对比在我国资本市场和法律法规相关环境所采取的产品模式，明确提出小水电建设项目资产证券化在现阶段采用专项资产管理计划的方式依然是最恰当的选择，由信托公司或证券公司担任计划管理人。

（3）结合我国资产证券化基本理论、小水电建设项目的资产特征、华能澜沧江资产证券化等案例，创新性地提出小水电建设项目证券化在资产定价过程中可以不必考虑提前清偿的风险，使得小水电建设项目资产证券化的定价及模式大大简化，并以此为基础构建了小水电建设项目资产证券化定价评估模型。

（4）针对小水电建设项目未来上网电费收入，引入灰色理论和神经网络模型，借助 Matlab 软件用于预测计算未来电费收入，并以此作为小水电建设项目资产证券化定价的数据支撑。

**拓展与思考：**

1. 现阶段我国实施资产证券化有哪些有利的市场因素？
2. 我国和美国的资产证券化市场环境有哪些不同？

# 第2章 我国水电建设及小水电发展状况

## 2.1 我国电力发展状况

2017年，我国总体经济实力按预期实现稳步增长，国内生产总值达82.7万亿元，较上年同比增长6.9%，进入中高速的经济发展新常态，按年平均汇率折算超过12万亿美元，占全球GDP总量的15%左右，比2012年提高了3个百分点以上，稳居世界第二大经济体，仅次于美国。

在经济发展新常态下我国经济呈现出以下几个主要特征：一是经济增速告别以往若干年的高速状态，转为中高速；二是经济结构不断优化升级，第三产业消费需求逐步成为主体；三是经济发展驱动力从要素驱动、投资驱动转向创新驱动。社会用电需求与国民经济发展关系密切，新常态下经济特征的转变使得社会用电需求的驱动力与发展特征均出现重要变化。

自改革开放以来，我国电力工业体制不断调整、改革，在实行多家办电、积极合理利用外资和多渠道资金，运用多种电价和鼓励竞争等有效政策的激励下，电力工业在发展规模、建设速度和技术水平上不断跃上新台阶。我国发电装机容量和发电量已多年位居世界第一，发电来源主要由火电、水电、核电、风电、光伏发电构成，其中火电和水电占比在80%以上。

### 2.1.1 电力装机容量继续增长

从2002年开始，我国电力体制改革形成多家发电的格局，发电机组装机容量进入了高速增长的快车道。

近年来，我国国民经济保持着持续、快速的增长势头，作为经济社会发展的重要物质基础和动力，电力行业也随之迅速发展，全国发电机组装机总容量和年度发电总量逐年持续增长，发电机组总体装机规模再上新台阶，但电力供需失衡的状况依然没有消除。社会用电量总体增速加快，电力结构在产业结构调整背景下更加优化。2009 年，我国发电机组装机总容量为 87410 万千瓦，2017 年增长到 177703 万千瓦；年度发电总量从 2009 年的 36812 亿千瓦时增长到 2017 年的 64179 亿千瓦时，这十年成为发电机组装机容量增长最快的历史时期（见表 2.1）。

表 2.1　2009—2017 年我国发电机组装机容量统计

| 年度 | 装机容量（万千瓦） | 增速（%） |
|---|---|---|
| 2009 | 87410 | 10.26 |
| 2010 | 96641 | 10.56 |
| 2011 | 106253 | 9.95 |
| 2012 | 114676 | 7.93 |
| 2013 | 125768 | 9.67 |
| 2014 | 137887 | 9.64 |
| 2015 | 152527 | 10.62 |
| 2016 | 164575 | 7.90 |
| 2017 | 177703 | 7.98 |

自从在节能减排行动中做出承诺后，我国在全球能源结构转型大潮中，成为清洁型能源积极的倡导者、实践者和引领者。低碳化、清洁型为本轮能源变革的主要特征，水电、风电、光伏发电和生物质发电等低碳、无碳能源作为化石能源的替代品迅速崛起，随着能源结构向低碳型、清洁型转型的持续推进，能源结构调整的结果更加明显地体现在电力领域，发电机组装机结构随之不断变化调整。

我国目前的电力供应主要来自火力发电和水力发电，截至 2017 年 12 月 31 日，全国火电发电机组装机容量为 110604 万千瓦，占全国电力装机总容量的 62.24%；水电发电机组装机容量为 34119 万千瓦，占全国电力装机总容量的 19.2%；核电发电装机容量为 3582 万千瓦，占全国电力装机总容量的 2.01%；风电发电装机容量为 1.64 亿千瓦，占全国电力装机总容量的 9.21%；太阳能发电装机容量为 1.30 亿千瓦，占全国电力装机总容量的 7.33%。截至 2017 年 12 月 31 日，我国各类发电机组的装机容量构成如表 2.2 所示。

表 2.2　2017 年我国各类发电机组的装机容量构成情况

| 发电机组类型 | 装机容量（万千瓦） | 占比（%） |
|---|---|---|
| 火电 | 110604 | 62.24 |
| 水电 | 34119 | 19.20 |
| 核电 | 3582 | 2.02 |
| 风电 | 16367 | 9.21 |
| 太阳能 | 13025 | 7.33 |
| 合计 | 177703 | |

2017 年全国发电机组装机容量达到 1.777 亿千瓦，再次刷新发电机组装机总容量，但新增发电机组装机结构不同，增幅也大不相同。

火电发电机组新增装机容量继续减小。全年新增火电装机容量 4578 万千瓦，较上年同比减少 9.3%。2017 年，在环保督察和治理雾霾的双重作用下，全国淘汰、停建、缓建煤电产能约 6500 万千瓦，超额完成了 5000 万千瓦的目标。受到火电刹车政策、煤价持续高位运行等影响，火电新增装机容量逐年减少，此前的高速发展将成为历史。

水电新增装机容量依然保持 1000 万千瓦以上的水平。全年新增水电装机容量 1287 万千瓦，较上年同比增长 9.2%。"十一五"以来，我国水电新增装机容量持续保持较快增长速度，2013 年曾经达到水电新增装机容量 3096 万千瓦，但 2016 年又回落到 1179 万千瓦的近年新增装机低位。目前，与 2020 年水电装机容量 3.8 亿千瓦的目标还有约 4000 万千瓦差距，必须年新增 1300 万千瓦以上才能实现目标。

核电新增装机增速重新回到低速状态。我国核电投资起步并不算太晚，但核电装机增长却一直处于不温不火的状态，从未出现过高速增长。2010 年以来，全国核电装机合计新增 2500 万千瓦，在所有发电种类中增量最小，尚不及光伏发电 2017 年的增量。2013—2016 年新增核电装机容量分别为 221 万千瓦、547 万千瓦、612 万千瓦、720 万千瓦，先是短暂呈现加速状态，到 2017 年却又陡然缩减，投产容量仅 218 万千瓦。

风电新增装机继续减小。2013—2016 年新增风电装机容量分别为 1487 万千瓦、2101 万千瓦、3139 万千瓦、2024 万千瓦，先是短暂呈现加速状态，到 2016 年却又陡然缩减，2017 年新增装机容量 1952 万千瓦。风电新增装机容量在 2015 年达到 3139 万千瓦的历史高峰后，陡然下挫 1000 多万千瓦，低于当

年光伏发电装机增量，2017 年再减 400 万千瓦，不足同年光伏发电增量的
1/3。

光伏发电装机增长势头迅猛。2013—2016 年新增光伏装机容量分别为
1243 万千瓦、825 万千瓦、1380 万千瓦、3171 万千瓦，先是呈现稳步增长状
态，到 2016 年又陡然加速。2017 年新增装机容量 5338 万千瓦，不但高出上
年实际增量 2000 万千瓦之多，且首次超过火电装机增长规模，成为增长最快
的单一发电品种。

## 2.1.2　电力投资增速有所回落

从电力行业固定资产的投资来看，在经历了 2004—2005 年 30%～45% 的
高增长率后，2006—2008 年则明显回落。2009 年，电力行业投资增速又回升
至 22.8%，2010—2013 年基本持平，2014 年开始又稳步增加。

据中国电力企业联合会发布的统计数据，2010 年，我国电源工程建设完
成投资 3969 亿元，电网建设完成投资 3448 亿元，总投资额 7417 亿元。2010
年，我国完成水电投资 819 亿元，火电投资 1426 亿元，核电投资 648 亿元，
风电投资 1038 亿元。

2011 年，我国电源工程建设完成投资 3927 亿元，电网建设完成投资 3687
亿元，总投资额 7614 亿元。2011 年，我国完成水电投资 971 亿元，火电投资
1133 亿元，核电投资 764 亿元，风电投资 902 亿元。

2012 年，我国电源工程建设完成投资 3732 亿元，电网建设完成投资 3661
亿元，总投资额 7393 亿元。2012 年，我国完成水电投资 1239 亿元，火电投
资 1002 亿元，核电投资 784 亿元，风电投资 607 亿元。

2013 年，我国电源工程建设完成投资 3872 亿元，电网建设完成投资 3856
亿元，总投资额 7728 亿元。2013 年，我国完成水电投资 1223 亿元，火电投
资 1016 亿元，核电投资 660 亿元，风电投资 650 亿元。

2014 年，我国电源工程建设完成投资 3646 亿元，电网建设完成投资 4118
亿元，总投资额 7764 亿元，与上年基本持平。2014 年，我国完成水电投资
960 亿元，火电投资 952 亿元，核电投资 569 亿元，风电投资 993 亿元。

2015 年，我国电源工程建设完成投资 3936 亿元，电网建设完成投资 4640
亿元，总投资额 8576 亿元。2015 年，我国完成水电投资 789 亿元，火电投资
1163 亿元，核电投资 565 亿元，风电投资 1200 亿元。

2016 年，我国电源工程建设完成投资 3429 亿元，电网建设完成投资 5426
亿元，总投资额 8855 亿元。2016 年，我国完成水电投资 612 亿元，火电投

1174 亿元，核电投资 506 亿元，风电投资 896 亿元。

2017 年，我国电源工程建设完成投资 2700 亿元，电网建设完成投资 5315 亿元，总投资额 8014 亿元。2017 年，我国完成水电投资 618 亿元，火电投资 740 亿元，核电投资 395 亿元，风电投资 643 亿元。

从较长时期来看，我国电力投资存在波动，但总体的增长态势未变。2009—2014 年期间，全国电力投资总额就一直维持在 7000 亿元以上。2015 年以后，全国电力投资总额保持在 8000 亿元以上的水平。

2017 年，电网投资和电源投资均出现了负增长，从更长时间观察，电网、电源投资均有波动，但呈现不同变化形态。电网投资继续向配网和农网倾斜，随着特高压输电线路陆续投产、配网改造和农网升级深入，电网内部投资结构有望得到更进一步优化。

对于 2017 年的水电投资和火电投资，水电投资微涨 0.1%，火电投资则大幅下挫 33.9%，是近年来最为剧烈的降幅。在未来一段时期，水电投资可能已经触底，但受"踩刹车"、去产能的影响，火电投资可能还将进一步下降。火电投资主要受到电力产能过剩、火电去产能的影响。根据规划，"十三五"期间，我国将停建和缓建火电产能 1.5 亿千瓦，淘汰落后产能 0.2 亿千瓦以上。

核电投资亦明显减少。全国核电投资在 2012 年达到 784 亿元后，除在个别年份微涨外，主要呈下降态势。在连续两年核电零核准之后，预计 2018 年核电投资依然不会有太大的起色。另外，从目前较为宽松的电力市场供需情况来看，暂时也无须新建太多核电新项目。

## 2.1.3 电力装机设备利用率有增有减

2017 年，全国电力新增装机容量增速与全社会用电量增速基本持平，抵消了全社会用电量增长对设备利用率的提升作用，导致发电设备利用小时数进一步回落。

火电设备平均利用小时数比上年略升，但持续多年看则下降严重。与2010 年相比，全国火电设备平均利用小时数下降了 822 小时。在未来数年，根据"十三五"电力规划数据和目前电力装机增长情况，火电设备利用小时数预计仍将持续保持低位运行。

水电设备平均利用小时数略微减小，持续多年变化不大。以云南和四川为代表的、广受社会关注的"弃水"问题仍然存在，但在各方面的共同努力下正逐步改善。据国家能源局发布的数据，2017 年全国弃水电量约 515 亿千瓦时，在 2017 年以来好于上年的情况下，水能利用率达到 96% 左右。

核电设备平均利用小时数小幅升高，但持续多年呈现小幅下降的态势。全年利用小时数为 7108，同比上升 48 小时，依然运行在 7000 小时以上。但与 2010 年的数据对比，核电利用小时数下降还是较为明显的，2010 年全年利用小时数为 7840 小时，2015 年出现较为明显的下降，2016 年再大幅降至 7042 小时，目前年利用小时数与 2010 年比相差约 550 小时。随着我国电力市场化改革的深入推进，核电参与程度日益加深，核电利用小时数随行就市的情况或将日益明显。

横向比较的话，从近几年发电机组设备平均利用小时数的统计数据看，火电、核电和风电的平均利用小时数都略有走低，水电的平均利用小时数却较为稳定。

2010 年，我国装机容量在 6000 千瓦及以上的发电机组设备平均利用小时数为 4650。其中，水力发电机组设备平均利用小时数为 3404，火力发电机组设备平均利用小时数为 5031，核电发电机组设备平均利用小时数为 7840，风力发电机组设备平均利用小时数为 2047。

2011 年，我国装机容量在 6000 千瓦及以上的发电机组设备平均利用小时数为 4730。其中，水力发电机组设备平均利用小时数为 3019，火力发电机组设备平均利用小时数为 5305，核电发电机组设备平均利用小时数为 7759，风力发电机组设备平均利用小时数为 1875。

2012 年，我国装机容量在 6000 千瓦及以上的发电机组设备平均利用小时数为 4579。其中，水力发电机组设备平均利用小时数为 3591，火力发电机组设备平均利用小时数为 4982，核电发电机组设备平均利用小时数为 7855，风力发电机组设备平均利用小时数为 1929。

2013 年，我国装机容量在 6000 千瓦及以上的发电机组设备平均利用小时数为 4521。其中，水力发电机组设备平均利用小时数为 3359，火力发电机组设备平均利用小时数为 5021，核电发电机组设备平均利用小时数为 7874，风力发电机组设备平均利用小时数为 2025。

2014 年，我国装机容量在 6000 千瓦及以上的发电机组设备平均利用小时数为 4348。其中，水力发电机组设备平均利用小时数为 3669，火力发电机组设备平均利用小时数为 4739，核电发电机组设备平均利用小时数为 7787，风力发电机组设备平均利用小时数为 1900。

2015 年，我国装机容量在 6000 千瓦及以上的发电机组设备平均利用小时数为 3988。其中，水力发电机组设备平均利用小时数为 3590，火力发电机组设备平均利用小时数为 4364，核电发电机组设备平均利用小时数为 7403，风力发电机组设备平均利用小时数为 1724。

2016 年，我国装机容量在 6000 千瓦及以上的发电机组设备平均利用小时数为 3785。其中，水力发电机组设备平均利用小时数为 3621，火力发电机组设备平均利用小时数为 4165，核电发电机组设备平均利用小时数为 7042，风力发电机组设备平均利用小时数为 1742。

2017 年，我国装机容量在 6000 千瓦及以上的发电机组设备平均利用小时数为 3797。其中，水力发电机组设备平均利用小时数为 3579，火力发电机组设备平均利用小时数为 4209，核电发电机组设备平均利用小时数为 7108，风力发电机组设备平均利用小时数为 1948。

我国历年发电机组设备平均利用小时数见图 2.1。

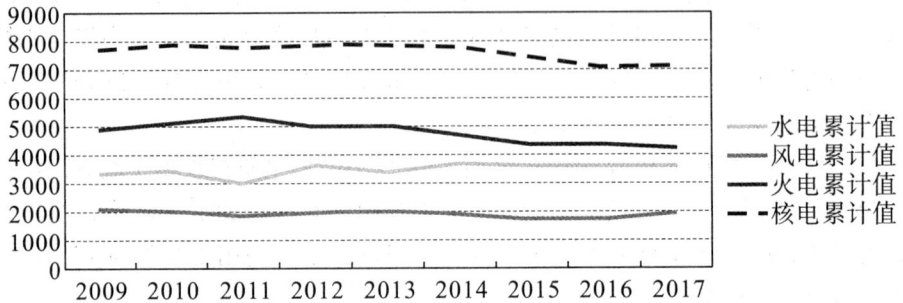

图 2.1　2009—2017 年电力设备利用小时数对比（单位：小时）

我国水电机组发电平均利用小时数的变化大致可以分为两种情况，在以广东和贵州为代表的一些火电为主、水电为辅的省份，水电具有增长型行业特征，由于水电具有清洁能源特性，具有节能减排的特征，在自身发展上受到政府和电网的优先支持，在调度时可以优先于火电进行上网供电。水电机组的发电小时数更多的是受到来水情况的影响，而并非像火电一样取决于当地下游经济对电力的需求，在火电行业，往往是由发电量决定其发电小时数，而在水电行业，往往是发电小时数决定其发电量。与此相反，在以云南、湖北和四川为代表的水电为主、火电为辅的省份，水电具有周期性行业特征，由于火电等其他类电力的占比本来就不高，压缩空间非常有限，因此这类地区的水电机组发电小时数受本地下游经济对电力需求的影响更大。

## 2.1.4　电力需求增速回落

随着这些年我国经济的高速增长，电力需求也保持较快的增长速度。2009年上半年，受金融危机影响，国内的电力需求量持续走低，用电量和发电量同时呈现负增长态势。但从 2009 年 6 月开始，随着国家应对金融危机的一系列经济刺激措施逐渐发挥成效，我国国民经济探底回升，国内的电力需求量也开始回暖，用电量增速稳步回升。2010 年我国经济增长速度好于预期，全年全社会用电量达 41999 亿千瓦时，较上年同比增长 14.76%，增速比 2009 年提高 8.32 个百分点。2011—2016 年，用电量总体保持稳定增长速度（见表2.3）。

表 2.3　2009—2017 年我国发电量及用电量统计

| 年度 | 发电量（亿千瓦时） | 增速（%） | 用电量（亿千瓦时） | 增速（%） |
|------|------|------|------|------|
| 2009 | 36812 | 6.67 | 36598 | 6.44 |
| 2010 | 42278 | 14.85 | 41999 | 14.76 |
| 2011 | 47306 | 11.89 | 47026 | 11.97 |
| 2012 | 49865 | 5.41 | 49657 | 5.59 |
| 2013 | 53721 | 7.73 | 53423 | 7.58 |
| 2014 | 56045 | 4.33 | 55637 | 4.14 |
| 2015 | 57400 | 1.05 | 56933 | 0.96 |
| 2016 | 60228 | 4.93 | 59747 | 4.94 |
| 2017 | 64179 | 6.50 | 63077 | 6.55 |

2010 年，我国全社会用电量合计约 41999 亿千瓦时，比 2009 年增加14.76%。其中，第一产业用电量总计约 976 亿千瓦时，比 2009 年增加3.89%；第二产业用电量总计约 31450 亿千瓦时，比 2009 年增加 15.88%；第三产业用电量总计约 4478 亿千瓦时，比 2009 年增加 13.56%；城乡居民生活用电量总计约 5094 亿千瓦时，比 2009 年增加 11.34%。

2011 年，我国全社会用电量合计约 47026 亿千瓦时，比 2010 年增加11.97%。其中，第一产业用电量总计约 1013 亿千瓦时，比 2010 年增加3.73%；第二产业用电量总计约 35288 亿千瓦时，比 2010 年增加 12.2%；第三产业用电量总计约 5105 亿千瓦时，比 2010 年增加 13.98%；城乡居民生活用电量总计约 5620 亿千瓦时，比 2010 年增加 10.33％。

2012 年，我国全社会用电量合计约 49657 亿千瓦时，比 2011 年增加 5.6％。其中，第一产业用电量总计约 1003 亿千瓦时，比 2011 年减少 1.12％；第二产业用电量总计约 36733 亿千瓦时，比 2011 年增加 4.11％；第三产业用电量总计约 5693 亿千瓦时，比 2011 年增加 11.52％；城乡居民生活用电量总计约 6228 亿千瓦时，比 2015 年增加 10.79％。

2013 年，我国全社会用电量合计约 53423 亿千瓦时，比 2012 年增加 7.58％。其中，第一产业用电量总计约 1027 亿千瓦时，比 2012 年增加 2.28％；第二产业用电量总计约 39332 亿千瓦时，比 2012 年增加 7.1％；第三产业用电量总计约 6275 亿千瓦时，比 2012 年增加 10.21％；城乡居民生活用电量总计约 6789 亿千瓦时，比 2012 年增加 8.89％。

2014 年，我国全社会用电量合计约 55637 亿千瓦时，比 2013 年增加 4.14％。其中，第一产业用电量总计约 1013 亿千瓦时，比 2013 年减少 1.22％；第二产业用电量总计约 41017 亿千瓦时，比 2013 年增加 4.28％；第三产业用电量总计约 6670 亿千瓦时，比 2013 年增加 6.39％；城乡居民生活用电量总计约 6936 亿千瓦时，比 2013 年增加 2.1％。

2015 年，我国全社会用电量合计约 56933 亿千瓦时，比 2014 年增加 0.96％。其中，第一产业用电量总计约 1040 亿千瓦时，比 2014 年增加 2.55％；第二产业用电量总计约 41442 亿千瓦时，比 2014 年减少 0.79％；第三产业用电量总计约 7166 亿千瓦时，比 2014 年增加 7.42％；城乡居民生活用电量总计约 7285 亿千瓦时，比 2014 年增加 5.01％。

2016 年，我国全社会用电量合计约 59747 亿千瓦时，比 2015 年增加 4.94％。其中，第一产业用电量总计约 1092 亿千瓦时，比 2015 年增加 5.01％；第二产业用电量总计约 42615 亿千瓦时，比 2015 年增加 2.83％；第三产业用电量总计约 7970 亿千瓦时，比 2015 年增加 11.22％；城乡居民生活用电量总计约 8071 亿千瓦时，比 2015 年增加 10.78％。

2017 年，我国全社会用电量合计约 63077 亿千瓦时，比 2016 年增加 5.57％。其中，第一产业用电量总计约 1155 亿千瓦时，比 2016 年增加 5.77％；第二产业用电量总计约 44413 亿千瓦时，比 2016 年增加 4.22％；第三产业用电量总计约 8814 亿千瓦时，比 2016 年增加 10.7％；城乡居民生活用电量总计约 8695 亿千瓦时，比 2015 年增加 9.21％。

## 2.2 我国水电建设发展状况

### 2.2.1 水电的概念和特点

水力发电是指能够利用设备将水的势能转换为电能的相关的科学技术。水力发电站是利用水位的落差产生的强大水流所具有的势能进行转化发电的电站，简称水电站，即利用河流的水能推动水轮机带动发电机组而发电的企业。

水力发电只是利用了水流所储存的能量，并不消耗通过发电站的水量，发电后流出的尾水仍然可以供下游再利用，使之充分发挥综合利用效益。

### 2.2.2 水电的特点和与其他能源的区别

（1）水电具有可再生性。水电来自江河天然径流，而江河天然径流则主要是由自然界气、水循环形成的。水循环（降水、径流、蒸发）使水电可以再生循环使用，故水电称为"可再生能源"。太阳能、风能和潮汐能等，也属于可再生能源。目前，风能开发利用技术比较成熟，我国东南沿海、内蒙古、甘肃和新疆相继修建了许多风力发电场，但太阳能、潮汐能由于大规模开发利用的技术还不是很成熟，成本相对较高，目前还不能大量开发利用。

（2）水电可综合利用。水力发电站只利用水流中的能量，不消耗水量。如果水电站具有容量较大的水库，则除了发电以外，还可以提供防洪、航运、灌溉、供水、水产养殖和旅游等综合利用效能。

（3）水电具有可储存性和可调节性。电能一般不容易储存，电的生产和消耗是同时完成的。而水电站可以借助水电站库容储蓄水能来代替储蓄电能，有利于增强电网对负荷的调节能力，提高供电质量和经济效益。

（4）水力发电具有可逆性。将位于高处的水引向低处的水轮发电机组，使水能转变成电能，而将位于低处的水通过电动抽水机提送到高处的水库储存，又使电能转变成水能。利用这种水电的可逆性修建抽水蓄能电站，对提高电网的负荷调节能力具有独特的作用。

一方面水力发电量稳定，相比自然界的阳光、风等自然资源，河流的径流均匀稳定，具有季节性特点。不存在狂风、无风、阴雨等不利因素影响。汛期刚好处于用电高峰，使得水电站发电量也随之呈线性输出。另一方面，水能具有可存蓄性。电是瞬间消费品，电的生产、输送、销售和使用都是在瞬间完成的。到目前为止，还没有生产出可以用来储电的大型蓄电池。可以将水电站设置在合适的地理位置，通过调节水库库容，使之成为最优质的电网电源。

（5）水轮发电机组运行具有灵活性。水轮发电机组具有设备简单、运行操作灵活和易于实现自动化运行管理等优点。水轮发电机组可在很短的时间内启动，增、减负荷都十分方便。因此，水力发电站最适于承担事故备用和负荷备用容量，所发电适用来作为电力系统的调峰、调频备用。

（6）水电站生产成本低、效率高。水电站不消耗燃料，不需要开采和运输燃料所投入的大量人力和设施，设备简单、运行人员少，设备使用寿命长，运行维修费用较低，所以水电站的单位生产成本较低，只有火电站的 $1/8 \sim 1/5$，且水力发电的水能资源利用率可以达到 80% 以上，而火力发电能源利用率仅有 40% 左右，火力发电的利润受煤价的影响也比较大，其相关关系见图 2.2。

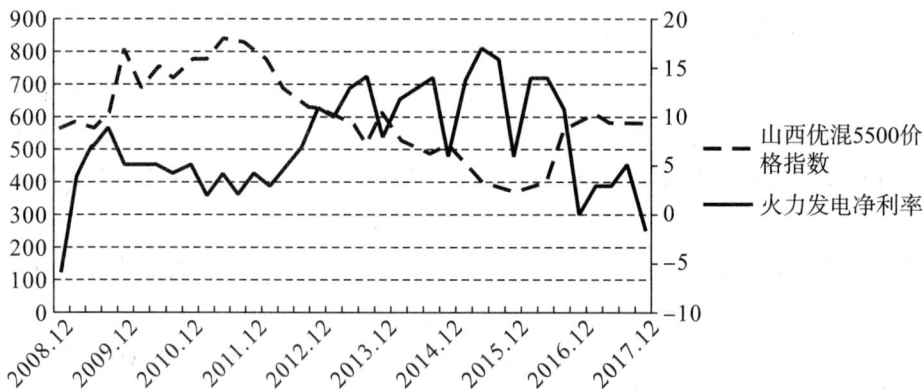

图 2.2　2008—2014 年火电利润与煤价走势的关系示意

2016 年，受煤炭行业的供给侧改革和去产能的影响，电煤价格从当年下半年开始一路上涨，导致 2016 年整个火电行业净利润同比大幅度下滑。进入 2017 年，火电行业形势更加严峻：煤电产能过剩、煤价居高不下、利用小时数下降、深度调峰灵活性改造、国家能源投资集团重组等，而全国范围内的环保督查更是从生产原料和生产过程环节抬高了火电的成本。

与此相比，水电则是一种取之不尽、用之不竭、可再生和成本低廉的清洁能源。它仅利用大自然所蕴藏的能量，不会消耗水，也不会产生污染。水电站总投资中固定成本所占比例较高，但运行成本低，销售客户稳定，回款及时，盈利稳定，不像火电的利润率起伏那么剧烈，相关利润率指数对比见图 2.3。

（7）水力发电有利于改善生态环境。水力发电属于清洁能源，对环境的负面影响较小。除了能够提供廉价的电力之外，很多水电站都带有准公益性，承载着抵御洪水、提供农田灌溉用水、改善通航能力等公益性功能，相关附属工程也对所在区域的交通、电力供应和经济发展起到了改善作用，尤其是对当地旅游业及水产养殖业具有提升作用。水电站在生产过程中不污染环境，宽广的水库水面还可调节所在地区的小气候，调整江河水流的时空分布，有利于改善周围地区的生态环境，也可以成为风景旅游区。

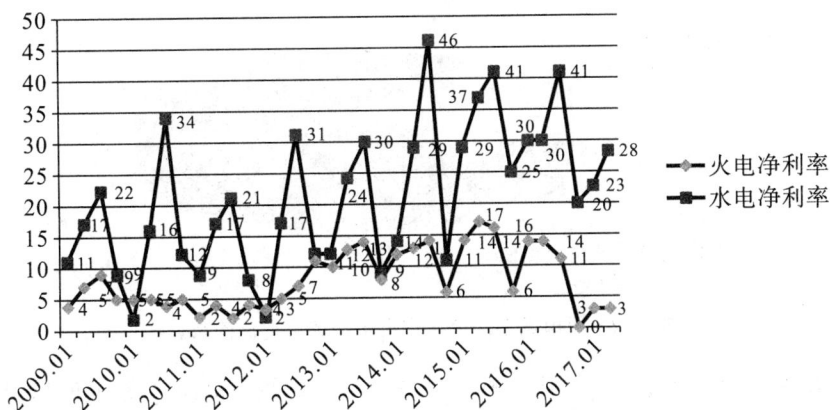

图 2.3　2009—2017 年火电与水电发电利润指数对比

（8）水电站运营周期长，没有开发年限的限制，与高速公路、污水处理厂等最长时间限制为 30 年的 BOT 项目不同。目前，我国的水电开发年限没有时间限制，通常按 50～100 年寿命进行设计。随着折旧（通常按 25～33 年计提）摊销逐年完成，全部的电费收入都将最大限度地体现为利润。同时，只要持有的成本可控，在未出现有比较优势的新能源技术之前，为长期持有（50 年以上）的投资方提供足够的投资回报之余，还提供了巨大的现金流收入。水电相对于其他电源如风电、光伏发电有相对成规律的发电利用小时数。

（9）水电建设受自然条件的限制。水电建设一般规模相对较大，建筑物比较复杂，施工比较困难，建设周期较长，一次性投资比较大。水电建设受水文、地质、地形、交通等条件限制，且会造成一定的淹没损失。

## 2.2.3　水电站经济效益

在水电站的经济效益分析上，折旧费用及现金流是研究重点，水电站的固定资产投资总额占比很高，每年会产生巨大的固定资产折旧。水电站虽然形式各异，但从投资角度分析，参考同行业的投资经验，常规中小水电站投资主要由以下部分构成（见图 2.4）：建筑工程（约占总投资的 55%）、机电设备及金属结构工程（约占 20%）、征地和移民安置工程（约占 10%）、设计及建管费用（约占 10%）、其他费用（约占 5%）。其中，对于投资占比最大的是建筑工程和机电设备两项。设备折旧按我国相关会计准则规定，企业会根据各自的管理需要来制定相关的折旧计提标准。

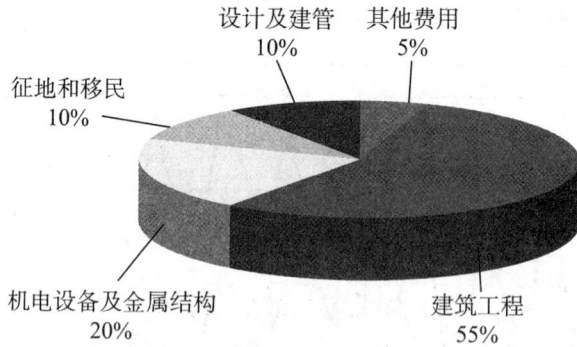

**图 2.4　水电站各部分投资占水电总投资比例示意**

在水电站投产运营过程中，其年运行费用的高低，包括建筑物和设备每年所计提的折旧费、大修费和经常支出的生产、行政管理费用及工资等，将直接影响水电站的年效益，也就是每年售电总收入减去年运行费后所获得的净收益。

水电站的折旧在计算上，较其他行业固定资产折旧有其特殊性，尤其是发电机组在折旧计提完成后仍能使用相当长的一段时间。比如据长江电力公司 2014 年公开资料显示：其下属的葛洲坝水电站于 1988 年建成发电的水轮机组，经专业勘测机构检测，还可以再使用 50 年。鉴于机组总体状态良好，且存在升级技改的空间，三峡总公司于 2013 年 9 月 16 日开展了针对现有机组的升级工程。预计工程全部完成后，可直接增加装机容量 47.5 万千瓦。事实表明，水电站主要设备的折旧值仅是相对概念。只要在设计、施工、运行等各个方面严格按照国家相关要求开展，其使用周期通常大大超出折旧期。例如于 1925 年建成的四川洞窝水电站，采用美国通用公司的水轮发电机组，至今仍可以正常工作（见图 2.5）。

在单独列支了必要的维护保养和升级改造费用后，土建及主要设备折旧成为企业经营的重要资源。在水电站的日常经营管理中，往往利用此部分偿还银行贷款本金。同时，由于银行贷款还款周期与电费回收周期不同步，还可以适当从事各项短期业务，以获取额外收益。

图 2.5 四川洞窝水电站的水轮发电机组

## 2.2.4 水电站现金流特点

大多数水电站的现金流稳定、充沛，由于水力发电不需要采购煤炭，也没有较大规模的生产性支出。在全部管理成本中，财务费用是主要的。因此拥有相对良好的现金流量。

我国主要水电和火电上市公司的现金流情况见表 2.4 和表 2.5。

表 2.4 主要水电型上市公司现金流量统计（单位：元）

| 证券简称 | 长江电力 | 川投能源 | 黔源电力 |
|---|---|---|---|
| 总资产 | 298894931938.4 | 26821131071.06 | 17486274730.47 |
| 营业收入 | 48939388714.62 | 1001295094.66 | 1918108123.51 |
| 销售商品提供劳务收到的现金 | 57256635482.06 | 931405687.31 | 2674253503.44 |
| 销售商品提供劳务收到的现金/营业收入 | 1.170 | 0.930 | 1.394 |
| 经营活动产生的现金净额 | 38989831194.30 | 370098938.38 | 1971799499.55 |
| 经营活动产生的现金净额/营业收入 | 0.797 | 0.370 | 1.028 |
| 全部资产现金回收率 | 0.130 | 0.014 | 0.113 |

注：相关数据来自上市公司 2016 年度财务报表。

表 2.5　主要火电型上市公司现金流量统计（单位：元）

| 证券简称 | 华电国际 | 华能国际 | 大唐发电 |
|---|---|---|---|
| 总资产 | 210111953000 | 309417628458 | 233222425000 |
| 营业收入 | 63346051000 | 113814235972 | 59124319000 |
| 销售商品提供劳务收到的现金 | 74353048000 | 127763561267 | 69861955000 |
| 销售商品提供劳务收到的现金/营业收入 | 1.174 | 1.123 | 1.182 |
| 经营活动产生的现金净额 | 22132247000 | 31510824330 | 20452977000 |
| 经营活动产生的现金净额/营业收入 | 0.349 | 0.277 | 0.346 |
| 全部资产现金回收率 | 0.105 | 0.102 | 0.088 |

注：相关数据来自上市公司 2016 年度财务报表。

## 2.2.5　市场化电价与水电的关系

因为受人们的日常作息安排和地域特性的影响，电力的使用通常是非线性的，存在用电高峰和用电低谷。现实中，发电机组的建设不可能按照高峰或低谷用电量来作为参考，因此发电机组会出现季节性、时段性的闲置浪费或能力不足。

截至 2017 年年底，我国已建成火电装机 11.0604 亿千瓦。即便是考虑各种替代能源及技术发展因素，鉴于我国的能源体系仍然以火电为主，相信在未来 20 年内，火电仍然是我国电力供应的重要组成部分。参考各类电源技术的特点、发达国家的经验、我国的能源结构和最终用户的用电习惯，比较合理的电力供应构成应该是以核电、火电、缺乏调节功能的径流式水电站和光伏发电为主。同时，在丰水枯水期、峰平谷用电期，发挥水力发电、天然气电站的调节功能，以风电进行补充备用。这样才能尽可能地利用各种发电形式的优点，以发挥最优的发电效率。

目前，我国大部分地区实行的电价机制是以"建设成本＋运营成本＋收益"为基础进行测算的标杆电价，即上网电价制定部门依据同期物价水平、社会平均投资收益来进行测算，并制定统一的价格。由于价格管制的存在，水电上网电价长期是低于火电的。从表 2.6 四川省居民用电价格最新数据可以看出，相对于火电、风电和太阳能发电，水电的上网电价在经过几轮提价之后，仍然是最低的，将来还有继续提价的空间。可再生能源发电中只有水电达到了与其他能源相竞争的成本水平，风电、光伏发电以及生物质发电成本还与传统化石能源以及核电单位发电成本相距甚远。目前光伏发电成本 0.7～0.9 元/度，风电 0.5～0.6 元/度，生物质能是火电成本的 2 倍以上，水电、火电和核能发电成本比较接近，为 0.3～0.4 元/度。

表 2.6　四川省居民用电价格与上网执行电价对比（单位：元/度）

| | 居民用电价格 | | | 上网电价 | | | |
|---|---|---|---|---|---|---|---|
| | ≤180° | 180°～280° | >280° | 火电 | 水电 | 太阳能 | 风电 |
| 价格 | 0.5224 | 0.4724 | 0.6224 | 0.4012 | 0.308 | 0.65 | 0.57 |

伴随着我国电力体制改革的推动，电网企业将逐步退出营销市场，而改为专职从事电网规划、建设与维护。其盈利方式将从以获取售电价差为主，转变为收取过网费的经营方式。随着电力经营模式的规范和进一步市场化，电价的市场化操作也会逐步开展。鉴于电力产品的同质化特性，各种电力最终会纳入统一的市场价格体系中去供消费者选择。对于消费者来说，既然不同电源提供的电力在使用上没有差异，那么价格将会是他们进行选择的唯一标准，特别是水电所特有的低成本、环保、调峰等优点，必将得到市场进一步的接受。

我国电力改革将会坚持市场化方向，以构建开放的、公平竞争的电力市场体系为目标，组建相对独立的电力交易主体，搭建公开透明、功能完善的电力交易网络和公平公正、有效竞争的市场格局。国家"十三五规划"中提到"放开电力等领域竞争性环节价格"，电价市场化、电价的放开是未来发展的趋势，小水电有提价空间，会增加同期现金流的大小，也会增加小水电资产证券化的定价水平和信用等级。

从 2015 年 3 月开始的第二轮电改，其核心是要建立有法可依、政企分开、主体规范、交易公平、价格合理、监管有效的市场体制，努力降低电力成本、理顺电力价格形成机制，逐步打破电力市场垄断，有序放开竞争性业务，实现电力供应多元化。新电改政策密集出台推动电力市场化进程，具备成本优势的火电及相对低价的水电，有望在新电改中受益。

2015 年 11 月，随着电改 6 个配套文件的出台，我国电力行业改革的广度和深度不断推进。2016 年以来，国家发改委、能源局密集出台省级电改方案，《售电公司准入与退出管理办法》《有序放开配电业务管理办法》《电力中长期交易基本规则》等核心配套文件相继落地。同时，各省级电力交易中心陆续成立，目前已成立 33 个电力交易中心，包含 2 个国家级交易中心（北京、广州），每个省份都基本有一个，只有海南省和台湾省还未成立省级电力交易中心。

随着相对独立的电力交易中心的组建和各类售电公司的建立及运行，发电与售电侧都会逐步向市场放开，电力行业上下游产业链的利益将会进行重新分配，逐步实现保底售电加竞争售电的供电结构。售电侧改革从试点先行到全面铺开，逐步放开售电侧市场准入，多途径培育电力市场主体，赋予用户更多的选择权，通过"管住中间、放开两头"形成有效的电力市场竞争机制和市场体系。

对于发电企业来说，竞价上网机制形成后，竞争优势主要体现在发电企业在目前上网电价基础上的让利意愿与空间，具有降价意愿和降价空间的发电企业具有相对优势，从电源结构上看，发电成本相对较低的水电相对于火电、风电、光伏发电等其他电源来说，具备长期竞争优势。

2016 年到 2017 年，国家发改委发布 2015（3044 号）、2016（2729 号）和 2017（2196 号）等调价文件连续调减陆上风电和光伏发电上网电价，比如四川所在的 II 类地区光伏发电上网电价已经降到 0.65 元/度（见表 2.7），2015 年以前四川光伏发电上网价格还曾经达到 0.88 元/度。

表 2.7　2018 年全国光伏发电上网电价（单位：元/度）

| 资源区 | 光伏电站标杆上网电价 | | 各资源区所包括的地区 |
|---|---|---|---|
| | 普通电站 | 村级光伏扶贫电站 | |
| I 类资源区 | 0.55 | 0.65 | 宁夏，青海海西，甘肃嘉峪关、武威、张掖、酒泉、敦煌、金昌，新疆哈密、塔城、阿勒泰、克拉玛依，内蒙古除赤峰、通辽、兴安盟、呼伦贝尔以外地区 |
| II 类资源区 | 0.65 | 0.75 | 北京，天津，黑龙江，吉林，辽宁，四川，云南，内蒙古赤峰、通辽、兴安盟、呼伦贝尔，河北承德、张家口、唐山、秦皇岛，山西大同、朔州、忻州、阳泉，陕西榆林、延安，青海，甘肃，新疆除 I 类外其他地区 |
| III 类资源区 | 0.75 | 0.85 | 除 I 类、II 类资源区以外的其他地区 |

其实电改加强市场化竞争后，也在促使发电企业在降成本、提效益上狠下功夫、下狠功夫，毕竟靠政府补贴电价无法长期持续下去。即便是同属光伏发电企业，各自的成本水平也有差异。例如，青海德令哈协鑫新能源利用黑硅＋PERC 多晶技术，申报的光伏上网电价仅为 0.32 元/度，已低于火电价格。

由于近年煤炭价格维持低位运行，我国火电企业在成本降低的情况下企业盈利相对乐观，但 2016 年煤价企稳回升后成本压力逐渐传递给火电企业，加之火电利用平均小时数及上网电价双双下降，以及火电产能过剩现象短期内仍将持续，火电企业盈利下降恐怕是大概率事件。

火电企业面临利用平均小时数与上网价格下调的双重压力。近年来随着产业结构的调整，社会电力供需矛盾趋缓以及水电挤占火电影响，火电利用平均小时数持续走低。自 2015 年 4 月煤电上网电价平均每度下调 2 分以后，2016 年 1 月发改委再次下调煤电上网电价约每度 3 分，连续的上网电价下调对火电企业产生的影响将会传导到企业的盈利能力上来，最终将会挤压火电企业的盈利空间。未来在输配电价核实后，电价一定还有进一步下降的空间。

# 2.3　我国水电行业现状

## 2.3.1　区域特征明显

我国水电年发电的理论蕴藏量在 6.08 万亿千瓦时之上，其技术可开发量超过 5.4 亿千瓦，经济可开发装机容量超过 4.02 亿千瓦。我国水电能源的分布极其广泛，但大多集中在中西部的大中型江河上，其中可开发装机总容量的 60% 集中在长江、金沙江、雅砻江、大渡河、乌江、澜沧江、黄河和怒江等流域。金沙江、雅砻江、大渡河、澜沧江等我国十三大水电基地的可开发装机容量超过 2.8 亿千瓦，有着相当明显的区域性分布特征。各个地区的水电能源开发程度也参差不齐。其中东部地区已基本开发完毕，2009 年，西南地区的开发程度还不到中部地区的 1/3。2014 年年底，我国水电经济开发程度已经从 2009 年的 45.7% 提高到 55.9%。

随着我国长江、黄河等七大水系中下游以及地理位置相对便利的水电项目开发接近尾声，目前水电建设开发重心转向未开发资源相对集中的西南地区河流中、上游流域，这部分水电资源接近藏区，生态环境保护要求高，开发难度不断增大，输电距离远，工程建设和输电成本高，加之移民安置和生态环境保护的投入不断加大，水电开发的经济性越来越小。行业主管部门对水电综合利用的要求也越来越高，相关的投资补助和分摊机制尚未建立，加重了水电建设项目的经济负担和建设成本。在我国水电建设高速发展的 2000—2010 年间，水电站建设的平均开发成本约 6000～7000 元/千瓦，但在"十一五"期间，水电站建设的开发成本已经涨到了 1 万元/千瓦，进入"十三五"，水电站建设的开发成本已经超过 1.5 万元/千瓦。

除建设成本增加之外，我国水电行业还面临着另一个棘手问题——区域性发展不平衡越来越严重。以云南和四川两个水电大省（2017 年末，云南和四川两省水电装机容量占全国装机容量超过 40%）为代表，由于水电装机容量基本饱和，在本省社会用电量增长减缓和电力外送乏力的影响下，近年存在大量"非自然弃水"现象。截至 2017 年年底，四川省水电装机容量约 7560 万千瓦，占总装机容量的比重近 80%，但当年四川省最大用电负荷约为 3300 万千瓦，2012—2015 年，四川电网水电"非自然弃水"电量分别为 76、26、97 和 102 亿千瓦时，2016 年四川省调水电机组的装机弃水量超过 380 亿千瓦时。云南省 2017 年水电装机容量约 6180 万千瓦，云南电网水电也从 2013 年开始出现大量"非自然弃水"现象，2013—2015 年，非自然弃水电量分别为 50、168 和 153 亿千瓦时。

对于云南和四川两省的水电弃水问题，一方面是因为国内经济增速从高速下降至中高速、高能耗产业发展受限、电力消费增速下降，电力市场总体呈现供大于求，东部省份不得不降低甚至拒绝对云南、四川的水电需求；另一方面也是因为云南、四川两省水电外送输电线路建设相对滞后，多余水电外输困难。

尽管云南和四川水电已经整体呈现饱和，但我们发现在如四川省甘孜、阿坝和凉山等边远贫困山区，仍然有建设小水电解决当地居民用电和脱贫的必要性和可行性。

因此我国水电发展从全国范围来看，西南局部区域饱和但整体仍有提升空间，在局部饱和地区也存在必需的开发盲点，这也是我们在未来对水电开发进行总体规划中需要按区域考虑的出发点。

## 2.3.2 发电量有提升空间

作为一种具有可再生性的清洁能源，水电在我国的能源发展史上的地位是极其重要的，是保障国民经济可持续发展的重要支撑。进入新的时代，随着我国电力体制改革的稳步推进，社会资金参与水电投资建设的积极性被调动起来，我国水电建设投资进入了一个加速发展期。2004 年，我国水电装机总容量超过了 1 亿千瓦，取代美国成为全球水电第一大国。2010 年，我国水电装机总容量又比 2004 年翻了一番。万众瞩目的三峡水电站，更是以 2240 万千瓦装机容量成为目前全球规模最大的综合水利枢纽工程。

目前，我国不仅是全球水电机组装机容量排名第一、发展速度最快的国家，也是全球水电站在建规模最大的国家，已俨然成为全球水电建设发展的中心。截至 2017 年年底，我国水电机组装机容量达到 34119 万千瓦，占全部发电机组装机总容量的 19.2%；2017 年全年水力发电的总发电量为 11945 亿千瓦时，占全国电力总发电量的 18.61%。2009—2017 年，水电、火电及其他电源发电量占比情况见表 2.8。

**表 2.8　2009—2017 年我国电力发电量占比情况统计**

| 年度 | 火电发电量占全部发电量的比例（%） | 水电发电量占全部发电量的比例（%） | 其他电源发电量占全部发电量的比例（%） |
| --- | --- | --- | --- |
| 2009 | 81.81 | 15.53 | 2.66 |
| 2010 | 80.81 | 16.24 | 2.95 |
| 2011 | 82.45 | 14.12 | 3.43 |
| 2012 | 78.72 | 17.16 | 4.12 |
| 2013 | 78.58 | 16.61 | 4.81 |
| 2014 | 75.20 | 19.20 | 5.60 |
| 2015 | 73.71 | 19.39 | 6.90 |
| 2016 | 71.60 | 19.71 | 8.69 |
| 2017 | 70.92 | 19.20 | 9.88 |

注：数据来自《中国电力年鉴》、中国电力企业联合会。

## 2.3.3　我国水电能源现状

据中华人民共和国水利部 2005 年完成的第二次水利资源普查资料，我国流域面积在 100 平方千米以上的河流超过 5 万条，流域面积超过 1000 平方千米的河流超过 1600 条，天然河道总长超过 40 万千米。我国水电能源理论蕴藏量 10MW 以上的河流共 3886 条，水电能源理论蕴藏量 6.9 亿千瓦；水电技术可开发量达 5.4 亿千瓦，水电经济可开发量达 4 亿千瓦（见图 2.6）。我国水电能源除总量丰富、居世界首位外，还具有以下鲜明的特点：

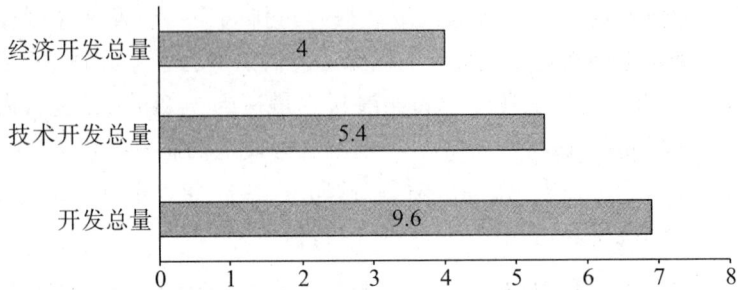

**图 2.6 我国水电能源开发总量、技术开发总量与经济开发总量的关系**

（1）我国水电能源在地域的分布上表现得极其不平衡，总的来说，水电能源相对集中地分布在西南地区（见表 2.9），而在能源需求量较大且经济发达的东部地区，水电能源的分布很少，因此，西部地区水电能源除了要满足自身的电力需求之外，更重要的是还要满足"西电东送"的战略需要。

**表 2.9 全国水电能源技术可开发量主要排序**

| 按区域划分 | | | 按流域划分 | | |
|---|---|---|---|---|---|
| | 装机容量（万千瓦） | 占比（%） | | 装机容量（万千瓦） | 占比（%） |
| 四川 | 12004 | 22 | 长江流域 | 25627.3 | 47 |
| 西藏 | 11000.4 | 20 | 雅鲁藏布江流域 | 6785 | 13 |
| 云南 | 10193.9 | 19 | 黄河流域 | 3734.3 | 7 |

（2）大部分江河流域年内及年际径流存在着分布上的不均匀，丰水季、枯水季径流流量有较大的差距，需要投资建设具有调节性的水库，对径流流量有效地进行调节，解决水电的丰枯季矛盾，提升水电的整体供电质量水平。

（3）我国水电能源的集中性，有利于集中力量建设开发和大规模输送。主要的水电能源都集中在长江上游、黄河上游及北干流、金沙江、雅砻江、大渡河、澜沧江、乌江、南盘江红水河、湘西、闽浙赣、东北及怒江等水电基地，其机组装机总容量基本上占到全国技术可开发总量的 51%，占全国经济可开发总量的 60%。

我国水电机组装机在 30 万千瓦及以上的大型水电站的装机容量和年发电量的占比都达到了 72% 左右，其中装机在 100 万千瓦及以上的特大型水电站的装机容量和年发电量的占比都超过 50%。但小水电站的个数却占了全国水电站总数的 92.1%，遍布在全国各个地区。虽然小水电机组总装机容量和年发电量都不大，但却是能够解决当地能源和电力问题的有效手段。

随着开发理念的加强、规划水平的提升，部分无经济开发性的地区也逐渐具备了开发价值，但总量提升仍然有限。

## 2.4　我国水电及小水电的现状

### 2.4.1　我国水电的现状

水电是目前全球排名第一的清洁能源，全球约 20％的电力供应是由水电提供的。与其他常规能源相比，水电是可循环、能再生的能源，具有综合效益大、发电成本低等优势，能够优化全球能源结构、降低温室气体排放、降低社会经济活动中的碳排放，对生态环境的保护、能源安全的保障和国民经济的可持续健康发展具有非常重要的作用。

我国在 2014 年 11 月郑重承诺，到 2030 年，在能源消费总量中非化石能源要占到 20％左右。据最新的统计，我国非化石能源消费占一次能源消费比重由 2012 年的 9.1％提高到 2016 年的 13.3％，煤炭的消费比重同比下降 2％，但离远期目标仍有较大差距。

要达到 2030 年的远期目标，还需要做大量的努力，而加速发展水电则是首要工作，水电建设发展的成功与否，关系着我国能源战略的成败。2017 年，我国水电发电机组装机总容量和水电发电总量分别达到 34119 万千瓦和 11945 万千瓦时，火电的发电总量占比则持续减少。

水电继续稳居我国非化石能源和清洁可再生能源的排头兵。2017 年我国水电机组发电总量达 11945 亿千瓦时，占全国发电总量的 19.2％。换句话说，全国每 10 度电中就有约 2 度是清洁环保的水电。据 2011 年我国水能资源普查发布的数据，我国水能资源技术可开发总量超过 5.4 亿千瓦，年发电总量超过 2.5 万亿千瓦时；经济可开发总量达 4 亿千瓦，年发电总量达 1.75 万亿千瓦时。

在全社会持续实施节能减排行动的前提下，如果按照最保守的估计，2020 年全国能源消费总量会达到 45 亿吨标准煤，那么非化石能源就要占到 6.8 亿吨标准煤，折合成发电量大概是 2.1 万亿千瓦时。如果十分乐观地估计，到 2020 年，核电、风力发电、光伏发电等合计能够达到 8000 亿千瓦时，那么水电发电量就还得提供 1.3 万亿千瓦时，水电机组装机总容量估计要达到 3.5 亿千瓦，占我国水电可开发容量的 60%（见表 2.10）。

表 2.10　2008—2020 年我国发电量、装机容量总量及其构成预测

| 年份 | 2008 | 2014 | 2020 |
|---|---|---|---|
| 装机容量（万千瓦） | 79273.13 | 136019 | 165000 |
| 水电 | 17260.39 | 30183 | 35000 |
| 火电 | 60285.84 | 91569 | 106000 |
| 风电 | 838.77 | 9581 | 10000 |
| 核电 | 907.82 | 1988 | 8000 |
| 其他 | | 300 | 1000 |
| 发电量（亿千瓦时） | 34510.13 | 55459 | 76300 |
| 水电 | 5655.48 | 10661 | 13000 |
| 火电 | 28029.97 | 41731 | 53915 |
| 风电 | 130.79 | 1563 | 1700 |
| 核电 | 692.19 | 1262 | 6185 |
| 其他 | | | 400 |

当前和今后一个时期，我国正处于全面建设小康社会、加快推进生态文明建设和现代化的历史阶段，对电力的需求将保持稳定增长的态势。我国正在大力推进降杠杆、去产能、治理雾霾和节能减排工作，积极地发展水电、核电、风电、太阳能发电等清洁能源。我国水电能源经济开发程度目前仅为 55.9%，还有巨大的潜力可挖。应以水为纽带，以水电建设为先导，充分利用水电能源的可持续性、资源的可再生性、建筑物的永久性、发电的环保性、运行成本的经济性，统筹解决防洪、航运、发电、灌溉、生态环境等问题。

同其他供电方式比较，水电的成本低，是目前人类所开发利用的成本最低的发电方式，且运行成本可控，投资风险小（见表 2.11）。

表 2.11　2004—2016 年我国新投产水电、火电上网电价对比（单位：元/度）

| 省份 | | 青海 | 四川 | 云南 | 贵州 | 湖南 | 广西 | 海南 |
|---|---|---|---|---|---|---|---|---|
| 2004 | 火电 | 0.245 | 0.31 | 0.255 | 0.25 | 0.36 | 0.335 | 0.365 |
| | 水电 | 0.227 | 0.28 | 0.215 | 0.215 | 0.315 | 0.26 | 0.26 |

| 省份 | | 青海 | 四川 | 云南 | 贵州 | 湖南 | 广西 | 海南 |
|---|---|---|---|---|---|---|---|---|
| 2008 | 火电 | 0.279 | 0.373 | 0.323 | 0.328 | 0.44 | 0.436 | |
| | 水电 | 0.21 | 0.288 | 0.215 | 0.253 | 0.31 | 0.26 | |
| 2016 | 火电 | 0.337 | 0.4012 | 0.3563 | 0.3709 | 0.472 | 0.4424 | 0.4528 |
| | 水电 | 0.212 | 0.308 | 0.270 | 0.2494 | 0.36 | 0.32 | 0.36 |

从表 2.11 所示的上网电价数据看,在所有省份,新投产的水电上网电价都比火电低,如果从环境保护和节约资源等角度考虑,长期来看,水电还有提价的可能性,相比火电则更加具有竞争力。

## 2.4.2 我国小水电的特点

小水电是指容量较小、工程规模小、环境友好的水电站及其配套电网。小水电的容量定义在不同的国家、不同的时期都有着不同的范围规定。在 1977 年世界第 10 次能源会议上,把容量在 10MW 以下的电站都称为小水电;但 1980 年在我国杭州和菲律宾马尼拉召开的第二次国际小水电会议上又把小小(mini)型水电站定义标准提高到 2MW,同时把容量在 2~10MW 的水电站定义为小(small)水电。我国在 1982 年时称单站容量小于 12MW 的水电站为小水电站;20 世纪 90 年代之后,国家计委和水利部明确水电站装机容量在 50MW 以下的都可以享受小水电的优惠政策,至此小水电的容量范围得以扩展到 50MW。国家水利部发布的《小水电代燃料标准》(SL468—2009)明确了小水电站是指单站装机容量在 5 万千瓦及以下的水电站。

小水电容量的不同定义方法仅仅反映了某一国家在某一时期工业发展的程度及水电在国家整个能源生产中的作用,并没有本质上的不同,故不同国家有不同的定义方法。在我国,小水电容量的定义变化见表 2.12。

**表 2.12 我国不同时期小水电容量的定义**

| 小水电等级 | 1959 年以前 | 1959 年 | 1964 年 | SDJ12—78 | SDJ1217—87 | SDJ50201—94 |
|---|---|---|---|---|---|---|
| Ⅰ | 0.1~1 | 0.5~5 | 0.5~3 | 0.5~25 | 0.5~25 | 50~100 |
| Ⅱ | <0.1 | <0.5 | <0.5 | <0.5 | <0.5 | <10 |

一般把小水电站按容量划分为微型(micro)、小小型(mini)和小型(small)三档。装机容量在 100kW 以下的称为微型水电;装机容量在 100kW 至 1MW 的定义为小小型水电;装机容量在 1MW 以上至 50MW 的定义为小型

水电。在实际应用中，通常将小小型和小型水电合称为小水电。

据统计，我国小水电能源非常丰富，技术可开发量高达 1.28 亿千瓦。在全国 2300 多个县中，有近一半的县可开发资源超过 1 万千瓦，其中 471 个县的可开发资源为 1~3 万千瓦，499 个县为 3~10 万千瓦，134 个县超过 10 万千瓦。小水电能源大都分布在大电网无法服务的山区，因此它不但是农村及山区能源的重要构成部分，也是大电网无法顾及的补救措施。

我国是世界上小水电能源相当丰富的国家，据国家组织对农村水电能源（单站装机容量：10~50MW）的调查，全国农村水电能源的可开发总量大约为 1.28 亿千瓦，分布在全国 1700 多个县、市，其中大部分位于广大西部地区，中、东部地区也占有一定的比例。

水电是可再生的清洁能源，其中大型水电还是传统能源之一，而小水电则被归为新能源。2005 年 2 月份颁布《可再生能源法》，国家则鼓励包括小水电在内的可再生能源的建设开发。

小水电从容量角度来定位处于所有水电站的末端，全球小水电在整个水电容量的占比为 5%~6%。我国小水电的可开发量如果以 1.28 亿千瓦计算，要占到全国水电技术可开发量的 1/4。我国的小水电能源在地域分布上非常广泛，大都在偏远山区和广大农村地区，适合因地制宜地进行开发利用，既可以带动地方经济的发展，解决当地群众用电难的问题，又可以给投资者带来直接的回报，有极大的发展空间，它将成为今后若干年电力建设的发展热点。

小水电和大中型水电相比，有以下明显优势：

（1）小水电是国际公认的清洁可再生能源。水资源能够再生，尽管发电量也随季节变化，但无能源枯竭之虑；小水电站多数位于中小河流，流域范围不大，大都是径流式电站，不会造成大量的水体集中，也不会改变河流水量和水质，不会对河流生物的生存繁衍造成影响。

（2）小水电发电无排放物，不污染大气。开发利用小水电发电，不会排放温室气体或其他有毒有害气体，对大气环境基本没有什么影响，满足国家在生态安全和经济社会可持续发展方面的要求，是国际上积极扶持、大力推广的可再生能源，也是联合国扶贫计划中最重要的组成部分之一。

（3）小水电对生态环境也有负面影响，但对环境的影响比大中型水电小得多。实践证明，通过科学规划和合理运行管理，统筹好发电和生态的关系，小水电对局部水环境的不利影响可以降至最低。

（4）小水电很少有淹没土地和移民问题，没有大中型水电对移民、资源和生态环境那么大的影响。

（5）小水电建设费用低，可就地取材，并能解决当地的就业问题。小水电站规模小，结构相对简单，技术比较成熟，建设周期短，工程造价低，大多数不需要远距离高电压输电，发、供电成本较低，办得起、管得了、用得好。小水电电源在分布上很广，建设开发的便利性好，适合大规模开发和分布式供电。

（6）小水电技术含量较低，一些县就能设厂生产，当地可自己建设安装，自管自用。

（7）我国小水电产业发达，竞争激烈，有利于提高质量、降低成本。

（8）小水电一般自成电网，距负荷近，输变电设备相对简单，电力输送损耗小，易于在大电网难以覆盖的山区提供电力供应。小水电能够分散地布点、就地开发利用、就近成片成网地提供电力，适合地域较广阔、单位人口密度低、电力负荷分散的地区，可以弥补大电网远距离供电成本高的缺陷。小水电靠近负荷，启闭迅速，是地震等灾害发生时可靠的备用电源。

（9）小水电与生态治理区分布基本一致。

我国小水电能源有十分丰富的蕴藏总量，集中分布在长江中上游、黄河中上游和珠江上游，而我的的贫困人口较多的地区、自然保护区、天然林保护区、退耕还林区和水土流失重点治理区域也大部分分布在这些区域。目前，我国靠烧柴做饭取暖的农村居民也主要分布在上述区域，与小水电能源的分布基本一致。与其他可再生能源相比，小水电的容量相当可观，不仅能解决乡镇、村落的生活用电，而且能解决相当规模的生产用电。

我国小水电能源储量最丰富的还是在西南地区，其次为长江中下游地区和东南沿海区域，小水电可开发量的分布见表 2.13。

**表 2.13　我国小水电能源可开发量分布统计**

| 地域分布 | 可开发量（万千瓦） |
| --- | --- |
| 东北地区 | 377 |
| 西北地区 | 1354 |
| 西南地区 | 4911 |
| 长江中下游地区 | 1656 |
| 黄淮海地区 | 352 |
| 东南沿海地区 | 1368 |

开发小水电是促进贫困山区、老少边穷地区脱贫致富的有效途径，也是防止生态环境恶化的重要措施，小水电是当地防洪抗旱的主要基础设施。

与风力发电、光伏发电和生物质发电等可再生能源相比，目前最早开展商业化、技术最为成熟稳定，同时经济效果最佳的还是小水电，小水电具备以下优点：

（1）小水电资源含量丰富，有广阔的分布，小水电的建设位置与有用电需求的用户位置相吻合。

（2）小水电单机容量灵活，小到百瓦、大至 50 兆瓦的装机均可以因地制宜地建设和安装。

（3）与其他可再生能源相比，小水电装机建设成本、年满发小时数以及上网电价具有很强的竞争力，太阳能发电的单位成本是小水电的 8～10 倍，风力发电的单位成本也为小水电的 3 倍左右，实际上小水电是目前唯一能长期廉价开发利用的可再生的清洁能源。

（4）小水电具备的灵活的可调节性是风力发电、太阳能发电以至于核电都无法比拟的，这对于局域电网提供稳定的电力有重要的作用。

通常，太阳能发电设备的效率是 10%～15%，风力发电效率有望达到 20% 以上。也就是说，太阳能发电设备和风力发电设备在一年中只有 1000～1800 小时能发电，其余时间只能休息。而且，太阳能发电，因受晴天、阴天、雨天、昼夜和白天时间的变动，反映到发电设备上能量输出的变动就很大，因此，发电量受时间、季节影响显著。另外，由于风的速度、方向常常变化，风力发电也同太阳能一样很不稳定。水力发电年运行时间在 5000～7000 小时左右比较妥当。因此，小水力发电与其他自然能源发电相比，在能够进行稳定发电这点上有明显优势。

小水电的能源转换效率高是其显著的特征。例如，火力发电的热效率在 40%～50% 左右，而水力的转换效率根据输出的大小不同，口径 500mm 左右的小水力发电的水轮机发电效率可达 70% 左右。此外，水力的能源密度高，和其他自然能源相比，能够稳定运行持续发电。

小水电由于规模小，可利用原有的河流，很少截断河流，使用的水量也少，不需要蓄水（有蓄水要求的极少），对河川水质、水生生物等周边生态系统的影响小，发电设备设置时对地形的改变小等，被誉为环境友好型能源。小水电设备简单，短时间内可修建成功，维修管理也容易进行。

小水电的电能转化率至少可达 50%，远远高于其他可再生能源（太阳能约为 20%），单位千瓦时造价也远远低于风能和太阳能，优势明显。此外，小水电的工程量小、设备简单、技术成熟、投资少、见效快、运行维护简单，容易实现用户自筹、自建、自管、自用，是其他常规能源不可替代的一种适合于农村的能源。它除了被广泛地用于山区、农村供电外，还可用于水库弃水的利用及其他微型水电能源的利用。小水电的利用不但有经济价值，还有积极的社会价值。

## 2.4.3　我国小水电现状

我国小水电能源蕴藏量排名全球第一。据最新的全国农村水能资源调查评价成果发布的数据，我国单站装机容量 50MW 及以下的小水电技术可开发总量大约为 1.28 亿千瓦，年发电总量达 5350 亿千瓦时。

许多发展中国家都制定了一系列相应的政策，鼓励民间资本投资本国的小水电建设开发。小水电站总投资额小、风险不高、积极效益稳定、运营维护成本不高。这些年来，在国家一系列优惠政策的支持下，小水电投资建设的热潮在全国兴起，由于多年持续的全国性缺电，民企投资小水电的力度逐年加大。国家支持合理地开发和利用小水电能源的总思路是确定的，2003 年开始，特大水电投资项目也开始向民间资本开放。2005 年，按照国务院和水利部的"十一五"计划和 2015 年发展规划，我国将在民间资本投资建设小水电以及小水电的行业发展上给予更多政策上的支持。

从节能减排效益的角度看，超过 400 万的边远山区农民通过"小水电代燃料工程"实现了"以电代柴"，户均年减少电费负担 300 元，避免了相当于 1400 万亩的森林被砍伐。在"十二五"期间，全部农村小水电累计发电量超过 1 万亿千瓦时，相当于节约 3.2 亿吨标准煤，减排二氧化碳 8 亿吨。

我国许多远离大电网的山区，只有利用当地丰富的水电能源，发展小水电，才能改善人民生活，解决农副产品加工和乡镇企业、县办工业及其他方面的用电需要。不少山区贫困县把发展小水电作为解决增产粮食与脱贫致富的一项重要措施。小水电具有就地开发、就近供电优势，是精准扶贫的重要方式。未来小水电的在建规模与投产容量将会出现持续增长的局面。

在"十一五"期间，我国小水电新增机组装机容量突破 2000 万千瓦，2010 年年底小水电机组装机容量则超过 5900 万千瓦；小水电年发电总量从 2006 年的 1361 亿千瓦时增加到 2010 年的 2044 亿千瓦时。这期间累计解决了 88 万无电人口的用电，户通电率从 2005 年的 98.7% 提高到 2010 年的 99.75%。2011 年"中央 1 号文件"提出，要在处理好生态保护和农民利益的情况下，推进水电能源的开发利用，要大力发展小水电，完善小水电的增值税

政策。在"十二五"期间，国家持续推进水电新农村电气化县建设。计划完成
300 个水电新农村电气化县的建设，新增小水电机组装机容量 515.6 万千瓦，
促使人均年用电量和户均年生活用电量要比 2010 年增长 25%以上。从实际完
成情况来看，"十二五"期间是民生水利建设发展的提速期，也是小水电建设
发展的绝佳机会（见表 2.14）。

表 2.14　2011—2016 年我国农村水电发展统计

|  | 2011 | 2012 | 2013 | 2014 | 2015 | 2016 |
|---|---|---|---|---|---|---|
| 全国水利总投资（亿元） | 3452.1 | 4117.2 | 3954 | 4345.1 | 5452.2 | 6099.6 |
| 农村水电投资（亿元） | 235 | 238 | 198 | 256 | 244 | 249 |
| 全国水电装机（万千瓦） | 23007 | 24881 | 28026 | 30486 | 31954 | 33211 |
| 全国水电发电量（亿千瓦时） | 6507 | 8657 | 9304 | 10601 | 11127 | 10518 |
| 农村水电装机（万千瓦） | 6212.3 | 6568.6 | 7118.6 | 7322 | 7583 | 7791 |
| 农村水电发电量（亿千瓦时） | 1757 | 2173 | 2233 | 2281 | 2351 | 2682 |

水利部水电局局长、国际小水电联合会主席田中兴在 2014 年国际小水电
发展座谈会上指出，小水电是清洁能源，有利于节能减排、加强环境保护，促
进可持续发展。要大力推进小水电的发展，推进水电新农村建设、小水电代燃
料项目、农村水电增容改造项目，开展绿色小水电建设试点，加强中小河流开
发规划。

目前，我国有 4 万多座小水电站，总装机容量达 7500 万千瓦，约占全国
水电装机容量的 22%。而三峡工程的装机容量只是 2250 万千瓦，可见小水电
在我国电力供应中的地位。目前，小水电解决了全国 3 亿多农村人口的用电问
题。小水电行业解决了全国约 66 万从业人员的就业问题，80 多家小水电主要
设备制造商年生产小水电相关设备 450~500 万千瓦，具有供应任何小水电工
程的能力。

## 2.4.4　发展绿色小水电

### 2.4.4.1　小水电的环保争议

中央环保督察自 2016 年 1 月在河北开展试点，至 2017 年 9 月第四批中央
环保督察完成进驻四川、吉林等省，中央环保督察组用两年的时间完成了对全

国所有省份的覆盖，对我国地方省市区开展了严格的环保督察。这次环保督察直接导致甘肃、安徽以及四川的大部分处在自然保护区内的小水电站被强制关停、拆除，不少小水电站业主在很大程度上都表示困惑和不理解。这次全国范围内的环保督察让小水电的去与留再一次处在两难境地。

中央环保督察组督察结果显示，很多省市区的小水电站对流域的过度开发和无序开发问题比较突出，由此带来了河道减水、脱水或断流等诸多生态问题。怎样降低小水电建设对环境的负面影响，真正使小水电建设与环境保护两者兼顾，仍是小水电行业必须面对和解决的问题。

我国早期建设的小水电站，由于受当时社会发展、管理水平和经济条件等客观条件的限制，的确存在规划设计不科学、不合理，导致流域无序开发，带来了河段减水、脱水等负面影响，部分流域甚至出现河床裸露、河水断流、水体污染富营养化等生态问题。

过去十多年以来，在生态环境保护与水电开发之间的争议从来就没有停止过，社会上尤其是环保人士对小水电的质疑主要集中在三方面：一是在自然保护区内建设小水电会破坏生态；二是小水电建坝会截断河流；三是会与农民争夺农业用水。

对于自然保护区内建设小水电的质疑，主要源于自然保护区内能不能建设小水电是有法律规定的。如果在没有人群生活居住的自然保护区，当然应该禁止建设小水电项目。但在有人群生活居住的地方，自然会有用电的需求，合理开发利用当地的小水电资源，解决当地居民生活、燃料等用电，和建小型火电站、建设输电线或砍伐林木作燃料相比，其对环境生态的影响肯定是利大于弊的。

在自然保护区里生活的居民，在没有电的年代，为了烧火做饭，只能去砍伐林木，这样对自然保护区的生态环境破坏非常大，尤其是在我国大江大河上游的边远山区和自然保护区。例如，笔者在沿川甘两省交界处 S301 道顺白龙江（嘉陵江上游支流）上行时发现，两侧山体上（见图 2.7）几乎没有乔木存在，连灌木都很少见，稀疏的杂草无法锁住土体。不时会看到滑坡、小型泥石流活动的痕迹。当地居住在较边远地区的村民至今仍有砍柴烧火的习惯。所以，不管是不是在自然保护区内有居民，只有采用小水电、风电、太阳能等清洁能源发电，才能逐渐杜绝林木砍伐，才能改善水土流失，才能有利于自然保护区的生态保护。

我国对小水电的支持政策逐渐从笼统地实施"水电新农村""农村电气化县"的建设，改为具体的"小水电代燃料""以电代柴"工程，这个变化非常科学，这也说明小水电不仅具有生产设施属性，同时也具备生活设施属性。从这个角度上讲，在有人群生活居住的自然保护区内，具有"小水电代燃料"性质的小水电属于生活设施，其建设应该得到地方政府的政策支持和资金资助。

图 2.7　川甘两省交界处 S301 道一侧山体

对于筑坝式小水电，有专家说小水电站筑坝截断了河流，减少了河流下泄量，破坏了水生态环境。有些小水电筑坝引水式的建设的确会造成河流的某一河段减水、脱水，应该尽量避免、弥补。然而，由于水资源分布不均的天然性，随着区域人口的自然增长从而导致取水量的增长，水资源的短缺是一种必然的趋势，事实上很多河流产生减水、脱水的根源，是伴随着人口增长的水资源相对短缺造成的，这种情况其实和小水电建设没有直接的因果关系。

对于小水电与农民争水的质疑，有些专家指责小水电筑坝引水，与农业用水之间发生争夺。其实，小水电站发电是不消耗水的，如果说偶遇干旱导致农业用水短缺，本来是水资源不足的矛盾，却把责任推给了小水电，这是不合理的。

### 2.4.4.2　小水电的政策调整

对于小水电的发展规划，应该根据区域和各省市区的小水电发展水平来灵活对待，切不可实行一刀切。比如在水电开发程度比较高的中、东部地区以及西部的四川省和云南省，应该控制新建小水电建设，并进行优胜劣汰，对小水电进行环保提档升级，而对于其他小水电发展水平不充分的省份，只要是有需要，该发展还是得发展。

四川省在 2012 年发布了《四川省人民政府办公厅关于加强 2.5 万千瓦以

下小水电工程开发建设管理的意见》（川办发〔2012〕3 号），对小水电的功能区划、环保措施、前期工作和项目审批做了具体规定。2016 年 10 月，由于省内用电需求增长回落，川电外送通道建设相对滞后，弃水、弃电时有发生，水电消纳的压力日益突出。四川省随即调整了小水电相关政策，发布了《四川省人民政府关于进一步加强和规范水电建设管理的意见》（川府发〔2016〕47 号），适时调整了水电开发的总体思路，要求在加强生态保护和做好移民安置的前提下，在"十三五"期间，除具有航运等综合利用为主、兼顾发电的项目外，其余小型（单站装机容量 5 万千瓦以下）水电项目全面停止核准建设。

2016 年 11 月，国家能源局公布的《水电"十三五"规划》也提到，要按照流域内干流开发优先、支流保护优先的原则，严格控制中小流域、中小水电开发，维护流域生态健康。开发潜力大的西部地区重点开发资源集中、环境影响较小的大型河流、重点河段和重大水电基地，严格控制中小水电开发，开发程度较高的中、东部地区原则上不再开发中小水电。弃水严重的四川、云南两省，除水电扶贫工程外，"十三五"期间暂停小水电和无调节性能的中型水电开发。

《水电"十三五"规划》强调要在生态保护的前提下开发小水电，对小水电的开发指导思路也是区别对待、有松有紧，同时明确要支持离网缺电贫困地区的小水电开发。提出要重点扶持西藏、四川、云南、青海、甘肃等省藏区和少数民族贫困地区小水电扶贫开发工作，解决当地居民生活用电问题。

### 2.4.4.3　小水电的负面影响

当前我国小水电开发存在的问题集中体现在生态环境保护、农民利益维护以及水资源综合利用三个方面。

我国小水电站大多建在山区小型河流上，由于受到自然条件限制以及传统水资源开发理念的影响，很大一部分小水电站为筑坝引水式电站，水电站下游一到枯水季节，河床干涸、卵石裸露，形成减水或脱水河段，对河流生态系统造成不利影响。同时，小水电站经营者出于经济利益考虑，用电高峰时放水发电，用电低谷时关闸截水，对河流生态下泄流量带来影响。

在山区居住的部分农民也因河水断流缺水而收入减少，生活陷入困境，对其补偿款也往往数额偏低且落实不到位，给社会稳定带来了不利影响。

我国的小水电建设主要集中在经济落后地区，尽管小水电开发对促进广大落后地区的经济社会发展作用显著，但是小水电的投资民营化水平已超过80％，小水电开发出现了单纯追求商业利益，对农民利益重视不够，较少承担水资源综合利用任务等问题。

受过去开发理念、技术和资金等客观条件限制，一些流域内电站布局不合理，梯级电站之间的流量不匹配，没有设计最小下泄生态流量，行业主管部门管理无序，水资源综合利用水平低下。这些负面影响大都是制度不健全、体制不完善造成的，可以通过生态调整来改善，比如严格控制最小下泄生态流量，增设生态机组，进行梯级电站联合调度，将水生态保护放到经济效益的前面等。

"十二五"期间，我国部分地区开展农村水电站增效扩容，通过改造老旧电站促使中小河流生态环境得到修复。针对鱼类保护问题，明确凡涉及国家和地方重点保护、珍稀濒危或特有水生生物的河段不再规划新建小水电项目。针对水土保持问题，通过加强监测，减小水流破坏力、维持河床稳定，消减泥石流等地质灾害危害。实践证明，只要通过科学规划、严格监管、落实生态基流、确保生态需水和合理运行管理，统筹好发电与生态环保的关系，小水电对局部水环境的不利影响可以降至最低。

### 2.4.4.4 小水电的历史价值

在解决边远地区用电、农村用电问题上，我国小水电过去、现在和将来一直都在发挥它积极的作用。小水电建设的明显优势表现在技术成熟、投资规模较小、经济效益较好、环境影响相对可控、淹没和移民问题少等方面。

从规模上看，截至 2016 年，我国广大农村投入使用的小水电站约 4.7 万座，总装机容量超过 7500 万千瓦，相当于 3 个三峡电站的装机容量。尽管如此，我国小水电开发率也才达到 60% 左右，还是低于发达国家 80% 左右的开发程度，还不像火电那样达到产能过剩的程度。

从技术上看，我国小水电建设已经有 100 多年历史，在勘测、设计、施工和设备制造等领域都达到国际领先水平。从能源回报看，小水电投入产出比相对较高，发电量是风电的 1.5 倍。

从小水电建设的经济效益上看，首先小水电行业有了长足的发展，我国目前小水电的总资产已经达到千亿元以上，而每年带来的直接收益也在 400 亿元以上。其次，通过节能获取的经济收益，跟火电相比，水电是属于可再生的，所以发电成本要比火电便宜很多，成本降低了经济效益自然会提高。小水电建设拉动了所在地区的内需增长，2011—2014 年，中央在农村水电上投资超过120 亿元，拉动农村水电项目完成总投资 1400 多亿元，相当于中央投资 1 元钱，拉动社会投资 10 元钱。农村水电站发售电总收入 4800 多亿元，上缴税金

400 多亿元，累计提供就业岗位 150 多万个。

从小水电建设的生态效益上看，小水电有明显的节能减排效益。据统计，在我国农村居民的传统生活能源消耗中，煤炭、秸秆和薪柴占 80％以上。通过小水电代燃料工程，仅 2009—2014 年，就使 130 万农村居民实现了"以电代柴"，保护森林面积超过 420 万亩。农村居民生活质量和生活水平逐步得到提高，当地森林植被也得到了有效保护，生态环境得到明显改善。小水电点亮了我国广大农村，使全国 1/2 的地域、1/3 的县市用上电，改善了生态环境。在"十二五"期间，农村小水电累计发电量超过 1 万亿千瓦时，相当于节约了 3.2 亿吨标准煤，减排二氧化碳 8 亿吨。

农村小水电建设开发，代替了一些小型火电站，这对于环境保护是非常有利的，减少了对环境的污染，因此小水电建设的开发带来了良好的生态效益。由于小水电的开发，减少了环境方面的污染，以往使用小型火电站发电的时候，会产生大量的废气、粉尘等污染物。有些地区煤炭运输不便利，无法建设小型火电站，便就地取材砍伐林木，导致严重的生态破坏。小水电的开发减少了森林的破坏，保护了生态环境，生态效益是非常明显的。我国水电数量多、分布广，水资源和能源作用重要、巨大。大水电一般只能建在大江大河、水量大、落差高的地方，而小水电则在全国各地实现水资源调控，是满足社会需求的主力。

从节能减排的功效上看，我国小水电的减碳作用几乎要比风能高出一半，可见我国的小水电对节能减排的贡献绝对也是全球第一的。此外，风能、太阳能由于自身发电成本居高不下，仍需长期进行高额的财政补贴，不仅在上网电价上（远高于销售电价）的明补，还需要在电网调峰的暗补。相反，小水电的低电价恰恰是电网最大隐性收入来源之一。总之，在当前的技术水平下，无论从数量还是质量上来看，小水电都绝对是比风能和太阳能优越得多的可再生能源。

从小水电建设的社会效益上看，小水电开发直接解决了偏远地区的用电困难问题。在我国，约有一半的区域需要小水电进行供电，小水电由于其成本比较低，价格也相对便宜，推动了农村地区的农副产品开发，推动了农村的发展，并且小水电的开发对农业灌溉和防洪有着非常重要的作用，还在一定程度上给人们提供了就业岗位，带来的社会效益非常显著。

1983 年，我国启动农村水电初级电气化试点建设，在全国范围内形成了40 多个区域电网，600 多个县以小水电供电为主。当时电气化县户通电率从 1980 年的不足 40％提高到 2015 年的 99.8％，使全国 1/2 的地域、1/3 的县市、3 亿多农村人口用上了电。

小水电具有就地开发、就近供电优势，是精准扶贫的重要方式。目前，我国未开发的水能资源大部分集中在 832 个贫困县中，下一步，通过探索资产收益扶贫，增加贫困户财产性收入，对山区农村脱贫具有重要意义。打赢扶贫攻坚战，不但要让贫困群众脱贫，还要让他们有稳定的收入，有致富的门路。但目前来看，产业帮扶的最大难点是好项目太少。而小水电项目，投资风险和市场影响较小，可以带来长期稳定的收益，就地开发、就近供电，通过收益扶贫，有利于帮助贫困群众实现"造血"功能。

### 2.4.4.5 强化小水电的环保措施

我们要客观看待小水电对生态环境的影响，同时也要采取积极有效的措施解决小水电和生态环保之间的矛盾。

第一，要合理、科学地编制流域规划。我国小水电开发率远低于欧美发达国家的开发程度。目前瑞士、法国小水电开发程度达到 97%，西班牙、意大利达到 96%，日本达到 84%，美国达到 73%。一条河流、一个区域能够建设的水电数量没有统一的量化标准，这取决于河流资源禀赋和功能，需专业论证和规范审查审批，需要在规划中去明确。

第二，有效消除河段减水、脱水。我国有些山区河流本身就是季节性河流，枯水期存在河水断流、河床裸露等情况。一些早期建设的引水式电站受当时经济技术条件限制，没有设计、建造最小流量泄放设施，同时，水资源开发利用程度越来越高，诸多因素都使得引水河段的减水脱流现象有所加剧。"十二五"期间，对全国 4400 多座老旧电站进行了增效扩容改造，改善了近 2000 条中小河流的生态环境。福建、陕西、甘肃等地也出台了水电站最小下泄流量的计算、设计和监管办法，要求老旧电站通过设置生态泄水管、增设生态机组和开展梯级联合调度等措施，确保厂坝间河段有足够的生态水量。

第三，加强鱼类保护。小水电建设筑坝截流，阻隔了洄游性鱼类的洄游路线，同时使流水变为静水，影响了喜流水性生物的生存，但也使喜静水生活的生物在库区成为优势种群。2012 年，水利部组织对 3500 多条中小河流水能资源开发规划进行修编，凡涉及国家和地方重点保护、珍稀濒危或特有水生生物的河段不再规划新建小水电。

第四，加强水土保持。需要各级水行政主管部门履行法定职责，在小水电建设施工阶段，加强项目水土保持方案实施的监督和检查，督促业主和施工单位严格贯彻落实"三同时"制度，加强水土保持工程监理和水土流失监测，落实水土流失防治责任。

第五，推进小水电非截流引水发电模式。中大型水电站由于发电规模决定，建造时必然采取筑坝截流模式，对河流水生态尤其是鱼类影响较大。而小水电发电规模不大，用水量较小，完全可以采用非截流模式建造。可以在河流中修建分水渠，再通过引水渠（见图 2.9）或引水管（见图 2.11）将水引至发电站发电，而保持河流有足够的主河道流量，这也是实际可行的。分水渠、引水渠、引水管及泄水孔参见图 2.8～图 2.11，现有的可以保留的小水电也可以进行非截流模式改造。

**图 2.8　小水电站分流引水**

**图 2.9　小水电站引水渠**

图 2.10  小水电站发电泄水孔

图 2.11  小水电站发电引水管

### 2.4.4.6  发展绿色小水电

目前，在全球可再生能源的开发利用上，我国虽然起步较晚，但无论是对水能、风能还是太阳能的开发利用都走在了世界的前面，其中最突出、最成功的应该说还是我国的小水电建设。因此，联合国小水电中心也设在了我国，由我国培训各国的小水电专家。联合国支持开发小水电主要有两个作用，即减贫和减碳，我国的小水电开发在这两个方面都达到了预期的效果。

水电的可调节性是风能、光伏等间歇式能源能够大量入网的有效保障。水电不仅是重要的可再生能源，还是一些地区调控水资源、发展经济和保护生态环境的重要举措。

未来全国百余座小水电站将开展绿色小水电评价试点，在"十三五"期间，主管部门仍将大力扶持贫困地区的小水电开发建设，加快推进绿色水电建设，严格落实生态环保要求，助力"民生水电、平安水电、绿色水电、和谐水电"的科学开发和可持续利用。

绿色小水电是指在环境、社会、经济和安全四个方面表现优秀，处于行业先进水平的小水电站。国际上先后开展了绿色水电认证、低影响水电认证和水电可持续性评估，为小水电的健康发展提供了良好借鉴。以瑞士的绿色水电认证为代表，认证标准从水文特征、河流系统连通性、泥沙与河流形态、景观与生境、生物群落等方面反映健康河流生态系统的特征，并通过最小流量管理、调峰、水库管理、泥沙管理、电站设计等方面的管理措施来实现。利用市场激励机制，鼓励小水电经营者自愿保护环境和修复生态，为实现水电可持续发展探寻新的路径。

2016 年 12 月水利部发布《水利部关于推进绿色小水电发展的指导意见》（水电〔2016〕441 号），计划到 2020 年，建立绿色小水电标准体系和管理制度，初步形成绿色小水电发展的激励政策，创建一批绿色小水电示范电站。到 2030 年，计划在全行业形成绿色发展格局，使小水电规划设计科学合理，建设管理规范有序，调度运行安全高效，综合利用水平明显提高，生态环境保护措施严格落实，绿色发展机制不断完善，河流生态系统稳定、生态系统服务功能良好，绿色小水电理念深入人心。

2017 年是绿色小水电创建首年，也是小水电生态年，更是小水电转型元年。创建绿色小水电也符合我国推动绿色发展的决策部署，水利部先后出台了《关于推进绿色小水电发展的指导意见》《农村水电增容扩容改造河流生态修复指导意见》《绿色小水电评价标准》，为今后一个时期绿色小水电建设理清了思路。

2017 年小水电绿色转型之路和中央对小水电发展新要求高度契合。现在的小水电不仅能发电，还要满足灌溉、供水、生态景观用水等多种需求。未来小水电绿色转型还需要小水电经营者下决心、花资金改变不合理的发展模式，尤其是摒弃牺牲生态环境换取发电效益增长的做法。未来小水电开发必须更加重视有序、有偿开发水能资源，更加重视生态功能和环境效应，更加重视地方发展和农民利益，更加注重老电站的增效扩容和持续利用。

在小水电绿色转型的具体推动上，地方省份 2017 年探索小水电绿色转型发展有了突破性进展。例如，福建出台了全国第一个水电站生态电价管理办法，该办法是发挥价格机制作用推进水电生态转型升级的重大政策突破，为各地探索和推进小水电绿色转型提供了借鉴和参考。

**拓展与思考：**

1. 我国小水电发展有什么特点？
2. 小水电与火电相比有哪些优缺点？

# 第3章  项目融资及资产证券化融资

## 3.1  项目融资的概念

### 3.1.1  项目融资的定义及特点

最早的项目融资兴起于 20 世纪 50 年代的美国，当时为解决石油和天然气项目的资金需求，银行以项目生产的产品及其销售收入作为担保，为项目方提供贷款。在 20 世纪 80 年代初，全球经济的不景气造成项目融资规模有所缩减。1985 年后，项目融资在世界资本市场上又重新开始活跃起来，并且在融资结构设计、追索权分配、贷款期限和风控管理等方面都有所发展和革新，逐渐成为资本市场重要的融资模式。

项目融资作为项目管理全过程中最重要的环节之一，事关项目最终能否顺利立项、建设和投产使用，提供项目所必需的资金保障。项目融资作为项目管理过程中一种实用的融资手段，它对项目最终能否成功所起的推动作用已经得到了公认。因而，这种融资模式在 20 世纪 80 年代中期被介绍到我国，并在一些大中型的公共基础设施投资项目中得到应用。特别是随着我国经济的高速发展，大量公共基础设施建设等方面的资金缺口越来越大，怎样解决公共基础设施建设资金的严重不足，一直都是政府、企业和金融界关心的问题，项目融资模式此时就受到越来越多的关注。

按照美国财会标准手册对项目融资的定义："项目融资（Project Financing）是指对有大规模资金需求的项目采取的一系列融资活动。借款方原则上将项目本身拥有的资金及其项目收益作为还款资金的来源，并且将其项目的资产作为抵押品来处理。"广义上讲，为了建设一个新的项目，对已有项目进行重组或者收购一个现有的项目，为满足其资金需求而进行的融资活动都可以称为项目融资。

一般情况下，项目融资是以项目法人作为融资主体，以项目投资所形成的资产、未来的收益或权益作为融资的信用支撑，项目各参与方按参与度分担风险的具有有限追索权性质的特定的融资方式。项目融资既影响项目目标、建设规模、功能标准的确定，更制约项目能否顺利实施。融资问题已成为项目运作以至项目成败的关键因素。

目前，兴起的资产证券化融资模式已经出现在国内许多 BT 项目融资工程中，这种新型的融资渠道可以看作是项目融资模式的一种，甚至是项目融资的创新和扩展，后面将对这种模式作详细的介绍。

项目融资可以从广义和狭义上进行定义。从广义的角度定义，项目融资就是为满足项目建设、收购以及重组所需要的资金而安排的融资活动。债权人（如银行）对借款方（如项目公司）抵押资产以外的资产有百分之百的追索权。从狭义的角度定义，项目融资是与公司融资相对应的，就是以项目自身的资产、项目预期收益等作担保，为满足项目资金需求而安排的一系列融资活动。债权人对借款方作为支撑或担保的抵押资产以外的资产没有任何追索权或只有事先约定的有限范围内的追索权。

项目融资通常具有以下特点：

（1）项目融资一般都用于新项目而不是已有的项目，融资行为是建立在相关主体责任和利益关系的基础上，通过一个专门的合法实体（通常是一个具有法人资格的项目公司）对一个法律上和经济上自成体系的项目实施项目融资。项目融资的参与方至少要有项目发起方、项目公司和贷款方。具体来说，就是由项目的发起方组建一家项目公司，该项目公司为独立法人，项目发起方为项目公司的股东。项目公司以自身的资产和未来的现金流作为贷款偿还保证来获得贷款方的贷款。

（2）融资风险需要各参与方合理分担。风险分担是指项目融资通常建立在多方合作的基础之上，项目各参与方在自己力所能及的范围内按相应比例承担各自的风险，避免了由其中任何一方独自承担全部风险，其各自承担风险的大小取决于他们对回报的期望值和风险承担能力。为了合理地分担项目的风险，项目融资将以贷款和担保的合同文件作为各方行为的依据。项目的债务与股本金的比率很高，项目融资的债务可以占到项目成本的 70%～90%。

（3）项目融资的风险较大。由于工程项目一般生命周期较长，影响因素较多，因此项目融资的风险是比较大的。对于贷款方而言，除非完全看好该项目的前景或有足够的担保措施，否则是不会轻易发放贷款的，并且贷款方出于自身安全的考虑，往往会对项目的谈判、建设和运营进行全过程的参与和监控。项目公司的投资人对项目融资的债务不作担保（称为无追索融资），或承担有限担保（称为有限追索权）。投资人一般不需要对债务的偿还进行担保，因此这一偿债风险只限于项目公司股本投资的金额范围。

（4）建立在融资成本核算和效益综合评价的基础上。由于项目融资风险较大，贷款利率通常情况下比较高，对于项目公司而言，会增加项目的成本。所以项目融资多适用于项目建设需要的资金量较大的项目。

（5）债务屏蔽。在项目融资中通过对投资结构和融资结构的设计，可以把项目债务的追索权限制在项目公司中，从而对项目发起人的资产负债表没有影响。借款方是根据对项目本身未来产生现金流的预测作为利息和债务偿还的依据，而不是将项目资产价值或以前的财务表现作为依据。

（6）项目公司的合同、许可或对自然资源的所有权是贷款方控制风险的主要保障。由于合同、许可或使用自然资源具有一定的期限，所以项目的生命周期也是有一定期限的，这就要求融资债务的偿还必须在项目结束前完成。

项目融资过程的主要构架见图 3.1。

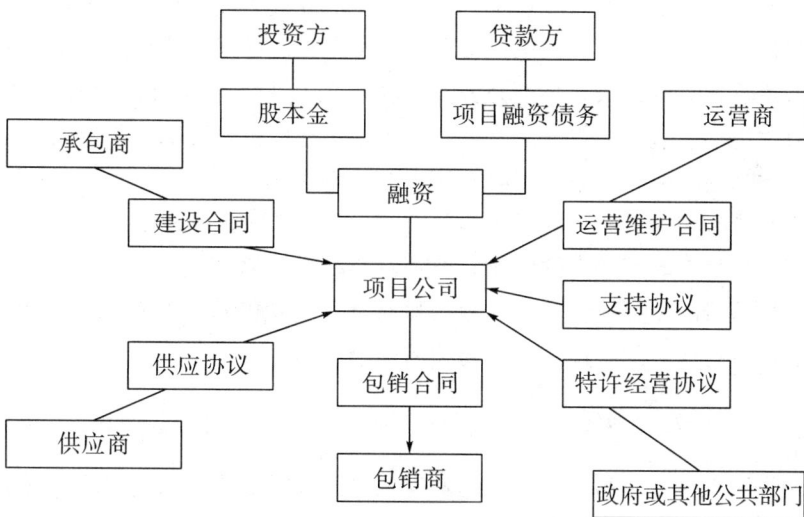

**图 3.1 项目融资的主要构架示意**

## 3.1.2 项目融资的主体

项目融资的主体是指实施融资行为，并承担融资责任和风险的项目法人。正确确定项目的融资主体，有助于顺利筹措资金和降低债务偿还风险。确定项目的融资主体应从项目投资的规模和行业特点去考虑，另外还需要考虑项目与既有法人所属资产、经营活动的联系，既有法人的资产负债状况，项目建成后未来的盈利能力等因素。

按照项目融资主体不同，项目的融资可以分为既有法人融资和新设法人融资两种融资方式。

### 3.1.2.1 既有法人融资方式

既有法人融资方式是指以既有法人为融资主体的融资方式。采用既有法人融资方式的建设项目，既可以是改扩建项目，也可以是非独立法人的新建项目。该方式的基本特点是：由既有法人发起项目，组织融资活动并承担融资责任和风险；建设项目所需的资金来源于既有法人内部融资、新增资本金和新增债务资金；新增债务资金依靠既有法人整体（包括拟建项目）的盈利能力来偿还，并以既有法人整体的资产和信用承担债务担保。

以既有法人融资方式获得的债务资金虽然用于项目投资，但债务人是既有法人。债权人可对既有法人的全部资产（包括拟建项目的资产）进行债务追索，因而债权人的债务风险较低。在这种融资方式下，不论项目未来的盈利能力如何，只要既有法人能够保证按期还本付息，银行就愿意提供信贷资金。因此，采用这种融资方式，必须充分考虑既有法人整体的盈利能力和信用状况，分析可用于偿还债务的既有法人整体（包括拟建项目）的未来现金流量。

在下列情况下，一般应以既有法人为融资主体：

（1）既有法人具有为项目进行融资和承担全部融资责任的经济实力。

（2）项目与既有法人的资产以及经营活动联系紧密。

（3）项目的盈利能力较差，但项目对整个企业的持续发展具有重要作用，需要利用既有法人的整体资信获得债务资金。

### 3.1.2.2 新设法人融资

新设法人融资是指以新组建的具有独立法人资格的项目公司为融资主体的融资方式。采用新设法人融资方式的建设项目，项目法人大多是企业法人。社会公益性项目和某些基础设施项目也可能通过组建新的项目法人实施。采用新设法人融资方式的建设项目，一般是新建项目，但也可以是将既有法人的一部分资产剥离出去后重新组建新的项目法人的改扩建项目。

该方式的基本特点是：由项目发起人（企业或政府）发起组建新的具有独立法人资格的项目公司，由新组建的项目公司承担融资责任和风险；建设项目所需资金的来源，可包括项目公司股东投入的资本金和项目公司承担的债务资金；依靠项目自身的盈利能力来偿还债务；一般以项目投资形成的资产、未来收益或权益作为融资担保的基础。

采用新设法人融资方式，项目发起人与新组建的项目公司分属不同的实体，项目的债务风险由新组建的项目公司承担。项目能否还贷，取决于项目自身的盈利能力，因此必须认真分析项目自身的现金流量和盈利能力。

项目公司股东对项目公司借款提供多大程度的担保，也是融资方式研究的内容之一。实力雄厚的股东，为项目公司借款提供完全的担保，可以使项目公司取得低成本资金，降低项目的融资风险；但担保额度过高会使其资信下降，同时股东担保也可能需要支付担保费，从而增加项目公司的费用支出。

在下列情况下，一般应以新设法人为融资主体：

（1）拟建项目的投资规模较大，既有法人不具有为项目进行融资和承担全部融资责任的经济实力。

（2）既有法人财务状况较差，难以获得债务资金，而且项目与既有法人的经营活动联系不紧密。

（3）项目自身具有较强的盈利能力，依靠项目自身未来的现金流量可以按期偿还债务。

## 3.1.2　项目融资的优缺点

和传统的企业融资相比，企业之所以更愿意选择项目融资模式，其原因在于：

（1）项目融资是拿项目本身的资产和项目产生的现金流作支撑，而不是拿项目投资人的资信作支撑来进行融资。

（2）项目融资合同如果约定了有限追索权的，贷款方就可以在贷款合同约定的某个特定时段或某个特定范围内行使有限追索权。如果按照贷款合同约定无追索权的，在任何情况下，贷款方都不能追索贷款合同约定的支撑贷款的项目资产、项目收益等资产之外的其他资产。

（3）项目融资业务所有的参与者，依据各自所能够承担风险的最大能力，按贷款合同约定承担相应的风险责任。采用项目融资方式，项目投资者可以灵活利用信用结构，项目融资债务不会体现在项目投资人的资产负债表中，同样也不会直接增大项目投资人的负债额度。

项目融资与其他融资手段的区别及优缺点见表 3.1～表 3.3。

表 3.1　各种融资模式比较

| 要素 | 项目融资 | 企业融资 | 资产证券化 |
|---|---|---|---|
| 融资基础 | 项目的收益、资产 | 借款方的资产和信用 | 项目或其他未来的现金流 |
| 追索程度 | 有限追索或无追索权 | 完全追索权（用抵押资产以外的其他资产偿还债务） | 有限追索权 |
| 风险分担 | 所有参与人 | 集中于发起人、债权人、担保者 | 收益参与人 |
| 资本金和贷款比例 | 发起人出资比例较低 | 发起人出资比例较高，通常为 30%～40% | 发起人出资比例较低 |
| 会计处理 | 资产负债表外融资 | 项目债务是债务的一部分，并入合并财务报表 | 资产负债表外融资 |

表 3.2　项目融资的主要缺点

| 对政府方 | 增加了公共服务设施的使用费用，会造成民众的不满；满足了短期公共基础设施的需求，有可能延缓了变革 |
|---|---|
| 对借款方 | 投资额大、回收周期长、收益的不确定性加大；相关的合同文件复杂；融资杠杆能力不足，投资方还要承担部分风险；适用的范围有局限 |
| 对贷款方 | 投资额大、回收周期长、收益的不确定性较大；相关的合同文件复杂 |

表 3.3　项目融资的主要优点

| 对政府方 | 增加项目的资金来源，吸引民间资本，减少财政支出和债务，政府能够集中资金发展民生基础设施；融资、设计、建造和经营风险基本上由项目公司承担，如目前推广的 PPP 模式，政府在项目公司里一般只占小部分投资，可以降低政府的风险；能够发挥社会资本的效率，引进先进的管理理念和技术，提高项目的管理水平，推动企业的发展；能够合理配置社会资源，项目有严谨的可行性论证作保障，排除了无效益项目的盲目开工或重复建设的发生；利于国民经济的发展，资本市场的发展，以及法律体系的完善 |
|---|---|
| 对借款方 | 能够减少投资方资本金的支出，能够利用杠杆效应实现以较小的投资完成大的项目；可以增加项目的资金来源，减少投资方的债务负担；能够利用税收优惠政策；提高了项目发起人的控制权和项目公司的地位；能够将部分风险转移给贷款方，降低投资方的风险 |

| 对贷款方 | 贷款方风险收益比相对较高；<br>只需评估项目本身的资信水平，不需评估借款方的风险；<br>给投资者提供了投资机会，特别是受项目投资额的限制而无法参与的项目 |
|---|---|

## 3.1.3 项目融资的适用范围

是否采用项目融资模式，很大程度上取决于项目自身的性质，包括技术复杂性、收费的难易程度、生产或消费的规模等。对于政府而言，其最为关注的是采用项目融资能否提高项目的建设和运营效率。通常适合采用项目融资方式的项目主要有以下三类：

（1）资源开发类项目。

资源开发类项目包括煤炭、石油、天然气、铁、铜等自然资源开采。项目融资最早就是源于美国的石油、天然气等资源开发项目。一般而言，资源开发类项目具有两大特点：一是开发投资数额巨大；二是一旦项目运作成功，投资回报丰厚。

（2）基础设施建设类项目。

基础设施建设类项目一般包括港口、铁路、公路，以及电讯和能源等基础设施设备。此类项目可分为三种：第一种是公共设施项目，如电力、电信、自来水、污水处理等；第二种是公共工程，包括铁路、公路、海底隧道、大坝等；第三种是其他交通工程，包括港口、机场、城市地铁等。基础设施建设类项目是项目融资模式应用最多的领域。基础设施一般投资规模很大，全部由政府出资比较困难。此外，基础设施只有采用商业化模式经营，才能产生较好的收益，项目的经济效率才能提高。在欧美国家，许多基础设施建设项目都因采用项目融资而取得了很好的效果，因此许多发展中国家也开始引入这种融资方式。

（3）工业制造类项目。

项目融资在制造业应用的范围不大，制造业的中间产品众多造成操作起来比较困难，制造业对资金的需求也远不如资源开发和基础设施类项目那么大。在制造业中，一般工程上相对单纯或者某个工程阶段中已使用了特定技术的制造业项目适于采用项目融资模式，除此之外，代工类制造业项目也适于采用这种模式。

通常竞争性不强的行业会采用项目融资模式，比如那些对用户收费取得收益的设施和服务，是比较适合采用项目融资方式的。此类项目虽然建设周期比较长，投资规模较大，但收益相对稳定，受市场变化的影响较小，对投资者有极高的吸引力。例如，1995年作为第一个规范化BOT试点项目的广西来宾B电厂，其项目总投资6.16亿美元，总投资的25%即1.54亿美元为股东投资，其余的75%通过有限追索的项目融资模式筹集。

## 3.2　项目融资的模式

项目融资的主要模式有BOT模式、TOT模式、PPP模式和ABS模式等。

（1）BOT（Build—Operate—Transfer）直译为"建设—经营—移交"，是指国内外的投资人作为项目的发起人，从地方政府获得某个基础设施项目的建设和运营特许权或许可，然后成立项目公司，负责项目的资金筹集、设计、施工和运营全过程管理。项目公司在项目运营特许期内，利用项目收益偿还投资及运营支出，并获得利润。特许期满后，项目交给政府或其下属机构。BOT融资模式是民间资金投资建设基础设施，并向社会和公众提供公共服务的一种模式。采用BOT模式融资有以下几个方面的优势：

①可以改变基础设施完全靠政府财政投资的现象，使政府能够在财政资金有限的情况下，吸引民间资金投资建设经济效益较好的基础设施。政府能够集中资金力量，将其用在那些经济效益不好但又是民生必需的项目建设上。BOT融资不会增加政府的负债，不会降低政府的信用等级，政府也不会为偿还债务而承担责任。②可以把大量的民间资金吸引到基础设施建设投资领域，强化项目的建设质量和建设进度。同时，项目的风险也从政府转移到了项目公司发起人。③可以吸引国际资本，通过对国外的先进技术和管理经验的吸收消化，对国内的经济发展产生积极的推动。BOT主要应用在收费公路、城市地铁、污水处理厂和电厂等带有收费权的基础设施建设中。

BOT除了上述最基本的模式外，还演化出了多种模式，比较常见的有：BOOT（建设—经营—拥有—转让）、BTO（建设—转让—经营）、BT（建设—转让）、BOO（建设—经营—拥有）、TOT（转让—经营—转让）和BLT（建设—租赁—转让）等。

（2）TOT（Transfer—Operate—Transfer）直译为"移交—经营—移交"，指政府与投资方签订特许经营许可合同，把已经投产、能够产生收益的或具有收费权的公共设施项目出售给投资者，投资者一次性支付交易价款，政府用此款项发展新的基础设施项目。投资者在合同约定的期限内负责项目的经营管理，并收取该项目在约定期限内产生的收益，在约定期限结束后，投资者无偿地将项目移交给政府。

TOT 和 BOT 有明显的区别，TOT 投资的基础设施项目是已经投入使用的，投资者不会面临项目在建设过程中产生的大量矛盾和风险，减少了投资者的担忧，使其与政府的项目购买交易更容易达成。TOT 方式在收费类公路等基础设施项目上采用得较多。

长期以来，与国民经济的发展相比，我国交通基础设施发展严重滞后，交通建设资金短缺的问题一直比较突出，TOT 方式为实现我国交通基础设施的滚动式建设提供资金找到了可行的途径，通过 TOT 模式可以使我国交通基础设施的建设进入"建设—出售—建设"的循环方式。

（3）BT（Build-Transfer）直译为"建设—移交"，通常是政府或项目发起人利用社会资本作为实施主体来进行基础设施建设的一种融资模式。一个基础设施项目的运作通过社会资本成立的项目公司总承包，并在规定时限内融资、建设、验收合格后移交给政府或项目发起人，政府或项目发起人根据事先签订的回购协议分期（通常是 40％＋30％＋30％的比例）向投资方支付加上合理回报后的项目总投资。BT 模式是从 BOT 模式转化发展起来的衍生模式，是基础设施项目建设领域中采用的一种投资建设模式。

由于项目的特点和融资需要，如一些公益性城市公共基础设施项目由于不能产生现金流或者现金流量不足，或项目投资额相对较小，或出于公共安全的考虑等原因不适于社会方经营，但地方财政又无力承担或政府建设效率相对较低的项目，一般多采用 BT 模式进行建设。对于 BT 项目投资人来说，以 BT 模式参与的项目不存在经营期风险，且具备投资建设周期短、投资回报率稳定等特点，因此，在城市公共基础设施建设市场上，受到了社会投资人的积极欢迎和尝试，使得 BT 模式一时之间在公共基础设施的建设领域得到了较为广泛的应用。

作为一个典型的 BT 融资项目，2012 年 12 月，四川省广元市利州区利元国有投资有限公司采用公开招标方式确定了"广元市万源新区 20 号道路一段工程项目"的投资建设人，项目要求投资建设人负责大部分拆迁安置补偿费用和工程建设全额资金，征地拆迁安置费回购期限为 1 年，费用回报率 20％以内，工程建设费回购期限为 3 年，费用回报率 15％以内，回报率最终以竞争结果为准。由利州区财政提供履约担保，如果项目业主未能按照合同约定向投资建设人支付回购价款时，按照银行同期同档次贷款利率上浮 20％支付资金利息，这样的 BT 模式最终要增加地方政府的债务是必然的。

该项目估算总投资 13073 万元，其中征地拆迁安置补偿费用为 8548 万元，工程建设费用 4525 万元，建设工期 12 个月，投资建设人负责部分征地拆迁安置补偿费用和工程建设全额资金的投入。总回购价款计算方式如下：

总回购价款＝第一年回购价款＋第二年回购价款＋第三年回购价款

第一年回购价款＝（工程建设费用×40％＋工程建设费用×工程建设费用回报率）＋（征地拆迁安置补偿费用×100％＋征地拆迁安置补偿费用×征地拆迁安置补偿费用回报率）

第二年回购价款＝工程建设费用×30％＋工程建设费用×60％×工程建设费用回报率

第三年回购价款＝工程建设费用×30％＋工程建设费用×30％×工程建设费用回报率

该项目交易结构详见图 3.2。

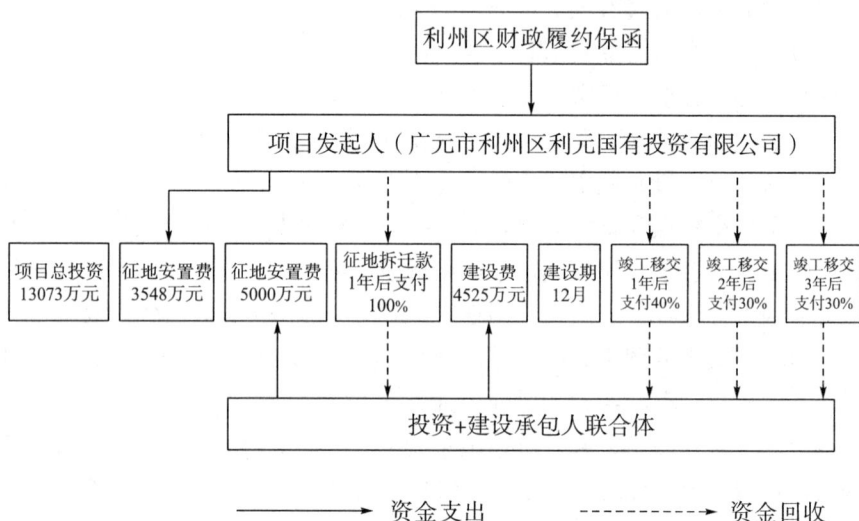

图 3.2 广元市万源新区 20 号道路一段 BT 项目交易结构示意

基础设施项目采用 BT 模式也存在一些缺陷。

第一，项目投资建设缺少完善的法律依据。一些地方在试点基础上出台的地方性法规在制度设计和执行上存在明显瑕疵，例如在制度设计上没有严格界定 BT 模式使用范围和条件，没有明确规范 BT 模式的项目审批、发包行为，而且没有严格实行公开招标，存在较大的随意性，变相抬高了资金成本。

第二，项目建成后地方政府财力有限，无力回购。BT 项目能否如期回购，已经成为其最大的风险，进入 2014 年以后，各级地方政府需要回购的项目逐渐增多，偿付压力增大。例如，在有些地方，许多 BT 项目在竣工后，地方政府不回购、不分配，由于前期垫资主要来自银行贷款，延迟回购导致资金无法回笼，额外支出的利息摊薄了项目利润。

第三，融资模式较为单一，抗风险能力较弱。目前，绝大多数 BT 项目采用的融资模式仍为常规的债务性融资，主要有固定资金贷款、流动资金贷款等。在项目实施过程中，金融机构对项目的放款条件要求较高，对工作整体资金安排有一定的影响。在项目回购期间，一旦政府回购出现延迟，资金周转将出现问题，影响整个资金链条的安全性。

第四，BT 项目在获取债务性融资时，资金融出方一般会要求项目公司关联方（尤其是股东方）提供融资担保，要求其与金融机构签订《融资担保合同》。若担保方为上市公司，须将担保事项对外进行信息披露，这将影响上市公司信誉。通常情况下企业会限制对外提供担保的规模，如果担保规模不断扩大，会影响其整体信用额度。

第五，BT 模式的回购方式会形成建设资金在回购的 3 个年度集中支付并构成政府当年的债务，对政府的财政支付能力带来考验，这也是近些年大搞基础设施建设造成地方政府债务急剧高涨的主要原因。

前些年在地方政府建设资金短缺的大背景下，BT 模式大量进入地方基础设施建设领域，BT 融资模式成为地方政府的第一选择，大量社会资金通过这种模式投向市政基础设施、保障房建设等领域，拉动了地方的城市基础设施建设，为解决地方政府融资缺口、推动地方基础设施升级更新做出了贡献。

但 BT 模式后来演变成了"中国式 BT"，所谓的"中国式 BT"，就是项目建设时政府或项目发起人（主要是政府融资平台公司）出资一部分，社会资本垫付一部分，项目建成进入回购期后政府或项目发起人逐年通过回购偿还。而在国际通行多年的 BT 模式中，政府或项目发起人几乎不承担任何资金，完全由项目实施人自行解决。国内的这种 BT 操作模式，也让这类融资监管缺位，存在缺乏法规约束、运作过程欠规范、融资成本过高等问题，逐渐暴露出诸多地方债务风险，一旦大规模暴发，其后果不堪设想。

为防范 BT 融资风险，2012 年 12 月，财政部联合发改委、银监会和中国人民银行等四部委下发《关于制止地方政府违法违规融资行为的通知》，直指地方政府与融资平台违规融资，紧急叫停 BT 项目。

2014 年 8 月份以来，为规范预算管理，化解地方债务风险，中央密集发布多个文件，从《预算法》修改、《国务院关于加强地方政府性债务管理的意见》《国务院关于深化预算管理制度改革的决定》《地方政府性存量债务清理处置办法》（征求意见稿），到近期的《地方政府存量债务纳入预算管理清理甄别办法》，地方政府存量债务和在建工程项目的处置思路日益清晰，处置方案也逐步细化。

根据新规，随着融资平台的运作模式转型，有一定收益的公益性项目今后将主要由地方政府与社会资本通过 PPP 模式实施，在此过程中，政府承担的资产注入等出资义务也可通过原有的平台公司完成。但不同于以前 BT 融资债务要由政府承担偿还责任的是，除按特许权协议规定支付财政补贴外，对于 PPP 项目债务，政府不再承担偿债责任。

因此，项目公司应尽可能寻求权益性融资及其他非债务性融资途径解决资金筹集问题，通过对比各种融资模式的操作方法和优、缺点，同时考虑该融资模式是否适合项目建设的实际情况等，选择更适合于项目公司自身实际情况及特点的融资方式。而且 BT 融资模式最大的功能在于解决短期资金缺口，并不能带来公共产品和服务供给绩效的提升，与推行 PPP 的原则并不相符。投资人在投资 PPP 项目前，在合理评估地方政府信用的同时，应重点关注 PPP 项目本身的收支能否有效实现平衡。

（4）PFI 模式和 PPP 模式是 20 世纪 80 年代自英国开始逐渐发展起来的两种社会资本介入基础设施投资、建设和运营的模式，虽然在我国才开始成为热点话题，但是目前却是政府在基础设施建设领域重点推进的模式，其目的是优化政府部门的投资方向，也是未来我国在基础设施建设投资领域里投融资改革的一个方向。

PPP（Public Private Partnership），即公共部门（政府）和私人企业（社会资金）以平等的地位共同组建一个合作体进行运作，投资、建设和经营基础设施类项目并给公众提供公共服务，是公共服务、基础设施建设领域非常适用的一种项目融资模式（见图 3.3）。

**图 3.3 PPP 融资模式示意**

PFI（Private Finance Initiative）融资模式类似于 BOT 的升级版，政府根据公众对基础设施的需求，通过公开招标方式，选择私人企业参与公共基础设施的建设、经营与维护，在约定期限到期后将所经营的项目无偿地收归政府，私人企业则从许可经营期限的项目收费中拿回自己的投资。

（5）ABS 融资模式也就是通常所说的资产证券化融资（Asset-Backed Securitization）。它是用项目资产未来可以产生的现金流收入作支撑或担保，再通过结构设计、提高信用等级等一系列手段来提高定价权，在资本市场发行相应的证券来获取需要的资金的一种项目融资方式。

我国最早是将住房抵押贷款资产应用 ABS 融资方式使国家开发银行和建设银行的沉淀资产予以变现。后来又逐渐推广应用到电力、公路、煤气、天然气、电信网络等基本设施建设和汽车收费等项目，近来也在尝试将上市公司的应收账款打包进行 ABS 融资，总体看来，大都取得了预期的效果。

# 3.3　PPP 与 ABS 的结合

## 3.3.1　PPP 项目融资

### 3.3.1.1　PPP 项目融资的来源

很多国家在经济发展起步阶段进行基础设施建设主要以政府资金为主导。但是，随着经济的高速发展，与日俱增的基础设施建设投资的巨大需求已经不能依靠政府资金投资来满足。20 世纪 80 年代以来，发达国家纷纷放松对过去由国家垄断经营的基础设施领域的限制，引入社会资金参与基础设施建设投资，建立竞争机制，极大地推动了基础设施相关行业的发展。PPP 模式就是在这样的背景下发展并被广泛应用，我们所熟知的 BOT 或 TOT 模式均是 PPP 在不同基础设施项目运作中呈现出的具体交易模式。

一方面政府能提供的建设资金相对不足，另一方面公众必需的基础设施急待建设，在这种情况下，公共部门与私人企业组成合作实体，发挥私人企业的产业化、专业化和资金优势，投资建设、经营和维护公共类基础设施项目，在合同履行过程中，公共部门与私人企业扮演的是合作伙伴关系。采用这种形式合作，合作双方可以分工协作，发挥各自的长处，达到比单独投资获取更多的经济效益的目的。合作双方履行合同时，项目的风险并不是全部由私人企业承担，而是由公共部门和私人企业按照各自在合作体中的投资比例相应地承担风险责任和义务。

### 3.3.1.2 PPP 项目融资的特点

第一，PPP 是一种新型的项目融资模式。PPP 融资是以项目为融资主体的融资活动，是项目融资的一种形式，主要根据项目的预期收益、资产以及政府扶持的力度而不是项目投资人或发起人的资信来实施融资。项目经营的直接收益和通过政府缺口性补贴是偿还贷款的资金来源，项目公司的资产和政府给予的有限承诺是贷款的安全保障。

第二，PPP 融资模式可以使更多的社会资金参与到基础设施投资中，以提高资金效率，降低投资风险。政府的公共部门与私人企业以特许权转让协议为基础进行合作，双方共同对项目运行的整个周期负责。PPP 融资模式不但能将私人企业的管理方法与技术引入到项目中来，还能有效地实现对项目建设与运行的控制，降低项目建设投资的风险，较好地保障参与各方的利益。

第三，PPP 模式可以在一定程度上保证社会资金的合法利润。社会资金的投资目标是寻求既能够按期还贷又有投资回报的项目，无利可图的基础设施项目是吸引不到社会资金的投入的。而采取 PPP 模式，政府可以给予私人企业相应的政策扶持作为补偿，如税收优惠、贷款担保、给予社会资金沿线土地优先开发权等。通过 PPP 模式放开和鼓励社会资金参与投资，可以为社会资金提供更广泛的投资领域，促进并活跃民间投资。

第四，PPP 模式在减轻政府初期建设投资负担和风险的前提下，能够提高基础设施服务质量。在 PPP 模式下，公共部门和私人企业共同参与基础设施的建设和运营，由私人企业负责项目融资，有可能增加项目的资本金数量，进而降低资产负债率。这不但能节省政府的投资，还可以将项目的一部分风险转移给私人企业，从而减轻政府的风险。同时，双方可以形成互利的长期目标，更好地为社会和公众提供服务。引入私人企业能在一定程度上起到监督作用，有助于控制项目费用，提高投资和运营效率，同时降低项目投资风险。

第五，政府需要通过推动基础设施建设来对冲房地产市场投资下行的影响，但基础设施建设资金如果都由地方政府承担，却又将加大短期内地方政府的支出压力和债务负担。尤其是地方融资平台的融资功能已经被剥离，基建投资等需要新的融资模式。引进 PPP 模式可以将政府的短期基建投资在项目周期内进行分散，同时与其财政收入进行匹配。随着我国城镇化战略的推进，不断增长的社会基础设施建设需求和政府可支配的财政收入之间的矛盾日益凸显，通过 PPP 模式可以有效解决部分资金问题，减轻一些地方还债压力。在地方债纳入预算管理后，PPP 模式融资可以有序推进项目实施，控制项目的政府支付责任，防止因政府支付责任过重而加剧财政收支矛盾，带来支出压力。

### 3.3.1.3 PPP 项目融资的模式与范围

PPP 模式的组织形式非常复杂，既可能包括私人营利性企业、私人非营利性组织，又可能包括公共非营利性组织（如政府）。合作体各参与方之间不可避免地会产生不同层次、类型的利益和责任上的分歧。只有政府与私人企业形成相互合作的机制，才能使得合作各方的分歧模糊化，在求同存异的前提下完成项目的目标。

PPP 按合同承包、特许经营和私有化三大内容来划分，具体模式有建设—发展—运营（Build－Develop－Operate，BDO）、建设—运营—移交（Build－Operate－Transfer，BOT）、建设—拥有—运营（Build－Own－Operate，BOO）、购买—建设—运营（Buy－Build－Operate，BBO）、设计—建设（Design－Build，DB）、设计—建设—融资—运营（Design－Build－Finance－Operate，DBFO）、设计—建设—维护（Design－Build－Maintain，DBM）、设计—建设—运营（Design－Build－Operate，DBO）、租赁—更新—运营—移交（Lease－Upgrade－Operate－Transfer，LUOT）、购买—更新—运营—移交（Purchase－Upgrade－Operate－Transfer，PUOT）等各种各样派生出来的模式。

在欧美发达国家，PPP 既可以用于具备一定盈利能力的基础设施的投资建设（如水厂、电厂），也可以用于很多非营利设施的建设（如监狱、学校等）。我国目前实施的 PPP 项目涵盖了道路、桥梁、隧道、地铁、水厂、电厂等基础设施项目，尽管很多项目取得了成功，但其建设运营中仍存在不少问题。相关法律、监管体制、标准程序、信用体系等方面还存在问题，私人企业缺乏社会责任感，运营质量不高，存在逐利性。相关政策、宏观经济环境、项目移交、合同执行也存在很大的不确定性。

### 3.3.1.4 PPP 项目融资的政策环境

前些年各级地方政府为了当地的发展，设立大量政府平台公司竞相举债，主要投资于市政建设和交运设施建设，占比接近 60%。2013 年年底，国家审计署发布地方债务报告，对于报告中提到的 17.89 万亿各类地方政府债务（含偿还责任、担保责任、救助责任债务），如何防控地方债务违约风险，各界都非常关注。

在此基础上，一方面地方政府要着力于当地的持续发展，一方面也要降低地方政府债务风险。PPP模式自2013年年底从上至下得到了大力推广，其产生之初与地方债务有密切关系。在解决地方政府债务负担、规范地方政府债务管理之后，PPP模式常作为解决地方政府在进行基础设施提供过程中资金短缺的一种有效方式。随着数年的发展，PPP在解决地方政府债务方面发挥了一定的任务，同时也承担着改革和发展的任务，并产生了一定的成效，这些成效与中央相关部委陆续出台的政策是分不开的。

2014年5月，财政部PPP工作领导小组正式成立。随后，国家发展改革委也推出了80个PPP示范项目，并重新启动特许经营立法工作。自2014年下半年开始，财政部、发改委陆续出台了20多项政策。2014年年底，财政部成立PPP中心，承担PPP工作的政策研究、信息统计等职责。2016年年初，国家发改委与欧洲经贸委签订谅解备忘录，将建立PPP中国中心。

2014年11月26日，《国务院关于创新重点领域投融资机制鼓励社会投资的指导意见》提出，要积极推动社会资本参与市政基础设施建设运营，鼓励社会资本投资常规水电站和抽水蓄能电站、风光电、生物质能等清洁能源项目，引入社会资本参与核电项目投资，鼓励民间资本进入核电设备研制和核电服务领域。鼓励社会资本参与电网建设，以特许经营、参股控股等多种形式参与具有一定收益的节水供水重大水利工程建设运营，可依法继承、转让、转租、抵押其相关权益。

2016年8月10日，《国家发展改革委关于切实做好传统基础设施领域政府和社会资本合作有关工作的通知》（以下简称《通知》）列出了基础设施PPP项目清单，其中重点提到供电、城市配电网建设改造、农村电网改造升级、资产界面清晰的输电项目、充电基础设施建设运营、分布式能源发电项目、微电网建设改造、智能电网项目、储能项目、光伏扶贫项目、水电站项目、热电联产、电能替代项目等。《通知》提出要推动PPP项目与资本市场深化发展相结合，依托各类产权、股权交易市场，通过股权转让、资产证券化等方式，丰富PPP项目投资退出渠道。提高PPP项目收费权等未来收益变现能力，为社会资本提供多元化、规范化、市场化的退出机制，增强PPP项目的流动性，提升项目价值，吸引更多社会资本参与。从政策层面明确提出要将PPP项目与资产证券化相结合。

在政策和市场层面的持续推动下，2015年PPP代替政府融资平台，成为基础设施建设运营的重要融资模式，全年PPP项目签约1.3万亿元。2016年，全国PPP项目已经签约落地了1351个项目，总投资达到2.2万亿元，截至

2017 年 10 月底，全国范围内公布的 PPP 项目合计 8.05 万亿元，年度新成交的 PPP 项目达到 3.58 万亿元。

### 3.3.1.5 PPP 项目融资实例

作为一个标准的 PPP 模式（其中又嵌套了一个 EPC 承包模式，招标一次完成）的基础设施建设，2017 年 4 月开标的成都市温江区排水基础设施 PPP 项目一期工程开始启动，招标人为成都市温江区市政公用局。该 PPP 项目招标内容为投融资、勘察设计、建设、运营维护和移交等全部工作内容。

该 PPP 项目运作模式为：采用 PPP＋EPC 模式实施，项目实施机构为成都市温江区市政公用局，政府出资方与中标社会资本组成项目公司。由项目公司负责本项目的投融资、勘察设计、建设、运营维护和移交等全过程管理；合同运营维护期结束，项目公司将项目资产、权属等无偿移交给政府方指定主体，社会资本方无条件退出。

政府每年购买服务费为 13833 万元，全投资回报率 5.22%，工程概算费用 102500.7 万元，勘察费为 598 万元，设计费为 1719 万元，运维成本 11997 万元。该 PPP 项目建设期不超过 2 年，运营维护期为 15 年，项目概算为 109043.36 万元。

该 PPP 项目股权结构为：项目资本金为项目总投资的 25%，成都市温江区国投兴城投资有限公司为政府出资方代表，与中标社会资本组成项目公司，其中：成都温江区国投兴城投资有限公司为政府出资方代表，出资额为 1 元，其余全部由社会资本出资。项目交易结构见图 3.4。

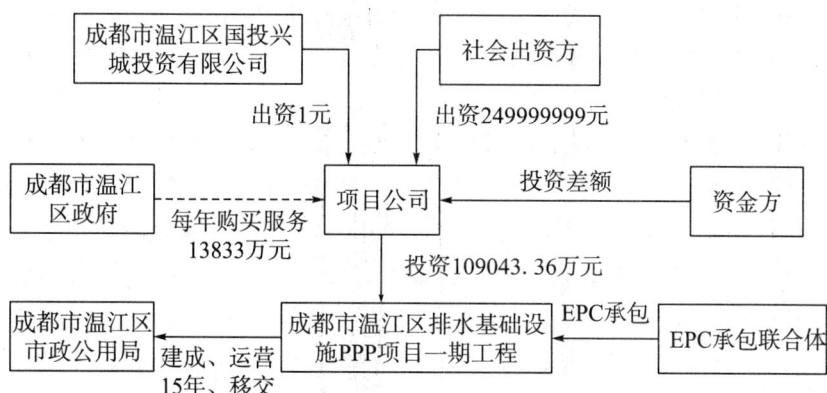

**图 3.4 成都市温江区排水基础设施 PPP 项目一期工程交易结构示意**

### 3.3.2 PPP 项目资产证券化

资产证券化（Asset−Backed−Securitization，ABS）就是把缺乏流动性而具有未来现金流收入的资产汇集起来，通过法律和财务上的结构性重组，将其转变成可在金融市场上出售和流通的金融产品，据以融通资金的过程。

通常说来，具有下列特征的资产较容易实现资产化：①能够在未来产生可预见的稳定的现金流；②原始权益人持有该资产已有一段时间，且信用记录良好；③容易获得资产的相关数据；④资产的历史记录良好，即违约率和损失率较低。

按上述特征来筛选，一些采用 PPP 模式融资的基础设施项目完全符合条件，而且与其他资产相比还有以下特点：现金流稳定且可预测；历史记录完备，透明度较高；资产完全同质，规模较大。这些特点对开展资产证券化非常有利，所以这类 PPP 项目是十分适合开展资产证券化的。

PPP 项目具有收益率不高但现金流相对稳定、投资规模较大且期限长（10 年以上）等特征。对于社会资本而言，长期限大规模的投资将使得其回报周期过长，资金使用周转率不高，不利于鼓励社会资本滚动参加 PPP 项目。资产证券化可以将 PPP 项目未来产生的现金流进行提前变现，能缩短社会资本投资的周期，拓宽融资渠道和退出机制，提高 PPP 项目投资的周转率，增强持续投资能力。

自 2015 年起，证监会针对 PPP 项目开展情况进行大量的调研与研究工作，并针对部分省份 PPP 项目的调研情况起草了报告，后报送国务院。在报告中，首次提出资产证券化是解决 PPP 项目融资最为合适的措施和途径。

2016 年 5 月，证监会在《资产证券化监管问答》中对于 PPP 项目开展资产证券化的范围做出界定：PPP 项目开展资产证券化，原则上需为纳入财政部 PPP 示范项目名单、发改委 PPP 推介项目库或财政部公布的 PPP 项目库的项目。PPP 项目现金流可来源于有明确依据的政府付费、使用者付费、政府补贴等。其中涉及的政府支出或补贴应当纳入年度预算、中期财政规划。

2016 年 12 月 21 日，发改委、证监会印发《关于推进传统基础设施领域政府和社会资本合作（PPP）项目资产证券化相关工作的通知》，明确"项目已建成并正常运营 2 年以上，已建立合理的投资回报机制，并已产生持续、稳定的现金流"属于重点推动资产证券化的 PPP 项目范围，应在上海证券交易所、深圳证券交易所开展资产证券化融资。

2017 年 6 月 7 日，财政部、央行、证监会印发《关于规范开展政府和社会资本合作项目资产证券化有关事宜的通知》，从分类稳妥地推动 PPP 项目资产证券化、严格筛选开展资产证券化的 PPP 项目、完善 PPP 项目资产证券化工作程序、着力加强 PPP 项目资产证券化监督管理等方面提出了指导性意见。

PPP 项目资产证券化是保障 PPP 模式持续健康发展的重要机制，资产证券化是基础设施领域重要的融资方式之，对盘活 PPP 项目存量资产、加快社会投资者的资金回收、吸引更多社会资本参与 PPP 项目建设具有重要意义。

资产证券化是解决 PPP 项目融资最合适的途径，股权融资存在发行审核周期长等问题，债券融资则有存续期限短、发行条件弱、偿还期限同项目回报周期不匹配等障碍；而资产证券化得到监管机构支持，审核快，相比传统银行信贷，融资规模更大，期限更长，融资成本较低，不用受托支付，不限制资金用途。

资产证券化是 PPP 对接资本市场的重要路径，拓宽 PPP 项目融资渠道有助于实现投资资金的有序退出。同时，PPP 项目资产证券化，有助于通过资本市场的力量倒逼 PPP 项目参与主体规范运行 PPP 项目，从而提高国内 PPP 市场的规范性，实现长远发展。

资产证券化作为一种创新融资方式为社会资本方投资 PPP 项目提供了新的退出渠道，同时可以有效地降低融资成本，对于盘活 PPP 项目存量资产、推动 PPP 项目具有重要意义。PPP 项目资产证券化是保障 PPP 模式持续健康发展的重要机制。PPP 项目资产证券化，可推动政府及社会资本合作方降低金融杠杆，对于防范金融风险具有积极意义。

2017 年 2 月 3 日，"太平洋证券新水源污水处理服务收费收益权资产支持专项计划"在机构间私募产品报价与服务系统成功发行，成为市场首单落地的 PPP 资产证券化项目，为国内 PPP 项目资产证券化的深化发展提供了极强的借鉴意义。

新水源 PPP 资产支持专项计划发行总规模 8.4 亿元，采用结构化分层设计，其中优先级 8 亿元，共分为 10 档，评级均为 AA+，次级 0.4 亿元。

2017 年 3 月 10 日，华夏幸福固安工业园区新型城镇化 PPP 项目供热收费收益权资产支持专项计划获上交所批准，是首单落地的园区 PPP 资产证券化项目，此前还成功入选发改委和证监会首批传统基础设施领域 PPP 资产证券化融资项目。

此次专项计划发行规模 7.06 亿元，其中优先级资产支持证券募集规模为 6.7 亿元，占比 95％，分为 1 年至 6 年期 6 档，均获中诚信证券评估有限公司给予的 AAA 评级；次级资产支持证券规模 0.36 亿元，期限为 6 年。

2018 年 1 月 31 日，由四川省川投航信股权投资资金管理有限公司（以下简称"川投航信"）担任资产服务机构的"川投集团 PPP 项目资产支持专项计划"在深圳交易所挂牌发行，是财政部、央行、证监会《关于规范开展政府和社会资本合作项目资产证券化有关事宜的通知》（财金〔2017〕55 号）文件之后首个获批的 PPP 项目资产证券化产品，这是全国首单公共停车场 PPP 项目资产证券化产品正式挂牌交易。中航信托作为川投航信的主要发起人与股东之一，通过发行信托计划参与了此次进行资产证券化的底层资产（四川省资阳市雁江区停车场 PPP 项目）的发行与设立。

川投航信按照 TOT（移交—经营—移交）模式设立基金，以总价 3.09 亿元获得资阳市雁江区停车场 PPP 项目 12 年特许经营权。在此基础之上，以该项目经营权及收益权未来所产生的现金流为支撑，按照相关法律法规要求进行资产证券化，通过深交所审核后，面向合格投资者挂牌交易。

该项目是一个典型的 PPP−ABS 结合项目（见图 3.5、图 3.6），其基础资产为资阳市雁江区停车场 PPP 项目经营权及收益权，2016 年川投航信发起资阳市雁江区停车场 PPP 项目，是全国首单准经营性存量资产 TOT 模式 PPP 项目，也是国家发改委和财政部双入库项目，成功入选了 2016 年度中国停车行业十大事件，并作为四川省首批上报国家发改委进行资产证券化融资的传统基础设施领域 PPP 三个试点项目之一开展资产证券化工作。

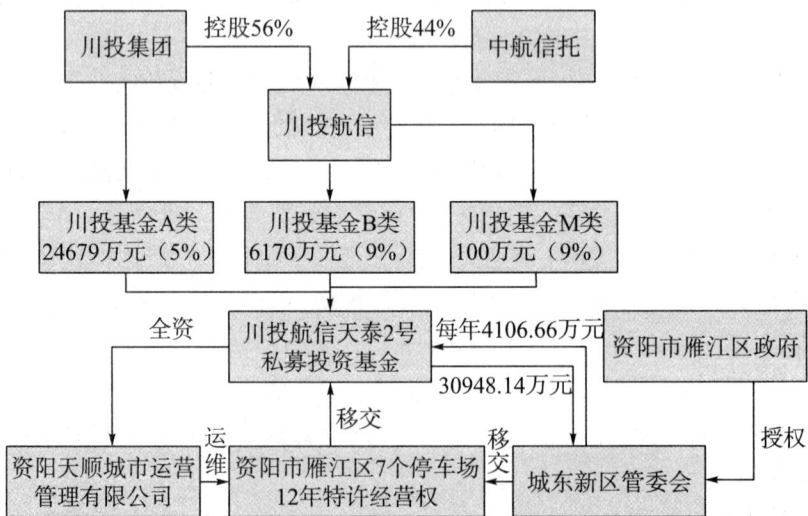

图 3.5 资阳市雁江区停车场 PPP 项目交易结构

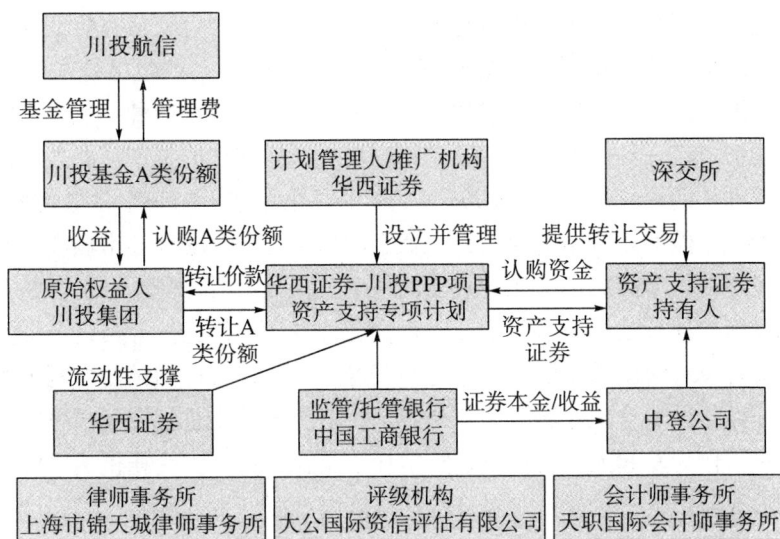

图 3.6　华西证券—川投 PPP 项目资产支持专项计划交易结构示意

通过资阳市雁江区停车场 PPP 项目资产证券化,当地政府获得了新的资金,可用于政府偿债、新建基础设施和公用事业项目;经营 PPP 项目的主体也利用资本市场发行证券化产品获得了资金回流,可将更多工作重心放在停车场项目运营本身,通过良好运营提升收益,实现项目市场化运作。

PPP−ABS 模式形成了"资金—资本—资金"的良性循环链条,让社会存量资产增加了流动性,让参与 PPP 项目的社会资本增加了资金周转率,对创新拓展资产证券化业务、促进地方经济发展具有明显的示范意义。PPP 项目存在收益稳定、投资周期长、融资难等特点,以资产证券化方式盘活存量资产,可调动社会资本投资 PPP 项目的积极性,因此"PPP+ABS"模式也是新形势下我国金融市场的创新,成为设计 PPP 项目交易结构不可或缺的环节。

# 3.4　资产证券化产生的背景

## 3.4.1　资产证券化的概念

经过近几十年的迅猛发展,资产证券化已经成为一种成熟的金融衍生工具,它来自国际金融界衍生工具的重要创新。按国内金融理论界的普遍观点,对资产证券化的解释可以分为广义的和狭义的两种。从广义的角度理解,资产证券化是指利用金融技术手段将有形或无形资产转化为可交易有价证券的全部过程和与之配套的应用手段，能够资产证券化的资产大致包括现金形式的资产、实体形式的资产、信贷形式的资产和证券形式的资产四种。从狭义的角度理解，能够资产证券化的资产主要是指以信贷形式存在的资产。此外，国内众多研究者都认同 Gardener（1991）给资产证券化总结出的一个一般性的定义：资产证券化是能够让资金的提供方与资金的需求方在金融证券市场去——配对交易，最终得以全部或部分匹配成功的一个过程或手段。

在我国，现行的公司法、商业银行法、证券法、信托法等与资产证券化相关的法律均没有给出关于资产证券化的明确定义，仅央行和银监会制定的《信贷资产证券化试点管理办法》第 2 条规定，资产证券化是指在我国境内，银行业金融机构作为发起人，将信贷资产信托给受托机构，由受托机构以资产支持证券的形式向投资机构发行受益证券，以该财产所产生的现金支付资产支持证券收益的结构性融资活动。虽然该规定只是将资产证券化的解释局限于较小的种类和范围，但是却体现了我国现行法律法规目前对资产证券化所认可的主要结构模式。因此，我国主要的资产证券化活动基本上也是在此规定的基础上展开的。

所谓资产证券化，客观地理解，就是将资产的拥有者（即原始权益人）未来可预见的稳定的现金流收入设计和转化成为在金融证券市场上可以出售和交易的有价证券的过程。按主流的观点，资产证券化通常分为两种，一种是抵押贷款证券化（Mortgage-Backed Securities，MBS），另一种是资产支持证券化（Asset-Backed Securities，ABS）。资产证券化的发起人，也就是要实施资产转化的公司，把公司拥有的流动性较差的各种金融类资产，如住房抵押贷款（通常是银行持有）、公共基础设施收费和企业应收账款等，分门别类地设计成资产组合，转手卖给特殊目的机构（Special Purpose Vehicle，简称SPV），再由这个特殊目的机构将购买的资产组合包作为支撑或担保发行有价证券，以证券销售价款支付购买资产的款项。特殊目的机构的管理人将资产组合所产生的现金流收入收集起来支付给证券的投资者作为回报，而发起人也可以通过这次交易获得资金用来发展企业业务。

广义层面的资产证券化解释虽然覆盖范围很广，但是它却忽视了内部存在的根本性差异。每个企业通过资本市场发行的股票都是以这个企业法人体的信用等级为支撑的，发行的债券是以企业全部的资产及其盈利能力作为偿付债券本息的基础的，投资者看好这个企业的未来才会购买企业的股票和债券。在资产证券化上却有所不同，发起人将经过组合打包的资产池卖给特殊目的机构，特殊目的机构发行的有价证券不是以企业法人体的信用为支撑的，而是以购买的资产池未来产生的现金流收入为支撑的，投资证券的投资者主要关心的是资产池的信用等级，而不会关心发起人企业法人体的信用等级。

为了更有针对性地研究和分析资产证券化过程，更多的研究者宁愿采用狭义层面的资产证券化解释。

Shenker & Colletta（1991）认为，资产证券化是指能够代表某种股权或债权的凭证的销售，这种凭证包含了一种独立的、有未来现金流量的资产或资产组合中的收益所有权，同时这种股权或债权的凭证是由这些资产组合所担保或背书的，这种所有权交易的目的是为了降低或再分配拥有或出让这些资产组合时的风险，从而使得这些资产组合更加市场化，再者也会比仅仅拥有这些基础资产的收益所有权或债权增加更多的流动性。

## 3.4.2　资产证券化产生的背景

20 世纪 60 年代，资产证券化开始在美国出现，而今这种全新的融资模式在全球多数国家都得到了广泛的推广和应用。但是，资产证券化应用得最广泛、最成熟，产品发行规模最大的依然是美国市场。资产证券化能够在美国资本市场产生，继而逐步发展到今天的规模，是和美国的市场环境分不开的。

第一，美国吸取了 20 世纪 30 年代经济大危机的深刻教训，在金融行业实施了严格的分业经营体制。同时，对商业银行发展分行的数量和规模设置了严格的限制。在这种金融政策体制下，金融机构的风险信用度受到了严格限制，特别是对资本充足率的相关规定，金融机构所能够经手的资产和负债业务就确实非常有限了。规模偏小的银行在信贷业务中遇到客户要求的贷款额超过其信用额度时，就毫无应对办法。因此，在这种情况下，此类小银行常常被动地将"贷款打包出售"，后来渐渐发展成主动地调整自身的资产结构，同时也开始向其他有投资意愿的资金持有者提供满足其风险收益比的金融产品。由于在原有的银行交易结构中，资产业务的风险超过了金融机构所能承受的风险，因此，金融机构在不能提高风险承受能力的前提下，通过将"贷款打包出售"，从而获取高于既定风险承担能力的收益。换句话说，金融机构借用资本市场交易机制重新调整了资金的风险收益比，从而使买卖双方的资产风险收益组合都获得了更高的效用水平。由于贷款是一种能够在未来收获本息的金融资产，因此"贷款打包出售"交易被看作是资产证券化的最初形式。

第二，20 世纪中叶，美国的金融市场随着美国经济在战后的迅速增长也飞速发展起来。美国银行业在庞大的社会资金供给和需求的双重推动下发展迅猛，在当时的资金配置中占主导地位的是银行本位制，其特点就是以银行为资金配置的中介。但是，银行间的同业竞争也随着银行业的规模扩张而变得越发激烈。银行的融资成本上升，竞争造成银行存贷利差缩小，银行的利润下降。银行就被迫通过扩大资金运营规模，依靠规模的扩张来降低成本、增加利润。但是，银行的资本充足率有明确的规定，随着银行存贷利差的缩小，其单纯依靠信贷的规模效应来实现盈利增长的做法受到一定的抑制。单靠规模扩张这条路明显无法一直持续下去，因为银行经营规模不会无限制地扩张下去，于是银行业为了突破困境，开始从创新上寻找新的出路。70年代初，抵押证券开始在美国的金融市场上出现，资产通过抵押作为按期还本付息的保障，经过技术包装和加工后在证券市场上进行销售，这种金融创新产品类似于现在的资产支持证券，这也可以看成是资产证券化最早的雏形。

第三，拟证券化的资产的流动性和安全性的高低是金融机构经营资产中介业务的主要风险，金融机构一般通过担保形式来保证其债权的优先偿付权利、降低风险。然而，在美国的法律环境下，破产程序限制了担保权的实现，已经采取的担保形式也无法让金融机构对其持有的债券完全放心。1968年，为了控制风险，美国政府国民抵押贷款协会公开发行过手证券（Pass－Through Securities），从此推动了资产证券化产品发行的起步。在此基础上，资产证券化迅速推广开来，发展到今天，资产支持证券市场已经成为美国第二大证券市场，其规模仅次于美国国债市场。资产证券化的迅速发展是为了绕开美国的破产和重整等相关法律对实现担保权所施加的种种限制。这种限制会造成债权的清偿都不再以债权资产本身为基础，而是和债务人的全部清偿能力的高低挂起钩来。这样，债权人在评估其债权的风险大小时，就不再简单地以债权资产作为评价基础，而是要评估债务人整体的资产风险水平。也就是说，债权资产的局部风险与债务人的整体资产风险联系在一起了，这样会增加资产交易成本，造成债券价格的不真实。失去了市场价格机制的正确引导，资金的融通行为也会因此出现异常，最终发生市场失灵，这违背了现代市场经济的基本要求。因此，过手证券的出现和快速发展刚好满足了对上述异常进行修正的要求。通过风险隔离的结构化设计，真实的风险水平能够被证券的收益所反映，证券的交易价格也反映了市场供求的最终结果。

资产证券化产品的出现，其目的就是要使交易成本达到最小化，使资产的价格反映真实价值，通过对资产风险收益比的正确评估，从而使资产的供求双方都能够得到大家所需要的风险收益的效用组合，最终保证市场机制的正常运行。不管是"过手证券"还是"贷款出售"，本质上都是通过资产交易结构的重新构建和创新性设计，尤其是"风险—收益真实化"来最终满足风险—收益组合效用的最优化。

# 3.5　资产证券化的作用

从金融工程学的专业视角来看，如果金融市场上出现了一项创新的金融工具，只要它能够给众多参与者带来实实在在的好处，那么这项创新工具必然会被参与方迅速接受，资产证券化自然符合这个特点。

资产证券化有效提高了金融活动的效率，降低了资金的交易成本，扩展了金融市场的广度，增强了资金流动性，扩大了资金市场交易规模，提升了金融市场传播信息的效率，增强了信息公开化、透明化，对传统信用基础进行了创新，建立了坚实的信用基础。

## 3.5.1　资产证券化的参与者

从资产证券化过程来看，资产证券化法律关系主体主要包括原始债权人（发起人）、原始债务人、特殊目的机构、证券投资人、管理人、托管银行、评级机构、律师事务所、会计师事务所等相关参与主体，而其中特殊目的机构则是处于核心地位的参与者。

原始权益人是资产证券化的发起人，在证券化交易中又称为基础资产的卖方或者转让方，它是资金的需求者，与原始债务人之间存在合法的债权债务关系，又是原始债务人的资金提供方，如住房抵押贷款的贷款人、汽车抵押贷款的借款人、信用卡的透支人。为实现资产证券化得到资金，原始权益人需要以"真实出售"的方式将基础资产从其资产负债表中移出，以达到表外资产证券化。

特定目的机构是指专门为实施资产证券化而成立的法律主体，同时又担当证券化产品的发行人，通常情况下是破产隔离和免税实体，可以采取公司、信托、有限合伙等组织形式。由于资产证券化的特殊要求和我国现行法律法规的限制，特定目的机构难以采取公司、有限合伙的组织形式，而只能借助于信托公司和证券公司的资产管理计划这种特殊形式，因而现阶段我国的资产证券化模式主要是资管型的结构模式。

证券投资人，即资产支持证券的购买人，包括机构投资者和个人投资者。资产支持证券的投资者通常为大型机构投资者和职业投资者，因为资产证券化的复杂结构和巨大的发行量不太适合零星的个人投资者。目前，我国资产证券化主要在银行间的债券市场、上海和深圳的证券交易所进行。

原始债务人，即基础资产的债务人，如个人住房抵押贷款的借款人、应收账款的债务人、信用卡的使用人等。在资产证券化过程中，债务人只是一个被动的参与者，其对债权人的支付形成基础资产的现金流，用于偿付证券化产品持有人。此外还有其他辅助参与人，如信用增级机构、信用评级机构、资产服务机构等。

计划管理人，就是负责托管基础资产及与之相关的各类权益，对基础资产实施监督、管理，并作为特殊目的机构的代表连接发起人与投资者。经过证监会认可，期货公司、证券金融公司、证监会负责监管的其他公司以及商业银行、保险公司、信托公司等金融机构都可以作为管理人。

托管人，就是为证券化产品持有人之利益按照规定或约定对专项计划相关资产进行保管，并监督专项计划运作的商业银行或其他机构。托管人主要为资产证券化产品单设银行账户，保证资产的独立、完整及安全；完成资产证券化项目运作而涉及的资金清算；监督证券化资金的投资运作；对托管的证券化资产进行完整的会计记录，并定期制作会计报表，与受托人定期核对账务，保证会计记录与账务规范、准确；定期向受托机构提交相关报表、报告，客观、公正地披露项目运作情况，保障项目运作透明。

评级机构，就是接受管理人委托，根据基础资产的风险收益情况和计划的结构安排对基础资产的信用状况进行信用评级的法律主体，信用评级包括初始评级、发行评级和跟踪评级。专业的评级机构通过收集资料、尽职调查、信用分析、信息披露及后续跟踪，对基础资产的信用质量、产品的交易结构、现金流分析与压力测试进行把关，从而为证券化产品投资者提供重要的参考依据。

律师事务所，作为资产证券化实施过程中的重要中介，对原始权益人及基础资产的法律状况进行评估和调查，对其他项目参与者的权利义务进行明确，编制交易过程中的相关协议和法律文件，并提示法律风险，提供法律相关建议。

会计师事务所，作为资产证券化实施过程中的重要中介，会计师事务所需要对基础资产财务状况进行尽职调查和现金流分析，提供会计和税务咨询，为特殊目的机构提供审计服务。在证券化产品发行阶段，会计师事务所需要确保基础资产现金流的完整性和信息的准确性，并对现金流模型进行严格的验证，确保证券化产品得以按照设计方案顺利偿付。

## 3.5.2 资产证券化对原始权益人的益处

原始权益人通过实施资产证券化能得到很多好处，原始权益人发起资产证券化的原因，统计起来无非就是以下益处中的一个或几个：

（1）能够降低融资成本。

如果采用传统的融资模式，借款方通常是以自身的资信为债务作担保。资产证券化则不同，它是以未来的现金流量为债务作担保。因此它要求拟证券化的基础资产要有信用良好的历史记录，在未来能够产生可预测的、稳定的现金流，通过在证券化产品结构设计上采用破产隔离和真实出售，再辅以内部和外部信用增级的手段，提高证券化产品的信用等级，从而达到降低融资成本的目的。这一系列方法对于中小企业想通过资本市场发行证券化产品来筹集资金，具有非常重要的实际意义。

（2）能够优化资本结构。

大多数资产证券化产品的结构设计都倾向于采用表外处理的融资方式，原始权益人采取"真实销售"而非债务担保的形式，把基础资产和负债同时移出原始权益人的资产负债表，改变了资产负债表结构，通常都会降低企业的资产负债率。资产证券化的这个特殊功能引起了包括银行在内的金融机构的极大兴趣。为了满足资本充足率的相关规定，银行必须不断地维持资本和所持有资产的动态平衡状态。如果银行开展资产证券化业务，不但能够将资金提前变现，还可相应降低资产负债率。由于证券化的资产是不会反映在资产负债表内的，银行就可以将相应的资本释放出来，这种双重的释放功能是吸引银行的主要原因。

公共基础设施建设作为资产证券化的主要标的资产，对于其投资方来说，这类项目的投资规模一般很大，按照《公司法》的规定，公司对外投资额度不得高于其净资产额的 50%。由于公共基础设施在前期的一段时间内都不会产生利润，因此将造成公司的资产负债状况恶化。企业如果能将其投资的项目进行资产证券化处理，不但可以将投资提前变现，还可以降低负债额度，并且将证券化资产移出资产负债表，不会对公司的资产负债产生负面影响，也不会影响公司的形象和其他投资，从这个效果上看，公共基础设施的投资方对资产证券化也有着巨大的需求。

（3）能够强化资产负债管理。

金融机构的资产和负债在长短期限上常常会出现配置不适当的现象，从而给资产负债管理带来了困扰。通过资产证券化，这种不适当是可以消除的，金融机构可以提前将长期资产转化为现金资产，可以降低不匹配的程度，这是资产证券化在美国能够迅速发展的一个主要动因。此外，提前清偿的风险原来是由金融机构承担的，实施证券化之后，这个风险就改由证券投资者承担。

（4）可以改善企业财务状况。

通过资产证券化的内外部信用增级手段，证券产品的信用级别都得以提高。在证券产品的估值和基础资产的估值之间自然就会产生一个差额，这个差额通常归原始权益人所得，这种额外获取的差额收益最终能够体现在发行人的资产增加值上。另外，原始权益人通常能够凭借资产管理方面的优势担任中介服务商，赚取证券化产品的中介服务费，这部分服务费收入最终也体现在原始权益人的资产增加值上。实施资产证券化，既能够给原始权益人带来资产的增加，也能够优化原始权益人的资产负债表和财务状况。

### 3.5.3　资产证券化对投资者的益处

资产证券化给资本市场的投资者提供了一种新的投资产品，为投资者带来的好处主要有以下几点：

（1）为投资者提供了满意的产品。

为了吸引投资者，拟证券化的基础资产通常都是相对优质的，具备足够的信用等级，因此其支撑的证券产品的收益风险比相对都是比较高的。证券化产品在证券市场上具有较高的交易流动性，所以资产支持证券能够吸引到众多投资者，特别是基金、保险等机构投资者，他们在投资品种上受到诸多约束和限制，资产支持证券将成为其投资组合中的合规投资品种。

（2）可以扩展投资规模。

资产证券化产品由于采取了一系列的结构化设计手段，与基础资产相比，其风险权重要低得多。为达到资本充足率的规定，金融机构持有证券化产品可以释放资本金，扩大投资规模并提高其资本收益。为缓放资本充足率对资本金的要求所造成的压力，银行等金融机构会对资产支持证券进行大量投资。

（3）可以增加市场投资品种。

证券化产品通常都是多等级的，通过对基础资产现金流的分类和组合，相对应地设计出优先级、次级等不同等级的证券产品。不同等级的证券产品按照不同的顺位次序进行偿付，以控制现金流的波动幅度。甚至还可以将不同的证券产品进行组合，从而针对不同投资者对利率、期限和风险的不同偏好，提供相应的证券产品。

# 3.6　资产证券化的基本流程和操作步骤

## 3.6.1　资产证券化的基本流程

　　一次完整的资产证券化融资的操作流程如图3.7所示，原始权益人（或发起人）将拟证券化资产打包出售（或者由特殊目的机构主动购买）给一家特设机构（特殊目的机构、证券发行人或信托中介机构），然后将这些资产经过内外部信用增级等手段处理组成基础资产池（assts pool），用基础资产池未来所产生的稳定现金流收入作为支撑，在证券市场上发行有价证券去募集所需的资金，证券存续期间用基础资产池产生的现金流收入来偿付所发行的证券产品的本息。

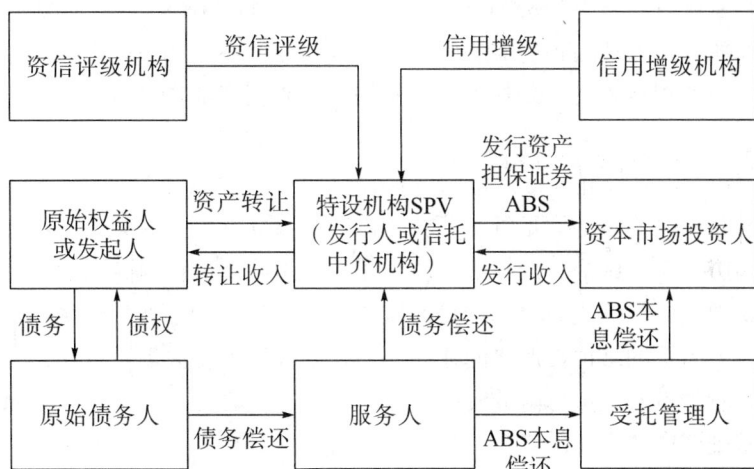

**图 3.7　资产证券化流程结构**

## 3.6.2　资产证券化的操作步骤

　　一次完整的资产证券化交易过程依次有以下几个操作步骤：

### 3.6.2.1　确定基础资产，组建基础资产池

　　资产证券化的原始权益人如果有融资需求，就按照要求选择准备用来进行资产证券化的相关基础资产。尽管资产证券化是以基础资产未来所产生的稳定

现金流量作为支撑的，但并非所有能够产生未来现金流量的资产都能够拿来证券化。通过多年来资产证券化融资的经验总结，只有具备下列特征的基础资产才是比较容易进行证券化操作的：

（1）基础资产在未来一段时间都可以产生比较稳定的、可以预测的现金流量；

（2）原始权益人拥有该基础资产已经持续一段时间，基础资产有良好的历史信用记录；

（3）基础资产的同质性较高；

（4）资产抵押物不但容易变现，且有比较高的变现价值；

（5）资产的债务人具有广泛的地域和分布属性；

（6）基础资产有比较低的历史违约率和损失率；

（7）资产的相关数据比较容易获取。

资产证券化的原始权益人要根据自身的融资要求、资产情况和市场条件，对已有的基础资产进行分析和评估，将符合条件的基础资产纳入基础资产池，有时候原始权益人还会根据需要向第三方购买资产来补充和完善基础资产池。必要时，原始权益人还会委托第三方机构对基础资产池进行审核。

### 3.6.2.2 设立特殊目的机构

特殊目的机构是为满足资产证券化需要而设立的一个空壳公司，它是资产证券化能够成功实施的一个核心主体。尽可能地降低破产风险（来自原始权益人）对证券化的影响是组建特殊目的机构的主要目的，也就是要在基础资产与原始权益人名下的其他资产之间建立"风险隔离"的防火墙。特殊目的机构正常情况下看是没有破产风险的实体，其本身是不大容易破产的，另外原始权益人是将基础资产"真实出售"给特殊目的机构的，原始权益人的破产不会波及基础资产。

特殊目的机构既可以是原始权益人针对某一次证券化交易临时成立的机构，也可以是一个专门为实施证券化业务服务而长期存在的机构。但是具体怎样设立特殊目的机构，这就一定要符合所在国家或地区的法律相关规定和市场环境的要求。

从已有的资产证券化实施案例来看，为了规避所在国家法律相关规定的限制，有很多特殊目的机构都把百慕大群岛、开曼群岛、英属维尔京群岛等地方作为注册地，因为这些地方有避税天堂之称，相关的法律法规制度和市场环境非常宽松。

特定目的机构，是指专门为资产证券化而成立的法律主体，同时又担当证券化产品的发行人，通常情况下是破产隔离和免税实体，可以采取公司、信托、有限合伙等组织形式。由于资产证券化的特殊要求和我国现行法律规定的限制，特定目的机构难以采取公司、有限合伙的组织形式，而只能借助于信托这种特殊的法律形式，因而我国的资产证券化模式主要是信托型的结构模式。

### 3.6.2.3　基础资产的"真实出售"

资产证券化运作流程中非常关键和重要的一个环节是从原始权益人向特殊目的机构转移拟证券化的基础资产的操作。在这个环节中，需要解决大量法律、税收和会计处理问题，基础资产的这种转移最终要达到"真实销售"，才能实现基础资产的"破产隔离"。如果原始权益人发生破产，"破产隔离"才能保证特殊目的机构名下的基础资产不被原始权益人的其他债权人追索。

证券化资产以真实出售的方式进行转移要求做到：第一，必须完全将基础资产转移到特殊目的机构名下，这能确保已经完成了转移的证券化资产不会受到来自原始权益人的债权人对其的追索，也保证了原始权益人的其他资产不会受到来自特殊目的机构的债权人（即投资者）对其的追索；第二，由于基础资产的实际控制权转移到特殊目的机构的手中，应当从原始权益人的资产负债表上剔除这些基础资产，资产证券化真正成为一种表外处理方式。

### 3.6.2.4　内外部信用增级手段

为了吸引资本市场的众多投资者，降低企业融资成本，通常会对证券化产品采用内外部信用增级手段，以达到提高证券化产品信用等级的目的。信用增级可以更好地满足各种投资者对证券化产品在信用质量方面的需要，也保障了偿付的时间性与确定性，达到了发行方在会计、监管和融资目标等方面的相关要求。信用增级分为内部和外部，内部信用增级的方式有优先级、次级结构、开立信用凭证和超额资产抵押等，外部信用增级手段大都通过第三方法人体担保来实现。

### 3.6.2.5　资产信用评级

在资产证券化交易中，基础资产必须经过两次评级，第一次是初评，第二次是发行评级。基础资产为满足发行要达到所需要的信用级别，初评就是确定为达到这个级别而必需的信用增级水平。

基础资产在按要求实施信用增级后，资产评级机构才进行正式的发行评级并公布评级结果。基础资产的信用评级越高，则证券化产品的风险越低。

### 3.6.2.6　发售证券产品

特殊目的机构将经过资产信用评级的证券化产品交给证券承销商，以公开或私募的方式进行销售。这些证券产品通常都具备低风险、高收益的特征，因此购买者主要是保险、基金和银行机构等机构投资者。

### 3.6.2.7　向发起人支付价款

证券承销商向特殊目的机构支付发行价款，然后特殊目的机构按事先约定的购买基础资产所需的价款支付给原始权益人，还要优先支付评级公司、律师事务所和会计师事务所等专业机构的相关费用。

### 3.6.2.8　管理基础资产池

特殊目的机构要聘请专业的服务商来管理基础资产池，服务商的主要工作内容为：

（1）收集证券存续期间基础资产产生的现金流收入；

（2）将收集到的资金存入特殊目的机构在受托人处专门设立的特定账户；

（3）对债务人履行债权债务的状况进行持续监督；

（4）管理基础资产相关的税务和保险事宜；

（5）在债务人发生违约的情况下及时采取相关补救措施。

一般情况下，原始权益人会自己担任服务商，因为原始权益人对基础资产的情况比较熟悉，同每个债务人之间也建立了联系，也拥有管理基础资产所必备的专门技术和人员。

### 3.6.2.9　清偿证券

按照证券产品发行说明书约定的清偿日，受托人受特殊目的机构的委托按时、足额地偿付投资者本息。证券利息通常是证券存续期间定期支付的，而本金的偿还就要按照合同约定的偿还安排来进行了。当全部本息偿还完毕后，假若资产池还有剩余的现金流，那么交易的原始权益人将会得到这些剩余的现金流，整个资产证券化交易的完整过程也就随即结束。

由此可见，运作一次完整的资产证券化，都是围绕着特殊目的机构这个交易的核心来展开的。实施资产证券化的最终目的是在收益风险比最大化的条件下，使基础资产所产生的收益与投资者的需求最恰当地进行匹配。

上述几个步骤只体现了资产证券化操作的最简单的流程，在实际操作中其实每次都会遇到不同的情况。特别是在不同的国家或地区有不同的相关法律制度体系，这就造成操作流程的不同显得更加明显。因此，在进行资产证券化业务的具体操作时，应当以所在国家或地区的相关法律制度体系为基础。

## 3.7  资产证券化的核心原理和基本原理

对基础资产池的现金流分析是资产证券化的核心原理，资产重组原理、风险隔离原理和信用增级原理则构成了三个基本原理。

这些原理最终都贯穿在资产证券化业务操作的全过程中，都是围绕基础资产池来体现的，其关系见图 3.8。

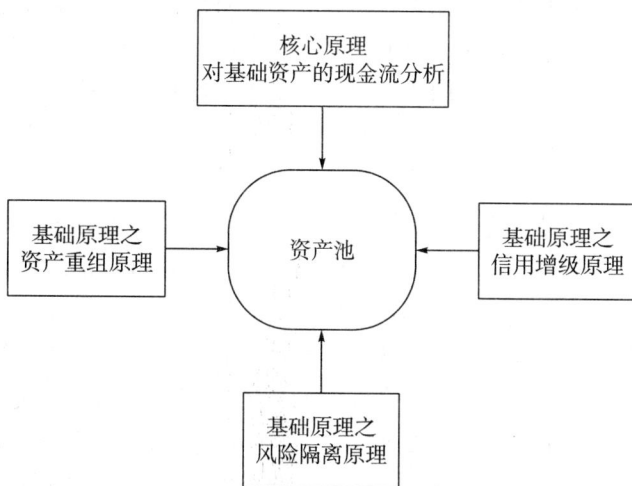

**图 3.8  资产证券化核心原理和基本原理示意**

### 3.7.1  资产证券化的核心原理

基础资产池的现金流收入的基础作用决定了资产证券化交易过程是围绕现金流收入的分析这个核心来开展的，这是资产证券化交易的先决条件。资产证券化的目标是基础资产池所产生的现金流收入，并不是基础资产本身。通过对基础资产池产生的现金流收入的准确预测，该基础资产池支持的证券产品的内在价值才能够被明确下来，信用评级机构才能够依据预测结果完成资产的信用评级。

清偿证券化产品所需的资金是全部由基础资产池所产生的现金流收入构成的，具有"自我清偿"的能力是资产证券化交易最典型的特征之一。资产证券化交易合同中对证券化产品的期限和本息偿付的约定条款受到基础资产池所产生的现金流收入在期限和流量上的数量变化的直接影响。因此，证券化产品的结构设计必须围绕对基础资产池产生的现金流收入的分析这个核心来开展，设计出的证券化产品才能符合基础资产池的现金流收入特征和市场投资者的需求。

## 3.7.2 资产证券化的基本原理

### 3.7.2.1 资产重组原理

选择基础资产池是资产重组原理最重要的内容，因为只有能产生持续、稳定的现金流收入的资产才能拿来实施证券化。原始权益人就要从自己所拥有的全部资产中去选择那些在未来能够产生持续、稳定的现金流收入的，对其进行重新组合搭配，构建一个基础资产池。在具体的证券化交易中，如果基础资产符合资产证券化若干必备条件中的其中重要的几项，也可以对其他的一些条件不再作要求。

从资产重组原理的角度看，资产证券化和其他证券化的不同之处在于基础资产的范围选择上各不相同。一个企业通过发行股票和债券融资，只能以企业所拥有的全部资产为融资交易提供支撑。资产证券化却不是以企业所拥有的全部资产作为支撑，而是把那些符合要求的资产从整体资产中"剥离"出来。基础资产的范围也不仅局限于一家企业，而是可以把不同企业的资产组合起来。这种范围选择上的不同是很重要的，它会直接影响到现金流的风险和收益，进而影响破产隔离、信用增级和证券化交易结构的设计等重大问题。

### 3.7.2.2 风险隔离原理

风险隔离是指把基础资产池的原始权益人与证券化产品隔离开来，使得证券化产品不受原始权益人破产风险的影响。资产证券化交易的这个特有处理技术，也是其优越于其他传统融资方式的一个重要特点。

通过风险隔离原理的应用，资产证券化实现了对证券化产品的破产隔离，在完成特殊目的机构的设立后，原始权益人把基础资产"真实出售"给特殊目的机构，原始权益人与基础资产之间就实现了破产隔离。破产隔离是证券化交易的典型特征之一，也影响到资产证券化交易最终能否成功实施。破产隔离的实现取决于两个关键因素，一个是交易结构中特殊目的机构的设立，一个是基础资产的真实出售。

在股票和债券形式的传统融资中，如果企业发生了经营风险，股票和债券持有人的收益就会直接受这些风险的影响，甚至会造成投资者本金损失。换而言之，证券投资者的风险和收益与企业的整体经营风险直接挂钩。

而资产证券化则完全不同，持有基础资产的特殊目的机构一般是不太容易破产的，所以即便原始权益人发生了经营风险，风险也不会波及证券投资者，即基础资产的卖方对特殊目的机构购买的资产没有相应的追索权。这样就在原始权益人和证券化产品投资者之间竖起了一道风险的隔离屏障。证券化产品的风险只与基础资产本身有关，与原始权益人的风险无关。

### 3.7.2.3　信用增级原理

为了降低证券化产品的发行成本，吸引证券投资者，特殊目的机构必须实施内外部信用增级，以增加证券化产品的信用等级。通过信用增级手段，可以使证券化产品的现金流收入、信用质量能更好地符合投资者的要求，也符合发行人在会计、监管和融资方面的要求。

实际上，大部分证券发行人都是通过使用内外部相结合的信用增级手段。例如，超额资产抵押能够让现金流收入得到投资级的信用评级，而且企业还需要具备适当的融资资格才能利用这些融资方式进行融资，此外还要经过复杂的审批程序。

## 3.8　资产证券化的类型

资产证券化主要是利用未来能产生收益的资产实施证券化来融资，以资产产生的预期收入为支撑，在金融市场发行证券化产品来获取资金的一种证券化融资手段。

另一个思路则是与项目相关的信贷资产证券化，即项目的贷款银行将项目的贷款作为基础资产或是和其他同质的、流动性较差的贷款资产组成基础资产池，通过内外部信用增级等手段将其打包转化为具有投资价值的高级债券，通过在资本市场发售来进行融资，使银行的不良贷款率降低，从而使银行有积极性为项目提供贷款，间接地为项目融资提供了帮助。具体做法是项目公司（原始权益人）向特殊目的机构出售项目下的资产或未来收益，特殊目的机构以项目资产作支撑在资本市场发行证券化产品募集资金，用于项目的开发建设，但项目的经营权仍然由项目公司行使，建成后的项目产生的收益用于清偿债务本息。待还本付息结束后，原始权益人才能收回项目的所有权。

资产证券化分类及依据见表 3.4。

表 3.4　资产证券化类型及其划分依据

| 分类依据 | 类型 |
| --- | --- |
| 基础资产 | 住房抵押贷款证券化和资产支持证券化 |
| 现金流与偿付结构 | 过手型证券化和转付型证券化 |

根据基础资产的类型不同，资产证券化可以划分为住房抵押贷款证券化（简称 MBS）和资产支持证券化（简称 ABS）。MBS 的基础资产是由住房抵押贷款组成的，ABS 的基础资产则是由其他资产组成的，这是最重要的，也是最常见的两种证券化类型。

### 3.8.1　住房抵押贷款证券（MBS）

住房抵押贷款证券（MBS）是指以银行的住房抵押贷款为支撑，以借款人本息偿还所产生的现金流为保证，发行证券化产品来进行融资的过程。

通过资产证券化，银行等金融机构可以把拥有的期限较长、流动性较差的住房抵押贷款加以处理，转变成流动性较高的可交易证券，增强了资产流动性。这种表外融资形式能够减少金融机构的负债率，优化资本金结构，很受金融机构的欢迎。另外，由于住房抵押贷款的违约率很低，基础资产产生的现金流比较稳定也容易测算，因此证券投资者也比较喜欢这种证券化产品。

### 3.8.2　资产支持证券（ABS）

资产支持证券（ABS）是以除住房抵押贷款之外的其他资产作支撑的，它本质上是 MBS 在其他资产上的翻版。除了住房抵押贷款之外，还有很多资产未来能够产生稳定的、可预测的现金流，因此也可以进行证券化处理。ABS 的基础资产主要有以下品种：

（1）商用、医用和农用房产抵押贷款；

（2）中小企业贷款；

（3）设备租赁收费；

（4）基础设施收费；

（5）汽车消费贷款和学生贷款；

（6）信用卡应收账款；

（7）保险公司保费收入；

（8）贸易应收账款；

（9）门票收入；

（10）俱乐部会费收入；

（11）知识产权，等等。

随着资产证券化技术的不断更新，基础资产的品种范围都还在继续延伸。

### 3.8.3 过手型证券

过手型证券分为权益凭证和债权凭证两种形式。当采用凭证形式时，凭证投资者按照持有的凭证份额拥有相对等的权利，按合同约定收取由凭证发行者直接"过手"转移的本息。对原始权益人来说，发行凭证形式的过手证券对转移违约及利率风险和流动性问题的解决有利；因为凭证的风险高于国债，凭证的投资者则可以获得比同期国债利率更高的收益。尽管凭证具有这样的优点，但仍然不可避免地存在缺陷。由于过手型证券仅仅是将原始权益人的风险按比例分摊到每个凭证投资者，每一单位凭证包含着一样的风险和本息收益，这种风险和收益的同质性排除了具有不同偏好差别的投资者，对投资者的吸引力相对较低。

过手证券具有下列特点：

（1）权益形式的过手证券是所有权的代表，拥有过手证券就相应地拥有了基础资产相应份额的所有权。

（2）权益形式的过手证券一般信用级别都比较高。

（3）过手证券的本金利息的支付全部来自基础资产的现金流量，大多不是很稳定。如果发生按揭贷款的提前归还，过手证券就提前到期。

过手证券可以引入第三方进行担保，也就是经过修正的过手证券，一种是部分修正的，另一种是完全修正的。不管是否收到借款人的本金偿付，对于第一种，投资者都可以获得一定程度的偿付；对于第二种，投资者都保证能够按约定获得完全偿付。

抵押贷款债券等债权凭证形式的过手证券是以基础资产作为担保出售债券给投资者。这种债权凭证通常附有超额担保，受托人可以在违约发生时将担保品处理，实施对投资者的偿付行为。这种债权凭证可以降低证券投资者的风险，但超额担保会使基础资产的利用效率降低，风险也没有发生转移。

### 3.8.4　转付型证券

转付型证券类似于权益凭证型与债权凭证型过手证券的结合，是以经过重组的抵押贷款组合生成的现金流来偿付本息。转付型证券针对投资者的不同偏好，重新安排和分配了基础资产组合生成的现金流，相应本金和利息的偿付有了变化。

目前，转付型证券化产品在实践中的形式包括 CMO（抵押担保型）、IO（付息型）、PO（付本型）和 PAC（计划摊还型）等，在设计债券时，根据投资者的不同偏好，将债券分成了不同档级，每一档都有不同的特征。

在欧洲，针对中小企业的融资需求，又产生了一种 SME（Small and Medium Enterprises）模式的资产证券化。SME 是以中小企业的贷款为基础资产，以其未来产生的现金流为支撑发行证券化产品。中小企业贷款不同于一般的贷款，存在金额小、频率高等特点，因此中小企业资产证券化交易中存在转贷机构，以实现规模效应（见图 3.9）。针对普遍的中小企业融资难问题，欧洲利用资产证券化来对其提供融资支持。欧洲的 SME 自出现以来，即便在欧债危机发生时，发行规模也没有受到显著影响。2012 年，欧洲 SME 的发行量高达 570 亿欧元，资产证券化已经逐渐成为欧洲中小企业的主要融资方式之一。

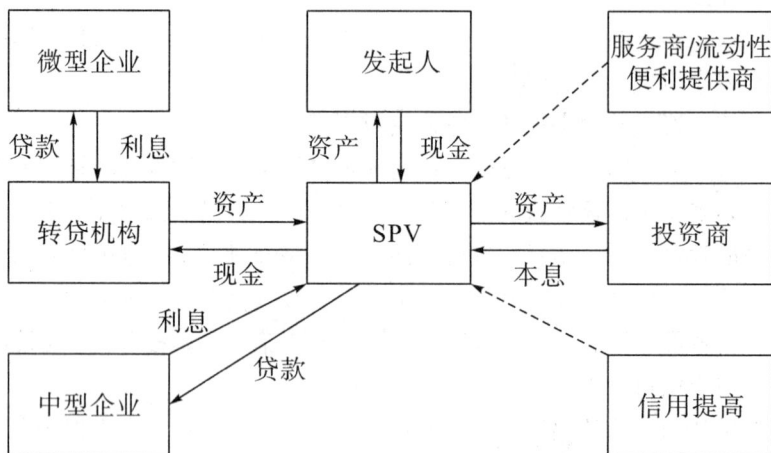

图 3.9　欧洲中小企业资产证券化流程

# 3.9　我国小水电建设项目资产证券化模式

## 3.9.1　我国资产证券化的相关模式和规定

由于我国开展资产证券化融资的时间还很短暂，相关法律、会计核算和税务等规定还不完善，国内已发行的资产证券化产品严格意义上都不能达到完全的破产隔离，所以基本上采用信托公司和证券公司的资产管理计划模式。但是从严格意义上看，无论是信托公司还是证券公司的资产管理计划，都无法与空壳公司性质的特殊目的机构相提并论。

根据中国证监会早期《证券公司资产证券化业务管理规定》："资产证券化业务，是指以特定基础资产或资产组合所产生的现金流为支持，通过结构化方式进行信用增级，在此基础上发行资产支持证券的业务活动。"整个过程的监管由中国证券监督管理委员会负责核准。发行方式采用一次核准，一次发行。规模通常不超过特定基础资产的未来收益规模。利率一般低于企业实际贷款成本。

资产证券化的信用评级可以由取得中国证监会核准的证券市场资信评级资格的专门资信评级机构来实施初始评级和过程中的跟踪评级。发行证券化产品的公司可以自主决定是否选择担保及担保方式。

成功发行的资产证券化产品可以按照规定在证券交易所（如上交所、深交所）、证券公司专设的柜台市场等中国证监会认可的其他交易平台进行交易和转让。托管人由具有相关业务资格的商业银行、中国证券登记结算有限责任公司、具有托管业务资格的证券公司或者中国证监会认可的其他资产托管机构担任。

## 3.9.2　资产证券化各项费用构成

国内发行资产证券化产品的各项费用的大致水平见表 3.5。

表 3.5　我国资产证券化发行费用统计

| 费用名称 | 计费方式 | 备注 |
|---|---|---|
| 财务顾问及承销费用 | 通常为融资额的 0.1%～0.5% | 证监会没有明确的规定，根据融资额大小会有不同的收费标准，由管理人与发起人协商确定 |
| 评估审计费 | 通常为 10～30 万元 | |
| 评级费 | 通常为 10～30 万元 | 信用评级费和跟踪评级费 |
| 担保费 | 收费标准需双方协商确定 | 受政策限制，目前发行公司债券难以得到商业银行担保，一般采用母公司担保或第三方担保 |
| 宣传及信息披露 | 此项费用约 50 万元 | 一般需路演和在媒体上进行适当的宣传 |
| 登记托管及付息、兑付费用 | 一般是一次性收取 0.001%，每次派息收取 0.005% | |
| 律师费 | 50～100 万元 | 具体取决于基础资产法律关系复杂程度 |
| 上市费用 | 上交所对资产支持证券挂牌暂免收费，对其转让依照在固定收益平台转让的公司债券收取经手费 | |

## 3.9.3　选择资产证券化的理由

（1）可以加快资金回笼，改善长短期资金构成。

（2）企业可以通过资产证券化手段变现未来的收益（如长期应收账款），大大加快获利及资金回收的速度，项目滚动开发提速，优化项目公司的资金链。

（3）企业可以拓展新的融资通道，当资产负债率较高时，银行贷款和发债融资等传统的融资不容易获得，而股权融资的不确定性又很高，资产证券化成为企业能够不依靠其信用作为支撑的新融资通道。

（4）资产证券化融资方式可以降低企业融资成本，降低企业财务费用。融资成本一般优于银行贷款同期利率，能够节约融资过程产生的费用。能够优化企业资产负债结构，提高资产流动性、速动比率，强化企业的信用等级和偿债能力。

（5）通过 PPP＋ABS 的模式，企业可以引进社会资金，降低债务回购风险。企业的主要经营风险在于资金的偿付，通过资产证券化，明确了投资方与债务方之间的关系，通过引入新的投资者，有效地提高了项目回款保障。

综上所述，通过设立特殊目的机构发行资产证券化产品，原始权益人将初步形成短、中长期及固定、浮动利率合理搭配的有利资金匹配，同时通过市场化方式开拓一条快速融资通道，可以获得长期、稳定的发展资金。

## 3.9.4 国内资产证券化实例

### 3.9.4.1 华能澜沧江水电收益专项资产管理计划

漫湾水电厂位于云南省云县和景东县交界的澜沧江中游河段上，由华能澜沧江水电有限公司全资管理，电厂总装机容量 167 万千瓦。

漫湾水电厂于 1986 年 5 月 1 日正式开工，1993 年 6 月 30 日首台机组并网发电，1995 年 6 月 28 日一期工程 5 台总装机容量 125 万千瓦机组全部并网；2007 年 5 月 18 日二期工程 1 台 30 万千瓦机组投产运营；2008 年并购田坝电站 1 台 12 万千瓦机组。

漫湾电厂为一厂三站分布，实施集中控制方式，通过 2 回 500kV 和 3 回 220kV 的电压等级线路接入云南电网，在系统中担负基荷及调频、调峰和事故备用任务。它是云南省及澜沧江干流首座装机容量超过百万千瓦的大型水电站，也是我国首座由中央和地方合资投资的大型水电建设。

华能澜沧江水电收益专项资产管理计划是依据《合同法》《民法通则》《公司法》《信托法》《证券公司管理办法》而设立。专项计划于 2006 年 5 月 11 日成立。

招商证券股份有限公司是该专项计划的管理人，发行资金用来投资漫湾发电厂未来 38 个月的水电销售收入中 24 亿元（人民币）的现金收益，时间自华能澜沧江专项计划成立的次日起算。

**表 3.6　华能澜沧江资产证券化产品构成**

| 简称 | 代码 | 类别 | 期限 | 金额 | 利率 |
|------|------|------|------|------|------|
| 澜电 01 | 119002 | 优先级 | 三年期 | 66000 | 3.57% |
| 澜电 02 | 119003 | 优先级 | 四年期 | 66000 | 3.77% |
| 澜电 03 | 119004 | 优先级 | 五年期 | 66000 | 基准利率+180BP |
| 澜电 03 | 无 | 次级 | 五年期 | 2000 | 基准利率+180BP |

利率以中国外汇交易中心暨全国银行间同业拆借中心每天发布的7天回购移动利率作为计算的基准利率，取2006年4月25日之前10个交易日的7天回购移动利率的算术平均值作为首个分配期的基准利率，第2个至第10个分配期的基准利率取对应分配期间的起始日之前10个交易日的7天回购移动利率的算术平均值。

从专项计划成立的次日起，每满半年分配一次各期优先级收益凭证的收益，到期后一次性支付优先级收益凭证面值金额。

专项计划次级收益凭证的分配要等到专项计划期满，在扣除专项计划全部优先级收益凭证及其收益、清算费用、相关税款、管理费和托管费等间接费用、专项计划其他债务后，先一次性地支付次级收益凭证的总的面值金额，再将剩余计划资产作为次级收益凭证的预期收益予以一次性全额支付。

收益凭证总共为20000000份，其中优先级收益凭证19800000份，次级收益凭证200000份。收益凭证面值均为100元，每份收益凭证参与价格亦为100元（见表3.6）。

专项计划的推广对象为中华人民共和国境内具备适当的金融投资经验和风险承受能力，具有完全民事行为能力的合格投资者（法律、法规和有关规定禁止参与者除外）。

专项计划收益凭证发行后由中登公司深圳分公司进行登记托管。在存续期间，收益凭证的持有者和投资者可以在深圳证券交易所专设的大宗交易平台进行转让交易，双边报价服务由招商证券公司提供。

华能澜沧江专项资产管理计划的产品结构见图3.10。

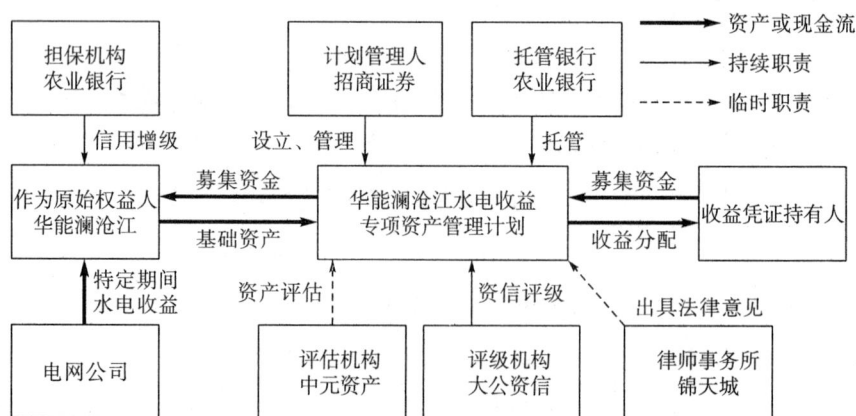

图3.10　华能澜沧江水电收益专项资产管理计划结构

基础资产的特点：漫湾水电厂未来 38 个月的发电量及电费收入可以精确计算，电费收入的现金流具备可预测性，在中元资产发布的《水电销售收入评估说明》中，漫湾水电厂 2006—2011 年预计电费收入合计 51.57 亿元。根据之后的跟踪信用评级报告，实际收益均覆盖了基础资产的应付收益。

该资产证券化产品是我国首个水电资产证券化项目，固定收益和浮动收益相结合，投资者可以获得 3.57％和 3.77％的年收益率，高于同期银行存款利率。而发行人的付息成本又低于同期 5％的贷款利率，大幅降低了企业财务费用，提高了资产流动性。

该专项计划内部信用增级采取了超额抵押和分层结构。超额抵押是依据基础资产转让合同文本的约定条款，华能澜沧江水电有限公司将向专项计划出售总计 24 亿元的电费销售收入，高于优先收益凭证的预期本息总额，并确保每一期划拨到专项计划中的电费收入都能够覆盖当期应该支付给计划收益凭证持有者的金额。

### 3.9.4.2　南通天电销售资产支持收益专项资产管理计划

计划发起人南通天生港发电有限公司地处江苏省南通市西郊天生港镇，南邻长江，北接 204 国道和宁通高速公路，总装机容量 66 万千瓦。

天电公司的前身是天生港发电厂，是南通最早的电力生产企业，由清末张謇先生于 1934 年创建。1995 年，天生港发电厂在江苏省电力系统率先试点建立现代化企业制度，由江苏省电力公司、龙源电力集团公司、南通天生港电力投资服务有限公司和雄亚（维尔京）有限公司四方投资成立了中外合作南通天生港发电有限公司。

南通天电销售资产支持收益专项资产管理计划依据《合同法》《民法通则》《公司法》《信托法》《证券公司管理办法》而设立。专项计划成立时间为 2006 年 8 月 4 日。

专项计划管理人为华泰证券公司，专项计划资金投资于南通天生港发电有限公司自专项计划成立次日起三年内特定期间地向江苏电力公司收取的上网电费收入中合计金额为 881650000 元的现金收益（见表 3.7）。

表 3.7　南通天电销售资产证券化产品构成

| 简称 | 代码 | 类别 | 期限 | 金额（万元） | 利率 |
| --- | --- | --- | --- | --- | --- |
| 天电收益 | 119010 | 优先级 | 三年期 | 80000 | 3.742％ |

在计划成立之次日起，每满一年分配一次该专项计划各期优先级收益凭证的收益，计划到期后，一次性付清投资者持有的优先级收益凭证总的面值金额。

南通天电销售资产支持收益专项管理计划的产品结构见图 3.11。

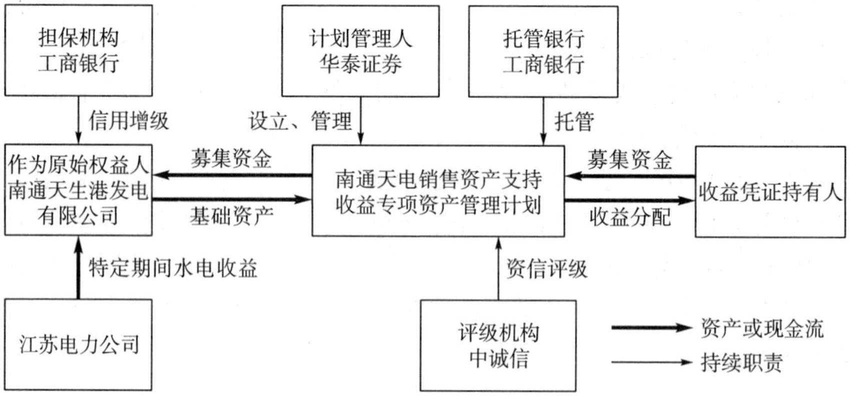

**图 3.11　南通天电销售资产支持收益专项资产管理计划结构**

该基础资产为电力资产，现金流回报稳定，预期收益率高于同期国债收益率 3.2％和银行 3 年储蓄利率 3.24％。

该产品的出现为火电行业提供了资产证券化的先例，一定程度上解决了火电企业因为电煤价格提升、售电价格受限、财务成本上涨等综合因素导致的困局。

内部增级使用了超额抵押的方式。未来收益预计 8.8 亿元，仅出售了 8 亿元部分。8.8 亿元超过 8 亿元的部分实质上是对计划的超额抵押。

但是电费收益权与其他收益权类似，同样是未来收益权，无法实现真实销售。

### 3.9.4.3　莞深高速公路收费收益权专项资产管理计划

莞深高速公路是东莞市第一条自筹资金、自行策划、组织建设的高速公路，是东莞市公路网中一条重要的南北向快速通道。莞深高速公路第一期工程梅观高速黎光至塘厦 1998 年 4 月通车。二期工程横坑至塘厦 2000 年 8 月 21 日全线贯通。一、二期项目全长为 39.551 千米，双向六车道，采用全封闭、全立交、完全控制出入口的标准设计。

该产品原始权益人为东莞发展控股股份有限公司，管理人为广发证券公司，专项计划资金投资于自专项计划成立之次日起 18 个月的莞深高速（一、二期）公路收费权中合计为人民币 6 亿元的现金收入，即扣除营业税、维修基金、收费代理费后的净现金收益。

收益率为 3.0%~3.5%，专项计划目标资金规模为 5 亿 8 千万元，专项计划期限为 18 个月，自专项计划成立之次日起计算。2005 年莞深高速公路收费收益权专项管理计划的产品结构见图 3.12。

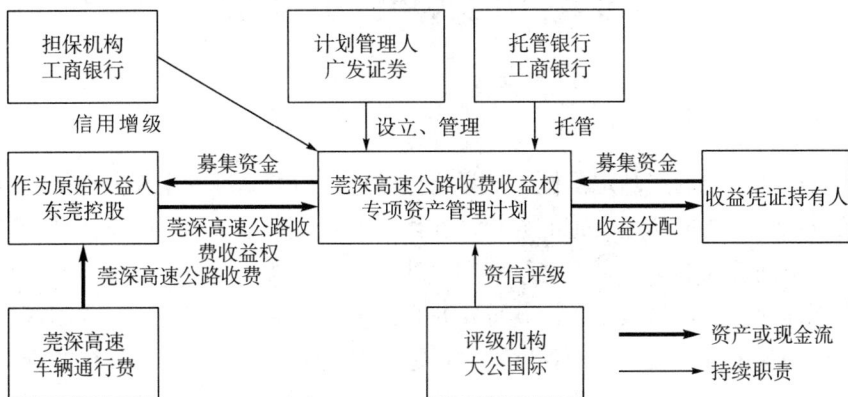

**图 3.12　莞深高速公路收费收益权专项资产管理计划结构**

**拓展与思考：**

1. 项目融资为什么多采用新设法人融资？
2. 资产证券化有几种形式？

# 第4章 小水电建设项目资产证券化的定价原理与方法

资产证券化的产品定价作为证券化操作过程中最关键的步骤，也是比较复杂的一部分。要成功地实施证券化，在经组合的基础资产达到一定的规模后，必须将不同特征的基础资产进行标准化处理。组成资产池的标的资产组合有可能出现提前清偿，这是一个极其重要并且使资产池复杂化的特征，预测拟证券化资产的未来现金流收入的难度加大，造成确定资产证券化产品价格的难度增加。这就要求在资产证券化的产品定价过程中，针对证券化资产的这个特点并结合定价的相关原理合理地确定资产证券化产品的价格。

资产证券化操作过程中主要有两项定价工作需要开展：一项是证券化操作过程中原始资产出售价格的确定；另一项是证券化运作之后有价证券价格的确定。其中第一项定价工作相对更简单一些，重点需要研究的是第二项定价工作。

## 4.1　定价思路

在证券化产品定价过程中，所有的工作都是围绕着资产池的现金流量的现值分析来开展的，这是定价工作的核心。应分析证券化产品所包含的时段内基础资产池产生的现金流，并按照一个合理的折现率计算出现值。然而因为证券化产品存续期间市场的利率并不是固定不变的，会发生波动，所以定价过程中最重要的一步是怎样确定上面提到的折现率。对利率的上涨下跌的预期会影响原始权益人的再融资行为，并导致提前清偿的发生。利率的波动会对基础资产池的现金流造成影响，这时问题的关键就变成了怎样确定最合理的折现率。通过对各种定价模型的总结，可以发现证券化产品定价的核心思路都是这样的（见图4.1）。

114

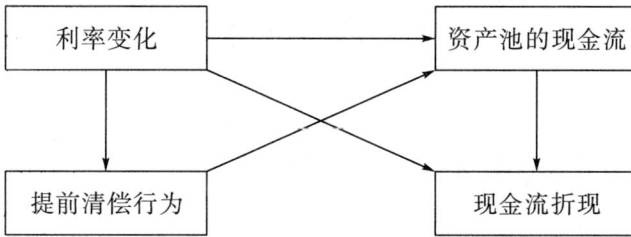

图 4.1　利率及现金流变化关系示意

资产证券化产品定价受宏观经济运行情况、微观指数变动等影响，主要有下列影响因素：

（1）市场利率的变动。市场利率的变动是影响固定收益证券价格变动的主要因素，它对资产证券化主要有三个方面的影响：一是市场利率的变动会引起证券化产品价格发生变动；二是市场利率的变动会引起证券附生利息收入再投资的收益率的变动；三是市场利率的变动会引起现金流收入的变化，进而影响证券化产品投资者的最终收益。对于固定利率的证券，由于票面利率与市场利率存在差异，当市场利率变动时，证券价格也随之变动。一般而言，证券化产品的价格与市场利率成反向变化，即市场利率上升（下降）时，证券化产品的价格会下降（上升）。

（2）市场利率波动率。市场利率波动率的上升和下降与证券化产品的内含短期价值成正比，市场利率波动越高，证券化产品内含价值越高，反之亦然。而证券化产品本身的价值与证券化产品内含短期价值成反比。

（3）证券化产品存续期。证券化产品存续期是指债务人在履行债务的过程中所规定的期限。原始权益人在证券化产品到期时，就必须偿还本金和利息。同时，证券化产品存续期影响证券化产品的价格主要体现在以下三个方面：一是证券化产品投资者心理预期的时间与实际的时间。二是证券化产品的存续期，长期的收益率高于短期。三是市场利率变动对于证券化产品价格的影响，长期的价格变动小于短期。

（4）提前偿付。提前偿付是指借款人在贷款到期之间偿还部分或全部本金和利息。发行人就可以利用这一特征，利用较低的利率来代替旧有负债，以降低融资成本。提前偿付是通过改变资金的未来流向，从而影响证券价格的一种期权。

（5）资本市场影响。资本市场的运行状况是通过证券的流动性来改变市场价格的。当市场投资者的需求旺盛时，资金供应量就会增加，进而流动性良好。证券的流动性高时，投资者预期收益就低；反之，证券的流动性低时，投资者预期收益就高。

# 4.2 常用定价模型

一个合理的证券化产品定价，主要是要通过对未来的现金流的测算来确定能够让原始权益人和投资者双方都满意的交易价格，而定价的关键就在于怎样处理提前清偿的不确定性。资产证券化的定价方法和模型很多，除了蒙特卡罗模拟模型、利率二叉树模型、所罗门兄弟模型、Black-Scholes 期权定价模型和二项式期权定价模型等外，常用的方法还包括静态现金流量模型（Static Cash Flow Yield，SCFY）、静态利差法模型（Static Spread，SS）与期权调整利差模型（Option Adjusted Spread，OAS）。

## 4.2.1 静态现金流量模型（SCFY）

静态现金流量模型是抵押贷款证券最早采用的定价方法。此模型在对现金流量中的提前还款额作预测分析时，先假定提前清偿率和抵押贷款期限是具有一定相关性的，而不考虑利率对其的影响。最常见的假设是：证券的提前清偿率和抵押贷款期限是正相关的，后者增加则前者也增加。这种假设来源于实证研究的结果，它可以反映借款购房人持有房屋的平均期限与提前清偿发生率之间的关系。其公式如下：

$$P = \sum_{t=1}^{N} \frac{C_{Ft}}{(1+y)^t} \qquad (4-1)$$

式中：$C_{Ft}$ 代表证券资产生成的每一年的本息现金流收入；$y$ 代表不同期限的国债的即期利率。这种定价方法非常简便，同时也存在着一些不足。

首先，这个定价模型假设提前清偿率是个确定值，而且只受抵押贷款期限的影响。这与实际是不相符的，借款购房者的提前清偿行为的发生受即期利率、房屋市场价格、家庭资产负债率等多个因素影响，提前清偿率实际上会发生无法预计的变动，导致未来的现金流量的波动。

其次，证券化产品的预期收益率的选取缺乏足够的依据。由于提前清偿现象的存在使得证券化产品与通常的固定收益类债券不一样，债券期限和现金流收入都存在着不确定性，所以不容易找到可比的收益率进行相应的参照。

最后，该定价模型隐含了未来的现金流能够以统一的固定预期收益率进行再投资的假定。这也是和实际不相符的，因为金融市场利率不是固定的，是不停变动的，证券化产品的投资者获得的现金很难以统一的固定预期收益率再投资，实际上证券化产品的投资者的未来收益率是由当时的金融市场利率来确定的，具有很大的不确定性。

## 4.2.2　静态利差法模型（SS）

一个资产证券化产品的内含价值应该是

$$P = P_{dv} - O_t - O_d \qquad (4-2)$$

式中：$P_{dv}$ 代表预计的未来现金流折现值；$O_t$ 代表借款人提前清偿的期权价值；$O_d$ 代表借款人主动违约的期权价值。

上述三部分价值中，"预计的未来现金流折现值"是指基础资产池里每一期汇集的现金流在完成了税费和服务商的费用支付后，进行折现计算的价值。"借款人提前清偿的期权价值"本质上是借款人拥有的赎回性质的期权，也就是在贷款利率不变的情况下，如果实际的市场利率下浮时，借款人发生提前清偿行为的价值，这本质上是一种与利率有关的风险。在贷款利率不变的条件下，实际的市场利率变化和债券价格是负相关的。尽管和债券一样，市场利率下浮会导致资产证券化产品未来现金流的折现值增大，但与此同时提前清偿的期权价值也相应在增大，两者相抵的作用使资产证券化产品价格的上涨幅度不会大于普通债券的上涨幅度。"借款人主动违约的期权价值"是指在有限追索权的影响下，当应归还的贷款本息金额高于抵押物的实际价值时，借款人有可能会以剩余的贷款本息所对应的金额将抵押物卖给贷款方，此期权并不是因借款人无力偿还贷款造成的违约，而是借款人因剩余的贷款本息金额高于抵押物的价值而故意不履行偿还义务，其相对应的方法就是静态利差法。

静态利差法假设具有特定信用等级的债券的收益率与国债收益率之间的利率差值是固定的，这个固定的差值就取为静态利差。此时：

$$P = \sum_{t=1}^{N} \frac{C_{Ft}}{(1+y+s_s)^t} \qquad (4-3)$$

式中：$C_{Ft}$ 代表该证券每一年的本息现金流收入；$y$ 代表不同期限国债的即期利率；$N$ 代表证券到期的期限；$s_s$ 代表静态利差值。

用该模型计算证券化产品的定价时，首先以国债的即期利率为基础，结合证券化产品的不同信用等级，找出正在交易的具有同等等级的债券，试算出静态利差值，之后，将其和预期每一年的现金流量代入式（4-2）中，即得到产品价值。

静态利差法的特殊之处在于每一期的贴现率有可能不同，从而可以反映到收益率曲线上去。但静态利差法没有考虑利率值波动有可能会造成提前清偿的波动，从而造成现金流量与收益率的变化。

### 4.2.3 期权调整利差法模型（OAS）

静态利差法模型的优点是计算过程中考虑了利率的期限因素，但也有相应的缺点：由于计算时没有考虑期权的相关价值，静态利差法模型计算出的证券化产品的价值偏高。因此，在 20 世纪 80 年代，雷曼兄弟公司建立了期权调整利差法模型，期权调整利差法模型现在已被看作是分析资产证券化产品价值的比较标准的方法。

期权调整利差法模型实质上是通过对利率的模拟来将证券投资者因为额外风险而相应享有超过国债的超额收益率进行量化处理，更具体地说，就是将证券产品的存续期划分为不一样的阶段，再假定每一阶段的利率可能会出现的情况，以事先模拟的利率与期权的调整利差相加值来对其未来现金流进行贴现，构建一个树枝状的现金流量的预测模型。在每一个利率的路径上，相应地会有不一样的现金流。

对于考虑了提前清偿的资产化证券，价格的变动将会被限定在既定的利率枝权上，如果利率下降，则致使该证券价格上涨，借款人将会提前进行清偿，这时投资者就会额外得到一个提前清偿期权值。这一时点之后的现金流量将会终止，将每一个时点上发生的现金流量按发生的概率进行相应累计，然后再用相应时段的国债收益率与一个固定利差相加值去对前面得出的各时点现金流量进行折现处理，进而算出证券的理论价值，再与证券实际价格相比较。若两者相等，则说明折算现值时使用的固定利差值可以代表期权调整利差；若两者不相等，则利用不一样的利率再重新试算，直到理论价值的结果与证券实际价格相等，则这个利差就是期权调整利差。

将这个调整利差与国债收益率相加，再用经过调整的国债收益率对证券产品进行定价，其定价结果就充分考虑了证券投资者因为提前清偿风险、期权风险和信用风险等而相应享有的风险溢价。

实际利率的变动通常是不确定的，其变化路径可能有很多条。在实际测算中，通常取符合统计意义上的数量就行了。对于取出的每一条利率路径，用利率加上调整值来对现金流贴现处理，这个调整值就是期权调整利差。

期权调整利差法模型的计算过程如下：

（1）选择适当的利率计算模型。

（2）依据概率分布的原理随机产生足够数量的 $N$ 条利率运动路径。

（3）依据提前清偿率将每一期的提前清偿金额计算出来。

（4）结合证券化产品的具体合同条款和提前清偿模式，计算与每一条利率路径相对应的现金流。

（5）用调整后的利率值按照式（4−4）对现金流进行贴现处理：

$$P_{dv}(i) = \frac{C_{F1}(i)}{1 + y_1(i) + OAS} + \frac{C_{F2}(i)}{[1 + y_2(i) + OAS]^2} + \cdots + \frac{C_{Ft}(i)}{[1 + y_t(i) + OAS]^t}$$

$$(4-4)$$

式中：$P_{dv}$ 代表预计的未来现金流折现值；$C_{Ft}$ 代表该证券每一年的本息现金流收入；$y$ 代表不同期限国债的即期利率；$OAS$ 代表期权调整利差。

在 $N$ 条利率运动路径下，把求得的 $N$ 个折现值取平均值就得到理论价值 $P$，计算公式如下：

$$P = \frac{\sum_{i=1}^{n} P_{dv}(i)}{N}$$

$$(4-5)$$

（6）如果证券化产品的价格和平均贴现值相等，就可以确定期权调整利差，不然的话，修改调整值并重复进行计算。

将利率的期限结构和利率的波动性很好地结合是期权调整利差法模型的优势所在。由于大量的利率运动的路径被模拟出来，这使得最终的计算结果在很大程度上跟真实情况比较贴合，因此比前述方法有着实质性的提升，是目前资产证券化产品定价中使用得最多和最有效的模型。

不过上面介绍的这些方法也各有利弊，SCFY 定价方法是最简便的，它采用单一的收益率进行产品定价计算，因此在实际操作中被广泛使用。SS 是以收益率的整条曲线来进行定价的，在现金流量不是很集中的情况下，用这种方法测算会比较准确。OAS 则通过以足够多的利率路径作为基础来模拟利率，进行现金流的折现计算。在这几种常用的模型中，OAS 在实践操作中也用得比较多。因为 OAS 模型尽可能考虑了足够多的利率的变动对提前清偿行为和现金流变化的影响，能更好地对未来利率路径的概率分布进行模拟，但 OAS 模型测算的准确性会受到其采用的利率模型和提前清偿模型的准确性影响。

OAS 模型是美国资产证券化市场应用最广泛的为资产证券化产品定价的工具，它没有采用对提前还款速度的静态假设方法，而是考虑不同利率路径下的提前还款和现金流的波动性，并提供了一个可以进行比较的相对价值指标。但是，OAS 方法也有着自身的缺陷，主要表现为以下两点：

第一，利率模拟分析的内在缺陷决定了通过 OAS 法计算出的证券期权调整利差与投资者取得的利差有可能不同，前者是对所有的利率路径的加权平均值，而后者依赖于两个变量：一是利率的实际路径，二是提前偿付这种行为假设的准确性。因此，OAS 不能视为既定结果，而应看作是所有可能性的综合概算。

第二，投资者把假设条件输入模型，然后就可以得到风险收益指标，提前偿付函数和内生于 OAS 模型的期限结构一般只有模型的设计者才知道，从而使投资者不可能对模型的关键方面进行考察。由于 OAS 模型的模拟结果对模型具体内容和假设存在着相当的依赖性，因此很难以绝对量为基础将模拟结果在不同模型之间进行比较。

## 4.3 小水电建设资产证券化的定价

资产证券化起源于美国，最早来源于住房抵押贷款证券化，后期又逐渐加入了计算机租赁、信用卡应收账款、工商业应收账款、汽车贷款、商业和工业贷款等形式的担保证券。

资产证券化工具，如最常见的 ABS 和 MBS，跟其他固定收入性质的证券的主要区别就是未来的现金流有着不确定性，原始债务人的提前清偿是形成这一特征的主要原因。如借款购房者作为住房抵押担保证券的原始债务人，没有按照约定的时间金额安排还款，而是在某个时点将剩余的本息提前清偿完毕。原始债务人的这种提前清偿将直接对证券产品的定价和证券投资者的收益率产生影响。因此债务的提前清偿，一直都是资产证券化定价研究的一个重点课题。

在大部分的定价模型中，提前清偿是一个最重要的因素，由于受提前清偿的影响，资产证券化产品不容易在低利率的情况下存在，通常情况下都会被提前偿还完毕。

而资产证券化在我国的推广，结合了我国目前的法律法规、税收和会计等市场环境，与国外在结构化设计上有些不同，提前清偿的风险就显得不是那么特别突出。第一，由于实际条件限制，我国的资产证券化产品通常采用信托公司或证券公司专项资产管理计划的形式。产品在发行时就增加了种种约定，在结构设计上避免了提前清偿的发生。第二，我国已经发行的资产证券化产品，基础资产有电力电费、公路过路费、通信设施租赁和企业应收账款等，其中住房抵押贷款占比很小，相应发生提前清偿的概率很小。第三，发电企业，尤其是小水电建设项目对资金的需求非常迫切，而又有未来稳定、持续的现金流收入，对利率的敏感性不高，提前清偿的可能性也不高。

小水电建设项目提前清偿的概率很小，从澜沧江和南通天电的实际情况也可看出，它们均是到约定存续期限完结后清偿本息，所以小水电建设项目资产证券化过程中考虑定价时可以对提前清偿的情况忽略不计。

因此，小水电建设项目的证券化产品定价可以进行简化，使用静态现金流法：

$$P = \sum_{t=1}^{N} \frac{C_{Ft}}{(1+y)^t} \qquad (4-6)$$

其中：$P$ 代表证券的价格；$C_{Ft}$ 代表未来第 $t$ 期的现金流收入；$y$ 为证券投资者的预期收益率；$N$ 为证券到期所经历的期数。

**拓展与思考：**

1. 资产证券化的定价核心是什么？
2. 为什么小水电资产证券化定价可以采用简化模式？

# 第5章 小水电建设项目资产证券化的必要性和可行性论证

## 5.1 小水电建设项目资产证券化的必要性

### 5.1.1 可以改善生态环境

西部水电开发对恢复和保护江河之源的生态环境具有重要作用。青藏高原以及广大西部地区基本上还以农牧业为主,当地居民还过着"靠山吃山、靠水吃水、靠草吃草"的比较原始的生活,他们的祖辈靠砍伐林木生火做饭,过度依赖自然条件的生存状态在客观上对自然环境造成了破坏。而小水电的开发增加了当地的财政收入,减少了对自然环境的依赖,而且当地居民也自然而然地从生存条件差的山头、山坡上迁出,向生存条件好和发展机会多的水边集聚,客观上对恢复和改善江河之源的生态环境产生了积极作用,森林植被得以逐步恢复,水土流失减少,流域涵养水源的能力增强。对一些干热河谷,由于水库的形成,改善了库区的小气候,降雨量增加,空气湿度增大,对植被的恢复也能产生良好的作用。

大量的研究证明,水电站对生态环境建设发挥了积极的促进作用,科学地规划并加大水电站建设开发的力度会更加有利于生态环境的保护。

以四川省二滩水电站为例,二滩水电站装机总容量 330 万千瓦,年发电量 170 亿千瓦时,总库容 58 亿立方米,总投资约 285 亿元。每年可减少消耗煤炭 630 万吨,减少燃煤弃渣 190 万吨,少排放二氧化碳 1260 万吨、二氧化硫 23 万吨、废水 4500 万吨。

二滩水电站在 1991—1999 年的建设期间的产值占攀枝花市年 GDP 值的 76.8%。二滩水电站每年给当地提供 40 多亿千瓦时的发电量,优化了当地的电源构成，提升了生态环境水平。水电站的建设拉动了当地建筑、建材等下游产业的发展，促进了区域经济和城镇化的发展进程。二滩水电站在建设之初投入 3 亿多元进行水泥厂、火车站的扩建等基础设施建设，进行盐边新县城建设并解决移民安置问题，明显改善了水电站区域内社会经济和人民生活水平。

根据 1998—2003 年库区气候观测资料数据分析，二滩水电站蓄水前，区域属于雨水少、气候干燥、干雨季划分明显的干热河谷气候。蓄水发电后，库区的空气湿度提高，年度降雨量也明显加大，呈现出干季有降雨、雨季无大涝的新特征。水电站所处的雅砻江下游河谷地区也属于明显的干旱河谷地区，干燥少雨，河谷的植被覆盖率很低，植被基本上以稀疏的灌草丛为主，乔木生长困难。水电站建成后气候条件得以改善，尤其是降雨量与湿度的加大，促进了河谷草木的生长，河谷植被较水电站建设前有显著增加。由于经济状况得到提升，当地彝族居民改变了此前"刀耕火种"的生活习惯，林木砍伐现象得以遏制，对生态环境的恢复作用是显而易见的。

## 5.1.2　社会、经济可持续发展的有力支撑

目前，我国煤、石油、天然气和水能等常规能源的消耗分别占 75％、19％、2％和 4％，常规能源十分欠缺，人均能源资源拥有量非常有限，但目前我国水电能源的实际开发只达到 37％的水平（发达国家已经达到 90％）。因此，我国国民经济要维持持续发展的趋势，就必须保证电力的供应问题，大力发展水电建设是势在必行的。

我国提出在 2000 年的基础上，国内生产总值到 2020 年要实现翻两番的目标，全国届时需要电力机组装机容量大约 16.5 亿千瓦，其中水电装机容量需达 3.5 亿千瓦，这就意味着今后平均每年应新增水电装机容量 1000 万千瓦。

为达到上述发展目标，必须创造一个水电可持续发展的环境。要转变观念，从过去水电开发都是以工程建设为主，转变为工程建设和生态环境建设并举以及河流的开发与保护并举。从广义上讲，任何水电建设工程都是生态工程。在今后的 10 年间，我国将迎来水电开发的高峰，在对每一个水电建设工程进行规划设计时，都要十分慎重地对待生态问题（包括人文生态环境保护和自然生态环境保护），认真做好生态环境的评估，保证水电事业的可持续发展。

鉴于我国丰富的水电能源，以及小水电成熟的技术，水电在经济上与其他可再生能源相比具有相当强的竞争力，因此有广阔的发展前景。根据发改委印发的《水利改革发展"十三五"规划》提出的目标，在"十三五"期间，要新增小水电装机容量 500 万千瓦。

### 5.1.3 小水电自身发展的需要

根据《全国小水电代燃料生态保护工程规划》，在 2002 年的基础上，要通过 18 年甚至更长一点的时间，稳步推进 2830 万户、1.04 亿农村居民的生活燃料来源和农村能源来源的解决。这其中仅包括四川省在内的西部地区就占到 1706 万户、6349 万人，居民年用电量合计 209.7 亿千瓦时，经折算需要新建小水电代燃料装机约 1677.3 万千瓦，建设总投资超过 794 亿元，占保护工程规划总规模的六成以上。

通过小水电代燃料工程，仅在 2009—2014 年期间，我国就已经使 130 万农村居民实现了"以电代柴"，保护森林面积超过 420 万亩。农村居民生活质量和生活水平逐步得到提高，当地森林植被也得到了有效保护，生态环境得到明显改善。

要解决小水电行业投融资严重不足的问题，一方面要从源头上解决我国原体制下形成的电力行业投融资体制的问题，改善投资环境，拓宽融资渠道，改革现有的投融资体制；另一方面，要大胆利用各种融资手段，充分发挥国内外银行、股权债权融资、产权融资、民间资本融资和外资等多种融资手段的优势。

## 5.2 小水电建设项目具备可证券化资产的特征

能够证券化的资产通常应具备以下全部或部分特点：

（1）资产可以在未来产生现金流收入，该收入具有可预测性、稳定性，原始权益人拥有资产的所有权，资产的权益相对独立可分离，资产不宜在出售时和权益人的其他资产相混淆。

（2）资产的还款期限和还款条件容易把握，资产的历史资料统计得较完整，其现金流量具备一定的规律，能够较准确地进行预测。

（3）资产需要达到一定规模。由于资产存在过度抵押的现象，按照国际惯例，该资产通常要达到 5 亿元人民币的规模。

（4）资产必须达到一定的信用级别。资产要具有能提高发行资产化证券信用的能力，需要对所发证券进行信用增级。

小水电建设项目恰恰具备可证券化资产的部分特征：

（1）小水电项目可以在未来带来可预测的、稳定的现金流收入。

（2）小水电项目都能保持良好的历史信用记录。

（3）小水电项目本息的清偿分散在整个存续期间。

（4）项目的债务人人数多、分布广。

（5）项目资产的抵押物通常就是水电站自身，有较高的变现价值。

## 5.3　小水电建设项目资产证券化的可行性

在我国的资本市场上，小水电建设项目还没有发行资产证券化产品的成功案例，但从目前小水电行业发展的实际情况以及行业的内外环境来分析，小水电建设项目已初步具备了实施证券化融资的可行性，主要表现在以下几个方面：

（1）证券化的市场机制和宏观环境相对完备。

我国已经按照市场经济规律，搭建了以资本为中心的全面、完善的市场经济体系，与过去相比，资本的流动性有了很大的提高。从 20 世纪 90 年代开始，我国证券市场从无到有，市场规模逐步增长，证券在品种、结构上得到优化丰富。从证券市场的监管体制来看，中国人民银行、中国证监会和中国保监会具备在金融创新产品的市场监管能力，为资产证券化的稳步发展提供了先导条件。我国经济在经过一段时期的高速发展后已经逐渐趋于平稳，国民经济维持着良好的发展趋势，资产证券化的宏观市场环境已经成型。

（2）初步具备了相应的证券化法律环境。

我国已有的经济相关的法律，包括《银行法》《保险法》《担保法》以及《证券法》等已经为资产证券化搭建了法律制度环境，并为出台与资产证券化相关的立法提供了基本框架和思路。尤其是 2014 年年底刚刚颁布实施的修订后的《证券公司及基金管理公司子公司资产证券化业务管理规定》及配套规定，总结了资产证券化业务前期的经验，为今后的业务开展提供了更加具有操作性的方向性指导。

（3）市场有充足的资金供给。

我国的民间资本数量庞大，且仍保持增长的势头。据银行公布的数据显示，城乡居民的存款、企业存款这些年基本上都在持续地增加。企业的活期存款增长速度相对提高较快，企业的偿债能力有所增强。如果放开保险、社保基金等机构投资者参与资产证券化市场的限制，会强有力地壮大资产证券化的投资者群体，为资产证券化市场提供强有力的支撑力量。

（4）投资者越来越成熟和理性。

我国的资本市场这些年培育了大批成熟的投资者。投资者经过证券市场的洗礼，风险意识大大增强，可以满足资产证券化市场对投资者的要求。

由于资产证券化产品收益率较高且有一定的安全度，在满足了投资者群体分散投资风险需要的同时，又为其提供了一种新型的投资品种。当前我国居民的投资主要以银行定活期存款为主，资产证券化的高收益、高信用能够为投资者提供更为丰富的投资产品，同时也能缓解高储蓄率给银行造成的付息压力，证券化产品在将来必定会得到投资者的欢迎。

另外，我国的电力、通讯、公路等基础设施建设实施资产证券化也为吸收外资创造了条件，国外投资者将会成为我国资产证券化市场的潜在投资者。由于基础设施建设基本上是由国家或地方政府主导建设，受政府的高信用背书，国外投资者对这类投资具有非常大的兴趣，他们可以通过证券化产品这种融资通道进入我国基础设施建设市场。

（5）证券中介机构市场行为逐渐规范。

我国有一批具备市场操作经验、较高信誉和实力的中介机构随着资本市场的发展成长起来，尽管这些中介机构在资产证券化业务上的经验还不足，但其基本职业素养和技能储备已能够参与资产证券化交易。资产证券化实施过程中需要的产品服务人、受托管理人通常都可以由证券公司或信托公司来担任。同时，我国已培养和引进了大批能够从事证券业务的专业化人才，吸收了国外证券市场操作的先进经验，这些都对我国资产证券化市场的发展提供了先决条件。另外，积极同国外的中介机构合作承接业务，也是推进资产证券化业务的一条出路。

（6）我国在开展基础设施资产证券化方面有一定的经验积累。

我国从 20 世纪 90 年代就开始进行资产证券化的试点和推广工作，尤其是在基础性项目领域，已经积累了一定的实际运作经验。

1996 年，限于当时的市场法律环境，珠海高速公路在开曼群岛注册成立，用珠海市的机动车管理费和外埠机动车过路费作为支撑，募资 2 亿美元投资于广珠铁路、广珠公路和附属设施建设。摩根士丹利作为证券产品承销商，在美国、欧洲和亚洲发售，整个操作其实已经属于非常规范化且完备的资产证券化运作过程，只是选择了离岸的方式。

1997 年，中国远洋采用私募形式在美国发行了 3 亿美元的浮动利率票据，其支撑资产为远洋公司北美航运的应收账款。

2000 年 3 月，中国国际海运集装箱集团股份有限公司通过荷兰银行开展总金额 8000 万美元的应收账款证券化业务。

这些早期的案例由于受当时国内市场环境的限制，涉及的国内机构比较少，但都是较为规范地支持证券化融资。随着 2005 年莞深高速、2006 年华能澜沧江和南通天电资产证券化项目的实施，国内中介机构开始积极参与证券化运作，这些对于我国小水电项目资产证券化融资具有很高的借鉴价值。

（7）我国券商为资产证券化提供了技术支持。

我国的券商是伴随着证券市场的高速发展而成熟壮大起来的。在经过多次增资扩股后，券商群体已经具有了较大的资本规模。券商间的同业竞争伴随着实力的增长也开始愈发激烈，导致证券承销、经纪市场的利润空间越来越窄。券商为了开辟新的利润来源增长点，不但对承销技术进行优化，也对资产证券化等新的融资手段加大了研发投入。随着大量公募基金和私募基金进入证券市场，同时中小企业板、创业板和新三板融资市场的建立，券商在优化创新融资工具上的竞争将会更加激烈。券商在资产证券化交易中有不可或缺的地位，相互间的良性竞争也会驱使券商尽早将小水电建设项目资产证券化产品推向证券市场。

（8）小水电建设项目资产具备可证券化资产的特征。

小水电建设项目可以未来电费收益权作为基础资产，电费收益权的来源符合法律、法规规定，电费收益权有独立、真实和稳定的现金流历史记录，未来电费现金收入能够保持稳定或稳定地增长，未来电费现金收入能够合理地预测，电费收益权的转让可以实现真实出售，最大限度实现破产隔离目的。

## 5.4　小水电建设项目资产证券化模式的特点与优势

我国小水电建设项目采用资产证券化模式融资的优势主要体现在以下几点：

（1）小水电建设项目的电费现金收入稳定。

美国纽约华尔街的金融界人士普遍认为，只要某种资产能够在未来产生稳定的现金流收入，就肯定能将其进行证券化。这个观点最重要的一个前提是资产未来能够产生可预见的、稳定的现金流收入。目前，我国大部分省份已经按照国家发改委要求重新调整了上网电价，各个地方电力供需矛盾依然突出，上网电价下调的可能性大大降低，发电厂的未来现金流收入得以保证。此外，小水电项目资产的产权简单明晰，使拟证券化的资产容易从其他资产中剥离出来，电费现金收入有较强的规律性，可以比较准确地预测。

（2）小水电建设项目资产信用良好，有广泛的市场。

小水电作为有相对垄断地位的一个子行业，电费现金流收入很稳定，又属于带服务性质的公用事业，地方政府会对其采取适当的保护措施，小水电信用等级普遍较高，调整风险相对较小，容易吸引投资者。对我国的个人投资者和机构投资者来说，目前证券市场还是缺乏优良的投资品种。尤其对于保险、社保基金和住房公积金等机构投资者来说，资金投资方向很受限制，资金利用的效率和收益都不高。小水电资产证券化产品有上述优良的特性，必将成为机构投资者资金投资的首选产品。

（3）小水电建设项目投资规模大。

我国小水电建设项目投资规模大小适中，可以根据需要组建规模大小不一的"小水电资产池"，资产的合理组合有灵活的操作空间，比较容易搭配组建科学合理的基础资产池。我国有相当部分的小水电项目装机容量较大并且未来具备增长潜力，所在地区的用电负荷仍然处在继续增长的时期，上网电价下调的可能性较低，在目前用电需求依然紧张的情况下，项目的经济效益较好，是投资的优质资产。但是过去对小水电建设的合理规划没有跟上，在局部地区还会造成小水电不良资产的产生，利用资产证券化业务能够完成优劣资产的科学组合和平衡搭配，使"小水电资产池"起到以优良的资产带动不良的资产、最终共同发展的作用。

（4）通过资产证券化，可以强化小水电建设项目监督机制。

目前，小水电在我国还具有相对垄断地位，各方对其的监督一直存在薄弱环节，在实施小水电建设项目资产证券化的过程中，可以借助信用评级和信用增级手段建立信用等级，强化对小水电建设项目的有效监督，有利于打破平衡，从而提高小水电项目的生产效率。

（5）可以弥补其他融资方式的不足。

小水电项目通过资产证券化方式融资，回避了股票债券融资对企业资产和上市条件要求高而带来的局限性，降低了银行贷款对银行带来的风险，比BOT模式的操作流程更加简单，企业的经营权也不会发生转移，是一种参与各方都能受益的融资方式。

**拓展与思考：**

1. 小水电实施资产证券化的必要性有哪些？

2. 小水电实施资产证券化的特点有哪些？

# 第6章 小水电建设项目资产证券化模式构建

## 6.1 小水电建设项目融资模式选择的原则

由于小水电项目在项目属性、投资者构成等方面的差异化，投资者对项目的资信状况、融资手段等方面的关注度也有所不同，几乎没有任何两个项目的融资模式是完全相同的。在设计小水电项目的融资模式时，要结合小水电项目的独特性和国内外项目融资的实践，把握以下一些原则：

（1）可能的情况下尽量限制追索权。

为了限制对原始权益人的追索，必须评估项目的资产是否有能力偿还将来的债务，判断小水电项目是否有能力得到原始权益人之外的资信作支撑。

（2）能够合理分担项目风险。

小水电项目融资模式选择的第二条基本原则是要合理地分担项目的风险，避免项目的全部风险责任由项目的原始权益人来承担。解决这个问题的关键是怎样合理分割项目投资者、贷款银行和其他项目参与方之间承担风险的比例，以便将对项目原始权益人的追索权尽可能弱化。

（3）协调好市场和项目融资的关系。

在有限追索的前提下，要求有较长期限的市场安排，满足不了这个安排要求，项目融资就很难完成。对于项目的大部分投资者来说，其参与项目投资行为发生的主要动机是以自己认为较优的市场价格从项目投资过程中获取收益。还有一个不能忽视的因素是怎样利用长期限的市场安排，兼顾融资与市场安排利益的关系。

（4）尽可能地降低融资成本。

小水电项目融资数量大、还款期限长，项目原始权益人最关注的是怎样尽可能地降低融资成本。因此，要优化项目投资构成，降低项目风险，增加项目的资信等级，以便能以尽可能低的付出筹集资金。此外，还应优化资本结构，合理选择融资通道，充分利用税务优惠政策。

（5）争取实现表外融资模式。

通过项目融资结构的技巧性设计，能够让项目的资产负债从项目投资者企业的资产负债表中分离出来，不会影响企业的资产负债率，从而让项目融资形成事实上的资产负债表外融资，这个特性是一些原始权益人选用这种模式的主要原因之一。

## 6.2　小水电建设项目融资的资产证券化模式

小水电项目资产证券化有利于发展和完善我国资本市场结构，盘活项目的沉淀资产，增强流动性；有利于重构企业资本构成，降低企业的负债率；有利于企业提升资产周转率，加快我国基础设施建设的发展进程。

小水电建设项目迫切需要解决建设资金严重不足的问题，因而在小水电建设项目中推进资产证券化有很直接的现实意义。

目前，在我国现有的市场环境和法律框架下，小水电资产证券化宜采用信托公司或证券公司资产管理计划的模式。资产池可以由若干小水电站未来电费收入组合而成，信用增级可由资产管理计划托管银行提供担保，也可引入保险公司提供第三方担保以增加信用等级。我国小水电建设项目资产证券化结构及流程见图6.1。

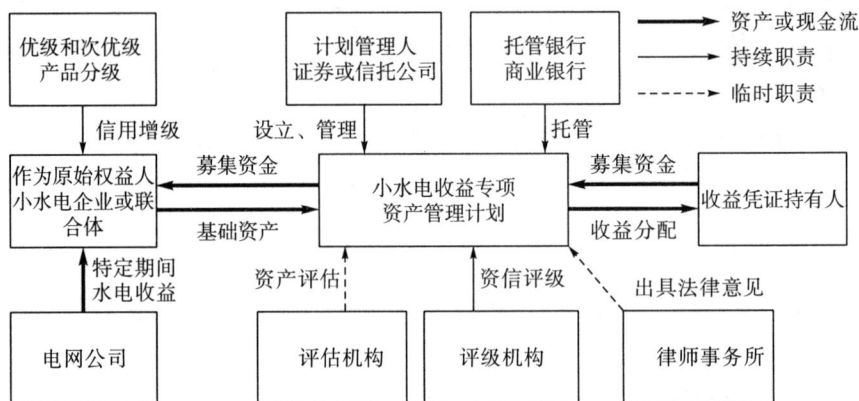

**图6.1　我国小水电建设项目资产证券化结构及流程**

# 6.3　小水电建设项目资产证券化的优势

小水电项目之所以选择资产证券化手段融资，是基于其具有的独特优势：

（1）能够降低项目融资成本，可以将基础资产的控制权转移给特殊目的机构，与原始权益人相分离，杜绝因原始权益人的经营不善而中断证券产品的本息支付，融资难度不高；资产的信用等级得到提升，通常由证券公司或信托公司发行，执行的利率合理；可以面向各种投资者发行，发行规模大、融资效率高。

（2）将基础资产与原始权益人相分离，改善了资产的债权债务关系，数量众多的证券产品投资者分散了项目投资者的投资风险。

（3）原始权益人将基础资产"真实出售"给特殊目的机构，基础资产不再反映在资产负债表中，从而优化了原始权益人的资产负债率。

（4）为项目融资提供了新的通道，很多企业资产信用等级低，资产负债管理不善，很难通过传统融资方式筹资，但这些企业拥有的资产却能够满足资产证券化要求。

# 6.4　小水电项目资产证券化的设计

## 6.4.1　证券化设计基本思路

（1）为便于发行，证券化产品收益率设定为略高于同期的国债利率。

（2）要采用增级手段使证券化产品的资信等级达到发行标准。

（3）在上交所、深交所等全国性的证券交易市场上市交易，确保证券化产品在存续期间能够自由交易、转让。

（4）可以参照我国新三板市场的做市商制度，加强证券化产品交易的流动性。

## 6.4.2　证券化产品设计具体要求

（1）对于证券化产品的形式，根据小水电建设项目的投资属性，且发电、输电环节已引进了竞争机制，开始呈现多元化的投资形式，但采用股权形式的投资会造成国有资产流失，增加实施难度，因此小水电资产证券化现阶段宜采用债券形式而不是股票形式。

（2）对于证券化产品的存续期限，由于小水电建设项目融资数量大，资金使用周期长，因此证券化产品宜采用较长的存续期限。

（3）对于证券化产品的发行规模，由于小水电资产池的规模可以灵活处理，应根据投资者的需求规模来设定发行规模，以尽可能多地获取资金。

（4）对于证券化产品的融资方式没有特别限制，公募（Public Offering）和私募（Private Placement）两种方式都可采用。

（5）对于证券化产品的投资者，现阶段主要依靠机构投资者，但也不排除个人投资者。

### 6.4.3　小水电资产证券化结构

（1）在目前市场情况下，还是选用国内常用的信托公司或证券公司作为管理人的模式。

（2）资产池的构成可以采用一个小水电站的未来电费收益，若规模过小，也可采用联合体形式，即若干个小水电站的未来电费收益组成资产池。

（3）鉴于国内资产证券化的现状，仍然不设立专门的特殊目的机构，采用资产管理计划的形式。

## 6.5　小水电建设项目融资资产证券化的运作

### 6.5.1　小水电建设项目资产证券化基本运作流程设计

（1）组成小水电电费收益资产池。

由于小水电的基础资产有多种性质，小水电资产池的组建最好由部门、协会或较大的企业来牵头，组织小水电资产所属的各原始权益人，对具备不同性质、收益率的现金流收入重新组合搭配，最终组建成小水电电费收益资产池。

（2）成立专项资产管理计划。

在小水电资产证券化过程中，由信托公司或证券公司作为计划管理人发起专项资产管理计划。原始权益人签订基础资产买卖合同，约定小水电电费收益基础资产"真实出售"给专项资产管理计划。鉴于小水电资产的负债率偏高，资金投资回收期较长，小水电项目资产证券化最好选择表外模式，以降低资产负债率，实现真正的风险隔离。

（3）信用增级。

采用分级结构，将证券化产品分为优先级和次优级。

（4）信用评级。

信用增级后，委托相关信用评级中介机构进行评级，对评级结果予以公布，再由证券公司或信托公司将证券化产品发行销售。证券化产品发行时可以采取发行方包销，以便小水电项目所需资金能够迅速筹集到位。

（5）证券化产品发行，向发起人支付购买价款。

由专项资产管理计划将获得的销售价款支付给原始权益人，作为基础资产购买价款。

（6）专项计划后期管理。

委托信托公司或证券公司实施存续期间资产管理，支付相关各服务方服务费用，完成本息支付。

## 6.5.2　小水电项目资产证券化中的核心问题

（1）资产池中基础资产的选择由所属的发电企业推荐。

我国的小水电项目资产大致可以归结为两种类型。一类公益性强，以社会效益为主，一般是按照政策要求建立的，是有利于当地整体经济发展的小水电项目，项目的经济效益普遍不高，缺乏对民间资本的吸引力。另一类是以经济效益为中心，按照市场经济规律开发建设，市场价值预期良好，项目投资收益率高，大都属于优质资产。如果能利用技术手段将这两类不同属性的小水电资产加以重新搭配组合，则更能发挥小水电资产证券化的整体优越性。

（2）专项资产管理计划的设立。

小水电项目资产证券化采用专项资产管理计划形式来构建比较适用。尤其在国内证券化开展现阶段，这种模式能够对我国尚不完善的市场环境进行有效的补充。

如果由部门或协会牵头设立专项计划，则必须另外指定信托人，完成本息支付，信托人可以由第三方的资管机构或信托机构等担任。

（3）小水电资产证券化的信用评级与信用增级。

小水电资产评级的行业性、专业性很强，一般评级机构对小水电项目的行业特点不是很了解，不容易做出准确的信用评级。可以由行业协会组织组建针对小水电行业的专业化的评级机构和评级规则，对小水电资产证券化产品进行评级。待小水电资产证券化市场规模扩大、操作成熟、信用评级体系成型后，更加公正、专业的信用评级机构自然会发展起来。

小水电证券化产品在信用增级方面宜采用设立优先级与次优级参与结构，而不宜采用外部担保手段。小水电项目资产具有公益性特征，一旦破产也无法强制执行，因此银行与保险公司轻易不愿提供外部担保。如果按传统做法由政府部门牵头，对证券化产品提供担保，可使风险降低，但目前政策大环境是促使地方政府降负债、降杠杆，这种方式已不再可能，因此使用内部担保是最佳选择。将拟发行的债券分为优先级债券和次优级债券两部分，优先级公开发行，次优级由专项计划自持。

例如，华能澜沧江水电收益专项资产管理计划发行证券化收益凭证总共为20000000份，其中优先级收益凭证19800000份，次优级收益凭证200000份，而优先级收益凭证又分为三、四、五年期3档各6600000份，形成了优先级（三年期）＋优先级（四年期）＋优先级（五年期）＋次优级（五年期）相对丰富的产品构成，适合不同偏好的投资者，是比较成熟的证券化产品结构设计。

（4）小水电资产证券化的技术支持。

在证券化业务实际操作中，为对专项资产管理计划进行较好的资产管理，应及时为投资者收集现金流资金。能够提供持续清晰的追踪资料和信息是专项计划必须具备的能力。这些工作应该由专项计划管理人来实施完成。

## 6.5.3 小水电建设项目资产证券化的交易结构

（1）实施资产证券化的小水电项目原始权益人，作为资产管理专项计划的原始权益人，履行小水电资产买卖合同中交付合同标的基础资产之义务，应保证在合同约定的期限内，将约定期间每月的上网电费现金流收入足额、按约定划拨到专项计划开设的专门账户。

（2）证券公司或信托公司作为专项资产管理计划的管理人，以小水电项目合法拥有的按买卖合同约定的特定期间内电费销售收益作为基础资产，发起成立小水电项目电力收益专项资产管理计划，计划管理人用募集资金支付给原始权益人作为购买原始权益人所属基础资产的价款。

（3）有购买意愿的证券投资者签署《专项计划认购合同》，将购买价款付到专项计划的专用账户。

（4）原始权益人应该提供必要的合同履约担保，保证按照合同约定将每月的电费现金流收入足额、按约定的方式和时限划拨到专项计划开设的专门账户。

（5）证券公司或信托公司按专项资产管理计划约定的方式向各类证券投资者分配本息。

（6）为确保基础资产的良好状态，专项计划的管理人要委托专门的计划服务机构对基础资产行使管理权力。

（7）计划管理人委托专门的信用评级机构对专项资产管理实施信用评级和持续信用跟踪评级。

（8）为确保专项计划的资金安全，计划管理人要在托管银行开设专门账户保管专项计划的资金收入。

## 6.6 特殊目的机构的设计

在资产证券化交易实施过程中，特殊目的机构是为满足资产证券化需要而设立的一个空壳公司，它是资产证券化能够成功实施真实销售和风险隔离的一个核心主体。尽可能地降低破产风险（来自原始权益人）对证券化的影响是组建特殊目的机构的主要目的，也就是要在基础资产与原始权益人名下的其他资产之间建立"风险隔离"的防火墙。

特殊目的机构既可以是原始权益人针对某一次证券化交易临时成立的机构，也可以是一个专门为实施证券化业务服务而长期存在的机构。但是具体怎样设立特殊目的机构，这就一定要符合所在国家或地区的法律相关规定和市场环境的要求。

从我国已有的资产证券化实施案例来看，为了规避我国法律相关规定的限制，特殊目的机构基本上是以信托公司和证券公司专项资产计划的形式存在，这在先天上有模式上的缺陷。

例如，在以收益权为基础资产的证券化交易中，由于"收益权"不属于债权也不属于物权，不能仅仅以签订了"收益权"信托（转让）合同，就认定"收益权"有效转移给了信托计划。即使监管机关认定收益权是一项新型的财产权，若需要转移给信托公司，也需要有明确的交易规则，而收益权是否能够真实转让给信托公司，最为标准典型的是资产证券化中的真实转移认定标准。

## 6.6.1 特殊目的机构的核心作用

### 6.6.1.1 特殊目的机构是真实销售的需要

真实销售，又称真实转移，是指原始权益人将基础资产有关的权益和风险或控制权一并转移给特殊目的机构，使其获得对基础资产的实际控制权。当原始权益人经营恶化、发生财务风险时，这些基础资产与原始权益人的信用和其他资产相隔离，不会被债权人追索或归并为原始权益人的破产财产。

在美国，真实转移的标准主要是从《破产法》角度来确定的，即规避资产转让行为被《破产法》认定为担保贷款行为，真实转移的标准与破产法密切相关，如果资产转让合同不符合真实转移标准，那么信托公司就只是原始权益人的一个拥有应收款担保物权的债权人。若原始权益人一旦出现破产，其包括基础资产在内的全部资产都将被列为破产财产，虽然此时原始权益人可能提供了抵押担保，但担保物的处置却受到《破产法》的限制，根据《破产法》相关规定，一旦原始权益人破产后，将延缓债权人对原始权益人获得基础财产的行为等，因此信托财产破产隔离的功能设计发挥的作用远远高于担保权的效力。在美国，一般来讲，基础资产由原始权益人转让给信托公司后，如果伴随基础资产的全部风险均转移给信托公司，则该转让构成真实转移；如果伴随基础资产的风险仍然由原始权益人承担，则该转让并不属于真实转移，该转让可能被认定为担保措施。

在我国，《破产法》也同样如此规定，根据《中华人民共和国企业破产法》《最高人民法院关于适用〈中华人民共和国企业破产法〉若干问题的规定（二）》的规定，债务人已依法设定担保物权的特定财产是债务人的财产，而在重整期间，对债务人的特定财产享有的担保权暂停行使，只有当担保物有损坏或者价值明显减少的可能，足以危害担保权人权利的，担保权人可以向人民法院请求恢复行使担保权。对债务人的特定财产享有担保权的权利人，自人民法院裁定和解之日起可以行使权利。

因此在收益权信托结构设计中，若没有做到真实转移，即使设计了抵押财产等担保措施，对投资者的保护也达不到风险隔离的要求，因为企业一旦宣布破产，由于抵押物属于债务人的破产财产，则无法立即处置抵押物，而是要受制于破产重组程序，显然没有发挥破产隔离功能。实际上，即使设计成委托人以资金信托给信托公司＋信托公司作为受托人购买收益权的模式，也会同样出现对投资者的保护不足的问题，其核心问题就是财产究竟有没有发生真实转移。

我国在相关文件中对资产证券化交易中真实转移的标准都有提及，如《信贷资产证券化试点会计处理规定》《企业会计准则第 23 号——金融资产转移》《金融机构信贷资产证券化试点监督管理办法》《证券公司及基金管理公司子公司资产证券化业务管理规定》等。我国《金融机构信贷资产证券化试点监督管理办法》第六十条明确规定：与被转让信贷资产相关的重大信用风险已经转移给了独立的第三方机构，反之，若发起机构有义务承担被转让信贷资产的重大信用风险，则仍需要计提风险资产，即未实现真实转移。

财政部在《信贷资产证券化试点会计处理规定》《企业会计准则第 23 号——金融资产转移》中规定，发起机构已将金融信贷资产所有权上 95％ 的风险和收益转移给受托人时，才能确认资产从发起机构的账上和资产负债表内转出，也就是表外处理。

即使保留信托公司对原始权益人的追索权，原始权益人的保证也应当只限于对基础资产出售时的质量保证，而并不是保证原始权益人回收该基础资产，若原始权益人对基础资产的回购做出保证，相当于是给信托公司提供了保底收益，信托公司实际上没有对该基础资产承担相应风险，本质上等于信托公司向原始权益人发放贷款。

从反面来讲，信托公司及投资者需要承担相应的基础资产的附带风险，同时享受基础资产的剩余价值索取权，《证券公司及基金管理公司子公司资产证券化业务管理规定》第二十八条（二）明确规定，按照认购协议及计划说明书的约定参与分配清算后的专项计划剩余资产，即只能由投资者享受剩余索取权。如果收益权转让合同约定超过一定数额的收益款均由原始权益人享有，即原始权益人享有资产剩余收益权，那么该转让也不算基础资产的真实转移。

### 6.6.1.2　特殊目的机构是风险隔离的需要

我国《信托法》第十五条和第十六条明确规定，对于委托人来说，信托财产与委托人未设立信托的其他财产相区别，委托人不是唯一受益人的，信托财产不作为其遗产或者清算财产，信托财产与属于受托人所有的财产相区别，不得归入受托人的固有财产或者成为固有财产的一部分。

这里有两种情况是信托无法在事实上保证风险隔离的。第一种是委托人是唯一受益人的，信托终止，信托财产作为其遗产或者清算财产；第二种是信托财产远远大于受托人自身的财产，当受托人面临破产风险时，事实上无法保证信托财产的安全。

但是理论上信托型资产证券化可以借助于信托结构的特性，有效实现基础资产出表和风险隔离，对投资者的保护力度较强，可以有效增加投资者的认购积极性。同时，对于原始权益人来讲，因为真正做到了风险隔离，有利于原始权益人在拓宽融资渠道的同时提升存量资产利用效率，调整资产负债结构。

这实质上是试图采用财产信托与资金信托相结合的方式——原始权益人与信托公司之间以基础资产形成了"财产信托"关系，信托公司与投资人之间形成了"资金信托"关系。在资金信托安排下，信托公司并不直接发行信托收益凭证，而是与投资者签订资金信托合同，以资金信托合同代替信托收益凭证。这种处理在现有法制框架下可合法操作。但值得注意的是，《信托投资公司资金信托管理暂行办法》第六条规定，信托投资公司集合管理、运用、处分信托资金时，接受委托人的资金信托合同不得超过 200 份（含 200 份），每份合同金额不得低于人民币 5 万元（含 5 万元）。基于此，如果信托财产规模较大，则依赖 200 份资金信托合同融资可能存在实际操作上的困难。

### 6.6.1.3 特殊目的机构的形式

我国相关法律法规条文中没有对实施资产证券化的特殊目的机构的形式作明确规定，只有资产支持票据的一些条文可以作为参考。2016 年 12 月，银行间市场交易商协会发布《非金融企业资产支持票据（ABN）指引（修订稿）》（以下简称《指引》），正式引入特殊目的机构，ABN 从此从"债务融资工具"升级为"证券化融资工具"，真正实现破产风险隔离，这对 ABN 市场发展可能产生重大利好，2017 年 ABN 的发行量较 2016 年实现了大幅提升。

根据该《指引》解释，ABN 的基础资产可以是企业应收账款、租赁债权、信托受益权等财产权利，以及基础设施、商业物业等不动产财产或相关财产权利。实践的基础资产已涵盖租赁债权、应收账款、商业物业租金、基础设施及公用事业收费权、航空公司客票收入、信托受益权等多种基础资产类型。特殊目的机构的表现形式既可以是特定目的信托，也可以是特定目的公司或其他特定目的载体。原始权益人一般要将其能产生现金流的资产出售给特殊目的机构，然后由特殊目的机构创立以该现金流为支撑的证券化产品，再出售给投资者。而特殊目的机构的主要功能正是在于隔离原始权益人和被出售资产之间的权利关系。按照该《指引》理解，在我国现有《公司法》和《破产法》等法律体制下，资产证券化产品的风险隔离基本上是通过信托形式实现的。

## 6.6.2 借鉴 CDR 模式设计特殊目的机构

新浪、京东等国内优秀公司由于多采用 VIE（Variable Interest Entities）架构，上市主体的注册地均在国外，受国内证券市场相关法律框架和相关规定限制，注册地在海外的公司并不能直接在 A 股上市，所以多在美国和香港等证券市场上市交易，这也使得国内众多投资者没有享受到这些企业发展的红利。近期证监会为了解决 VIE 结构的国内优秀企业在国内上市，在国内证券市场创新性地提出 CDR 方案，可以在基本不改变现行法律框架的基础上，也不用通过拆除 VIE 结构再私有化回归的路径，实现境外上市公司在 A 股上市。这一创新举措给我们解决资产证券化实施中出现的法律环境问题提供了解决思路。

### 6.6.2.1 什么是 VIE 架构

VIE 模式即 VIE 结构（见图 6.2），直译作"可变利益实体"，国内称"协议控制"，是指境外注册的上市主体与境内的业务运营实体相分离，境外的上市主体通过一系列协议的方式控制境内的业务实体，业务实体就是上市主体的 VIEs（可变利益实体）。

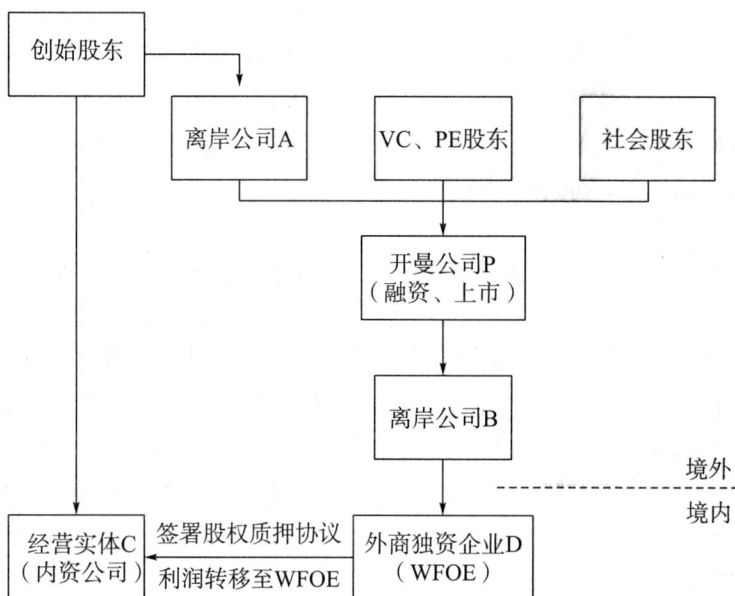

**图 6.2　VIE 架构示意**

1）VIE 架构产生的原因

当年新浪等公司搭建 VIE 架构，主要是基于以下原因：

（1）达不到国内上市条件。

由于新浪等企业属于新兴经济，在创业初期甚至若干年均没有盈利，但我国《首次公开发行并上市管理办法》（2006 版）第三十三条对企业净利润"最近 3 个会计年度净利润均为正数且累计超过人民币 3000 万元"和现金流量"最近 3 个会计年度经营活动产生的现金流量净额累计超过人民币 5000 万元；或者最近 3 个会计年度营业收入累计超过人民币 3 亿元"的相关规定，使得其达不到在国内上市的条件。

（2）直接以注册在中国的公司去境外上市存在障碍。

第一是因为如纽交所、纳斯达克等境外证券交易所接受的上市公司注册地不包括中国；第二是因为即使境外交易所接受注册地在中国的公司，但国内公司赴境外上市必须得到中国证监会的审批同意，而此前赴境外上市获得中国证监会审批同意的概率非常低。为规避这些限制，就需要上市主体公司在境外注册公司，他们通常会选择百慕大、开曼等地，除了符合境外上市注册地的要求外，还因为这些地方的税务成本非常低且法律比较完善。

（3）国内对网络信息服务等新兴行业存在外资进入限制。

拟上市企业在境外注册公司后，理论上可以直接选择外资入股的方式来控制在中国境内的经营实体（即 WFOE），直接投资控股国内的内资公司，但由于内资公司所处行业存在外资进入的限制，因此又不得不设计出通过一系列的协议来锁定 WFOE 及其境外的一系列股东们对境内公司经营权的控制，而这种结构设计又是符合境外证券交易所上市要求的。

（4）政策限制。

2006 年，商务部等六部委曾经联合发布了《关于外国投资者并购境内企业的规定》，其中有关"关联并购"的规定收紧了对境内企业间接到境外上市的审批（当时关联并购方式是境内企业在境外证券交易所上市融资所普遍采用的交易架构）。在上述规定颁布后，境内企业取得商务部就"关联并购"作出的批准的难度越来越大，一些非外资投资限制的企业也开始尝试采用 VIE 方式搭建境外证券交易所融资模式，以避免将其境外融资架构根据上述规定报送商务部审批。

2）VIE 架构内容

新浪是国内第一个使用 VIE 模式在境外证券交易所上市的中国公司。为了避开当年"外商不能提供网络信息服务（ICP），但可以提供技术服务"的限制，新浪找到了一条变通的办法（见图6.2）：外资投资者通过一系列入股离岸控股公司B来控制设在中国境内的技术服务公司D，D再通过独家服务合作协议的方式，把境内电信增值服务公司C和B连接起来，达到B可以合并C公司报表的目的，再以离岸公司B为资产，设立开曼公司P。2000年，新浪以VIE模式成功实现美国上市。搜狐、百度等一大批中国互联网公司均效仿新浪以VIE模式成功登陆境外证券市场。除了互联网行业，十多年来，国内传媒、教育、消费、广电类的企业也纷纷采纳这一模式到境外上市。随着VIE的风行，美国通用会计准则（GAAP）也专门为此设计了"VIE会计准则"，允许在美国上市的公司合并其在中国国内协议控制的企业报表，从制度上认可了VIE这种模式。

3）VIE架构实施步骤

实施VIE架构基本分为以下几个步骤：

（1）境内公司的创始人或是与之相关的管理团队设置一个离岸公司A，比如在英属维尔京群岛（BVI）或是开曼群岛。一般来说，每个股东都需要设立一个单独的离岸公司（注册简单，高度保密），这样做将来取得的收益能更好地做税务安排，进行股权转让时也更加灵活。

（2）该离岸公司与VC、PE及其他股东，再共同成立一个公司P［通常是开曼，开曼公司免税，且具有英美法系优势，英美澳新（新西兰）都属于英美法系］，作为上市的主体。

（3）上市公司的主体再设立一个中国香港公司B，并持有该中国香港公司100％的股权，中国香港公司能为税务筹划和未来资本重组提供便利。

（4）中国香港公司再设立一个或多个境内全资子公司D（Wholly Foreign Owned Enterprise，WFOE），实施对内地经营公司C控制的协议主体。

（5）该WFOE与国内运营业务的实体签订一系列协议，这些协议主要包括：《股权质押协议》《业务经营协议》《独家咨询和服务协议》《借款协议》《委托管理协议》《股东委托投票代理协议》《独家选择权协议》等，达到享有VIEs权益的目的。

## 6.6.2.2　VIE架构的拆除

在条件满足国内上市条件时，在正常情况下，企业必须拆除VIE架构。拆除VIE结构有多种方法，简单来说VIE架构的拆除大致可以分为以下4个步骤（见图6.3）：

（1）创始股东成立内资公司E对外商独资企业D（WFOE）进行全资收

购，使之变为内资企业。

（2）开曼公司 P 对外资拥有的股份进行回购。

（3）解除经营实体 C 和外商独资企业 D 之间的相关协议。

（4）境外离岸公司 B 和开曼公司 P 注销。

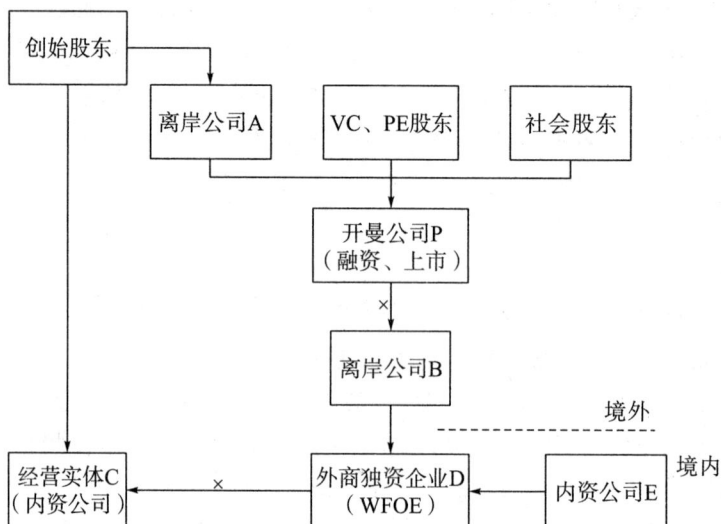

**图 6.3 拆除 VIE 架构示意**

但是，由于拆除 VIE 架构耗费时间长，最关键的是境外股东要同意开曼公司 P 的回购，所以参照 ADR 而设计的 CDR 则是一个快捷的办法。

### 6.6.2.3 什么是 ADR

1）ADR 的定义

美国证监会将美国存托凭证（American Depositary Receipt，ADR）定义为"一种由银行（美国的银行可以处理证券业务）发行的、代表非美国公司公开发行证券的、可在美国金融市场交易的可流通金融工具"。ADR 是美国商业银行为协助外国证券在美国交易而发行的一种可转让证书，通常按照一定比例代表非美国公司可公开交易的股票和债券。

2）ADR 产生的原因

1927 年，英国出台相关法规，限制英国公司非经英国交易代理机构协助不得在海外发行股票，从而限制英国股票离开英国。为了满足美国投资人购买英国公司股票的需求，摩根大通受英国 Selfridges 百货公司委托，创建新金融工具 ADR，并在纽约场外交易所（美国股票交易所 AMEX 的前身）成功交易，这就是最早的 ADR 产品。

根据美国有关证券法律的规定，在美国上市的企业注册地必须在美国，如新东方、新浪等这样在非美国国家注册的企业，就只能采取存托凭证的方式进入美国的资本市场。此外，美国退休基金、保险公司等一些机构投资者按规定是不能购买外国股票的，但是它们却可以购买在美国上市且向美国证管会登记的美国存托凭证。

在美国发行的存托凭证可在纽约证券交易所、美国股票交易所或纳斯达克交易所挂牌上市，交易程序与普通美国股票相同。因为美国的银行是混业经营，可以发行存托凭证，每份包含美国以外国家企业交由国外托管人托管的若干股份。该企业必须向代为发行的银行提供财务资料。美国存托凭证不能消除相关企业股票的货币及经济风险。

3）ADR 模式的优点

非美国注册企业的股票通过美国存托凭证方式上市有以下优点：

（1）美国金融市场容量大，筹资能力强。以美国存托凭证为例，美国证券市场最突出的特点就是市场容量极大，这使得在美国发行 ADR 的外国公司能在短期内筹集到大量的外汇资金，拓宽公司的股东基础，提高其长期筹资能力，提高公司证券的流动性并分散风险。

（2）发行存托凭证还能吸引投资者关注，增强上市公司曝光度，扩大股东基础，增加股票流动性；可以通过调整存托凭证比率将存托凭证价格调整至美国同类上市公司股价范围内，便于上市公司进入美国资本市场，从而提供了新的筹资渠道。

这对于有意在美国拓展业务、实施并购战略的上市公司尤其具有吸引力；便于上市公司加强与美国投资者的联系，改善投资者关系；便于非美国上市公司对其美国雇员实施员工持股计划等；能够提高发行公司在国外市场的知名度，拓展境外筹资渠道，为日后直接在美国市场发行证券奠定基础。

（3）具有比一般股票更高的流动性。不仅存托凭证之间可互换，也可与其他证券互换。

（4）降低交易成本。避开直接发行股票与债券的法律要求，上市手续简单，发行成本低。美国存托凭证大多在美国证券交易委员会注册，被看作是一种美国证券，可以在美国的证券交易所市场或柜台交易市场进行自由交易，便于非美国公司进入美国证券市场。

（5）以美元交易，且通过投资者熟悉的美国清算公司进行清算。

（6）上市交易的 ADR 须经美国证监会注册，有助于保障投资者利益。

（7）上市公司发放股利时，ADR 投资者能及时获得，而且是以美元支付。

（8）某些机构投资者受投资政策限制，不能投资非美国上市证券，ADR 可以规避。

4）ADR 的交易流程

在 ADR 发明之前，如果一个美国投资人想投资其他国家的股票，他首先要在外国开立一个股票交易账户，继而确定购买的股票，然后将资金兑换成该国货币才能完成交易，在出售时还得经历同样烦冗的过程。不仅如此，持股期间，投资人也很难及时获知外国公司的披露信息，因而增加了交易的风险。这重重障碍，曾一度限制了各国股票间的流通。

而 ADR 的出现，把所有这些股票保管、外汇、税费等琐务全都交由存托机构（Depositary）代劳，从而大大简化了投资人购买外国股票的程序，也降低了投资的风险。简单地说，购买存托凭证一般有两个渠道：

第一，美国银行作为存托机构，首先从外国公司购买股票存托于相应账户中，然后将特定数量的股票打包转换成存托凭证，再出售给投资人。银行出售时并不直接交付外国公司的股票，而是发行一种证书代表该股票，这种证书即被称为"存托凭证"（Depositary Receipt，简称 DR）。上述外国公司的股票即为该存托凭证所代表的基础股票（Underlying Shares）。ADR 和股票一样，作为一种所有权证，可以通过证券经纪公司在美国证交所交易，并以美元的形式获取分红。

第二，美国投资者指示经纪人购入存托凭证，经纪人可以购入现有的 ADR，或要求存托银行发行新的 ADR。如果发行新的 ADR，美国经纪人须联系非美国经纪人在非美国市场购入股票，并存托于非美国保管银行。保管银行指示美国存托银行发行 ADR，表示股票已经收到。存托银行发行 ADR，并提供给最初提出交易的经纪人，经纪人再将 ADR 交给投资者。

依图 6.4（左侧）所示，美国银行如需发行 ADR，首先它会通过外国证券经纪购买其看好的外国公司股票，接着通过其在外国设立的分行接受股票托管，并将一定数量的股票打包成一份存托凭证（每份 ADR 代表 1 股或多股或几分之一股的股票），然后依据美国证监会的要求在美国证交所或场外交易市场（OTC）发行 ADR。ADR 发行后，美国投资人可以通过美国证券经纪购买 ADR。为便于美国投资人购买，ADR 以美元定价存托凭证，并以美元支付股息红利。

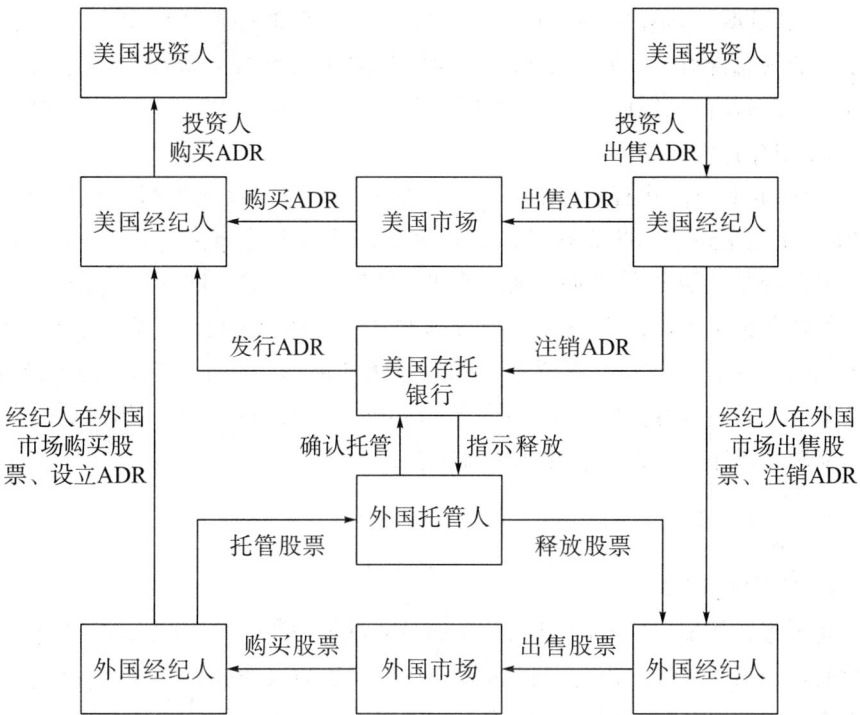

**图 6.4　ADR 示意**

当然，持有 ADR 的投资人也有权选择直接拥有 ADR 所代表的股票，但从成本和便利的角度，美国投资人一般都选择持有 ADR。ADR 的价格通常与其代表的股票在本国股市的价格相挂钩，以两者间对应的比例而调整。举例来说，如果 A 公司股票在本国股票市场价格为 1 美元/股，存托银行购买该公司股票后按 5：1 的比例（每份 ADR 等于 5 股股票）发行 ADR，那么该 ADR 首先定价为 5 美元/份，但 ADR 的最终价格还受供需关系、公司前景以及外国经济状况等因素的影响。

ADR 的注销也须经历同样繁复的程序（见图 6.4 右侧）。大多数《存托协议》会约定 ADR 的期限，存托银行和发行公司也有权随时决定终止 ADR，但须提前至少 30 天书面通知 ADR 持有者。ADR 确定终止后将被注销并从交易市场上退市，存托银行须在终止后一年内将清算的收益分配给投资人。

5）ADR 发展现状

美国 ADR 存托凭证制度创立至今已有 91 年的历史，目前全球已有数千家公司设立了 3000 多项 ADR，单是在美国发行 ADR 的中国公司，就达 270 多家。

依据 ADR 市场相关的统计数据：2016 年，全球存托凭证交易量共 1521 亿单，交易总价值 2.9 万亿美元，新发售 37 项存托凭证共融资 80 亿美元，新设 68 项有保荐存托凭证及 65 项无保荐存托凭证，截至 2016 年年底，全球共有 3492 项存托凭证。

2018 年年初，共有 93 家中国公司在美国证券交易所发行 ADR，其中，55 家在纽交所发行，38 家在纳斯达克发行。从行业分布来看，这 93 家公司中，最多的是计算机软件服务业，包括百度、58 同城、网易、搜狗、迅雷、陌陌、智联招聘等，共 21 家；其次是零售业，包括阿里巴巴、京东、唯品会、聚美优品、兰亭集势等，共 12 家；第二梯队分布较广的行业依次为金融服务、新能源、传媒、旅游休闲、支持服务，各有 5～7 家公司，以和信贷、晶科能源、凤凰新媒体、携程、前程无忧为代表。

### 6.6.2.4　什么是 CDR

#### 1）CDR 的定义

我国存托凭证（Chinese Depository Receipt，CDR）是以 ADR 为蓝本而创建的，是指在境外上市公司将部分已发行上市的股票托管在当地保管银行，由中国境内的存托银行发行、在境内 A 股市场上市、以人民币交易结算、供国内投资者买卖的投资凭证，从而实现股票的异地买卖。

#### 2）CDR 产生的原因

CDR 这种模式的设计初衷，为的是让国内优秀的独角兽公司能在 A 股上市，而这些以互联网为主的高科技企业，在发展之初有强烈的上市融资需求，可是 A 股的制度安排使得它们在中国上市根本不可能，于是纷纷投入美股怀抱，不过它们不是直接去上市，通常的做法是去离岸避税岛注册公司作为上市主体，这种构架安排就是通常所说的 VIE。

百度、网易、新浪、阿里巴巴等中国优秀互联网企业，都先后赴美上市，涨幅一般按十倍、百倍、千倍计算，还有少数在港股上市的如腾讯，涨幅更是惊人，可以说吃尽了中国互联网 20 年发展红利，才有这种股价上涨的原始动力。今天它们都是体量非常巨大的"独角兽"，上述企业的市场基本都在国内，但是国内的投资者却没有分享到它们成长带来的红利。

为什么不能让它们直接上市，而要另辟蹊径专门为它们出台 CDR 上市新政呢？原因就在于 VIE 结构，按我国《证券法》，它们是不可能回 A 股上市的，要上市只能重新开辟专门通道，于是乎专门针对本土企业设计的 CDR 就应运而生了。

CDR 产生的另一个原因是香港联交所新举措带来的紧迫感，近期香港联交所吸取当年阿里巴巴弃港赴美的教训，调整了 IPO 新规。其中，对于港股市场同股不同权模式的开放，也从一定程度上体现出港股市场的开放与包容性在不断提升，而在政策制度创新方面，港股市场也比内地市场稍显优势。

所以，随着政府对于独角兽企业尤其是超级独角兽企业的积极引导，内地证券市场最近一段时期内转变了态度，甚至敢于为部分同股不同权、VIE 结构的独角兽企业开通绿灯，并试图加快引导这类符合条件的企业回归内地市场上市。

3）CDR 交易流程

依图 6.5 左侧发行部分所示，境外公司如需发行 CDR，通过证监会的审批后，首先将境外证券作为基础资产托管在中登公司、商业银行或证券公司处，接着将一定数量的股票打包成一份存托凭证（每份 CDR 代表 1 股或多股

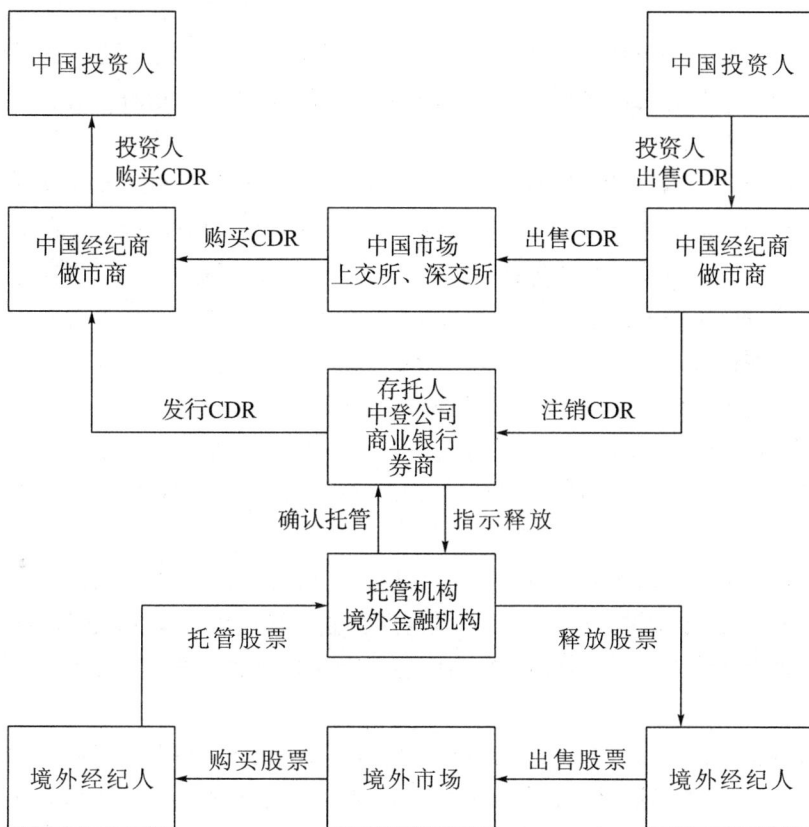

图 6.5　CDR 示意

或几分之一股的股票），然后依据中国证监会的要求在上交所或深交所发行CDR。CDR 发行后，中国投资人可以通过国内证券经纪购买 CDR。为便于国内投资人购买，CDR 以人民币定价存托凭证，并以人民币支付股息红利。

在 CDR 交易模式设计中，中登公司、商业银行和证券公司是基础证券的托管人，证券公司同时又是投资者和托管人之间买卖 CDR 交易的中间商，上交所和深交所作为 CDR 交易场所，交易端设计基本上和 A 股一致。

其实整个 CDR 就像一次商品的批发到零售的销售过程，CDR 发行人（商品生产厂家）无法面对每一个投资人，它就打包一部分证券交给托管人（也就是一级代理），托管人自己或再委托第三方（二级代理人）将证券拆零卖给投资人（最终消费者）完成 CDR 的销售过程，然后将销售款项（货款）返回给CDR 发行人。

4）CDR 的前景

2018 年 3 月 30 日，国办转发证监会《关于开展创新企业境内发行股票或存托凭证试点的若干意见》（以下简称《若干意见》）。市场最为关注的创新企业盈利指标问题首次得到明确：符合条件的创新企业不再适用有关盈利及不存在未弥补亏损的发行条件。

《若干意见》对支持创新企业在境内发行上市作了系统的制度安排，第一是明确境外注册的红筹企业可以在境内发行股票；第二是推出存托凭证这一新的证券品种，并对发行存托凭证的基础制度作出安排；第三是进一步优化证券发行条件，解决部分创新企业具有持续盈利能力，但可能存在尚未盈利或者未弥补亏损的情形；第四是充分考虑部分创新企业存在的 VIE 架构、投票权差异等特殊的公司治理问题，作出有针对性的安排。

6 月 15 日，证监会会同银保监会为进一步健全创新企业发行股票或存托凭证试点工作相关配套制度，发布了《关于商业银行担任存托凭证试点存托人有关事项规定》《证券发行与承销管理办法（修订）》《创新企业境内发行股票或存托凭证上市后持续监管实施办法（试行）》《存托凭证存托协议内容与格式指引（试行）》等文件。从企业保荐机构到企业申报门槛、承销规则修订、发行定价到交易收费，再到普通投资者参与，以及商业银行加盟，都做出了详细规定。

从目前来看，CDR 发行、交易和存托管等基础制度已基本明确：CDR 主要采取融资模式，且发行后可在 A 股市场获得再融资权利；做市商交易制度保障 CDR 流动性；银行和券商都可以作为 CDR 的存托机构；明确 CDR 暂时不得进行存托凭证质押。

我们认为，推出 CDR 的意义绝不仅仅在于迎回一批"独角兽"在 A 股上市这么简单。这将是推进我国资本市场成熟化的重要一步，也是我国金融开放的大势所趋，这也是在我国证券市场破除思想障碍、践行先行先试政策的大胆实践。

未来数年，是我国从决胜全面建成小康社会迈向全面建设社会主义现代化的重要交汇期，无论是产业升级还是中国制造 2025，都与富有活力的资本市场息息相关。为了建设好与全球第二大经济体相匹配的资本市场，一切好政策、好办法都可以拿来为我所用，有利于转型的好体制、好机制基本上都可加以试验。什么叫先行先试？就是比别人先行一步、先试一次，冲破思想束缚，打破条条框框，凭借勇气和智慧先行探索创新，第一个吃螃蟹，思想跳出去，步伐跨出去。

引导独角兽企业的加快回归，实际上还是离不开核心竞争力、核心创造力的争夺。简而言之，谁掌握了"独角兽"尤其是"超级独角兽"的资源，谁将会更有底气地发展市场，并从一定程度上增强市场的核心竞争力与投资吸引力。归根到底，当前的全球市场还处于优质人才、核心技术、核心资源的激烈比拼阶段，而作为新经济代表的独角兽企业，无疑也会被市场寄予厚望。

## 6.6.3   特殊目的机构新模式

在国内监管部门允许的前提下，未来可以借鉴 CDR 模式，小水电资产证券化产品可以参照图 6.6 的模式进行设计。

按照这种模式，既解决了特殊目的结构的法律定位问题，也降低了特殊目的机构的税收，进而降低了小水电资产证券化产品实施的交易成本，使其更容易被市场接受。具体操作如下：

（1）原始权益人与证券公司或信托公司签署合作协议，由证券公司或信托公司在境外设立离岸公司 A；

（2）原始权益人将拟证券化的基础资产真实销售给离岸公司 A；

（3）离岸公司 A 将基础资产托管给境内托管银行，并申请发行小水电收益凭证；

（4）证券公司负责销售该收益凭证并作为投资者交易的中间商，负责收益凭证在上交所或深交所的登记；

（5）其余流程可以参照现行的证券化实施流程。

其最大的不同或者说创新，就是将特殊目的机构注册在境外，并参照 CDR 证券的模式进行发行和交易。

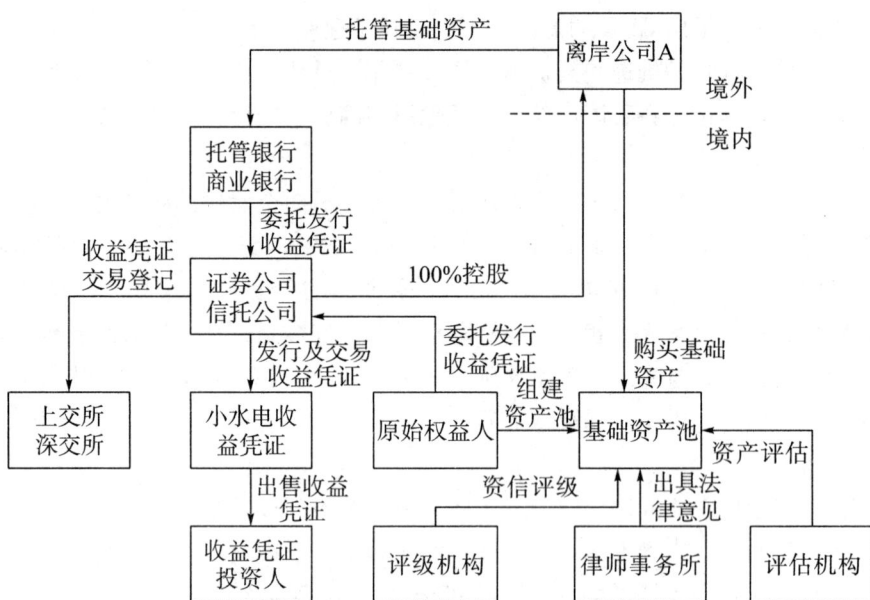

**图 6.6　小水电资产证券化产品结构示意**

**拓展与思考：**

1. 小水电资产证券化有哪些参与方？
2. 目前可行的小水电资产证券化的主要流程是什么？

# 第7章 小水电资产证券化的定价与评估模型

## 7.1 小水电资产证券化的定价

资产证券化最早起源于美国，产生于房屋抵押贷款证券化，后期又逐渐扩展了汽车贷款担保证券、计算机租赁担保证券、商业和工业贷款担保证券、工商业应收账款担保证券、信用卡应收账款担保证券等。

资产证券化工具，如最常见的 ABS 和 MBS，与其他固定收入性质的证券的主要区别就是未来的现金流有着不确定性，原始债务人的提前清偿是形成这一特征的主要原因。如借款购房者作为住房抵押担保证券的原始债务人，没有按照约定的时间、金额安排还款，而是在某个时点将剩余的本息提前清偿完毕。原始债务人的这种提前清偿将直接对证券化产品的定价和证券投资者的收益率产生影响。因此债务的提前清偿，一直都是资产证券化定价研究的一个重点课题。

在大部分的定价模型中，提前清偿是一个最重要的因素，由于受提前清偿的影响，资产证券化不容易在低利率的情况下存在，通常情况下都会被提前偿还完毕。

而资产证券化在我国的推广，结合了我国目前的法律法规、税收和会计等市场环境，与国外在结构设计上有些不同，提前清偿的风险就显得不是那么特别突出。

第一，由于实际条件限制，我国的资产证券化产品通常采用信托公司或证券公司专项资产管理计划的形式。产品在发行时就增加了种种约定，在结构设计上降低了提前清偿的发生率。第二，我国已经发行的资产证券化产品，基础资产有电力电费、公路过路费、通信设施租赁费和企业应收账款等，其中住房抵押贷款占比很小，相应发生提前清偿的可能性很小。第三，发电企业，尤其是小水电建设对资金的需求非常迫切，而又有未来稳定、持续的现金流收入，对利率的敏感性不高，提前清偿的可能性也不高。

小水电建设项目提前清偿的可能性很小，从澜沧江和南通天电的情况也可看出，所以小水电建设项目资产证券化过程中考虑定价时可以对提前清偿的情况忽略不计。

因此，小水电建设项目的证券化产品定价可以进行简化处理，使用静态现金流法：

$$P = \sum_{k=1}^{M} \sum_{t=1}^{N} \frac{C_{Ft}}{(1+y)^t} \qquad (7-1)$$

式中：$P$ 为证券的价格；$C_{Ft}$ 为未来 $t$ 期的现金流量；$y$ 为投资者的预期收益率；$N$ 为到期所经历的期数；$M$ 为资产池内基础资产数量。

针对电费现金流折现对应的是资产证券化产品总价，单价在发行份额确定后再予以确定。

## 7.2 小水电资产证券化定价的评估模型

评估一个小水电资产证券化项目的定价是否合理，实际上是对项目的偿债能力进行分析，也就是测算偿债备付率的高低。

资金是有时间价值的，即使金额相同，因其发生在不同时间点，其价值也是不相同的；反之，不同时间点绝对值不等的资金在实践价值的作用下却可能具有相同的价值。

参照水电行业按行业基准收益率计算财务净现值的方法：

$$NPV = \sum_{t=1}^{N} \frac{NI_t}{(1+i_c)^t} - BF + \sum_{t=1}^{N} \frac{BF*r}{(1+r)^t} - AF \qquad (7-2)$$

其中：$NPV$ 为净现金折现值；$NI_t$ 为 $t$ 期的净利润值；$BF$ 为融资总额；$AF$ 为融资费用，$i_c$ 为财务基准收益率，可取略高于 5 年贷款利率。

如果 $NPV$ 大于或等于 0，则说明小水电项目未来现金流完全能覆盖融资额、利息及融资费用的总和，资产证券化产品定价是合理的。

如果 $NPV$ 小于 0，则说明小水电项目未来现金流不能覆盖融资额、利息及融资费用的总和，未来有无法兑付本息的可能性。

评估模型的关键是提高预测未来现金流的精度，不然会影响定价决策。

# 7.3　小水电未来现金流的非线性预测模型

在实际情况下，小水电的发电收入受用电需求、来水量、上网电价、气候和国家政策等因素影响。总体来说，该种情况属于信息数据不充分，适合部分信息未知的小样本、贫信息的不确定系统。这种系统恰好符合灰色系统的典型特征，适合用灰色理论来解决相关问题。灰色预测具有需要的样本少、运算简便和预测精度较高等优点，因此得到研究者广泛的关注，并在多领域取得了令人满意的成果。但是，灰色系统理论和其他预测方法一样存在一定的局限性。灰色理论的 GM（1，1）模型适用于有单一指数增长特性的模型，如果在数据序列中出现异常的情况，则该模型就很难加以利用。

## 7.3.1　灰色系统预测模型

### 7.3.1.1　灰色系统

所谓灰色系统是指同时含有已知和未知信息数据的系统，其是邓聚龙教授在 1986 年提出的。传统的系统论，大多是研究那些信息比较充分的系统，对一些内部信息部分确定、部分不确定的系统，却研究得很少。因为在建立数学模型时所需要的信息数据不足，所以无法建立规律性关系的信息系统。灰色系统理论及其建模方法为这类问题提供了新的解决思路和方法。灰色系统理论的研究对象是"部分信息已知、部分信息未知"的"小样本""贫信息"不确定性系统，它通过对已知的、少量的部分信息进行生成、开发等加工手段，实现对现实世界的确切描述和认识。

灰色系统理论经过三十多年的发展，现已基本建立起集系统分析、评估、建模、预测、决策、控制、优化技术于一体的新兴学科的结构体系。其主要内容包括以灰色代数系统、灰色方程、灰色矩阵等为基础的理论体系；以序列算子和灰色序列生成为基础的方法体系；以灰色关联空间和灰色聚类评估为依托的分析、评价模型体系；以 GM（1，1）为核心的预测模型体系；以多目标智能灰靶决策为标志的决策模型体系；以多种方法的融合创新为特色的灰色组合模型体系，以及以灰色规划、灰色投入产出、灰色博弈、灰色控制为主体的优化模型体系。

灰色系统理论在处理不确定性问题上有其独有的特点，它的主要优势就是能够处理不确定性问题，通过序列算子的作用找出隐藏的规律，其特点是"贫数据建模"。灰色系统为信息数据缺乏的条件下求解系统提供了新的思路和途径，并能够用系统的离散时序序列建立连续和时间相关的数学模型，有利于解决不能用数字准确描述的复杂系统性问题，因为就复杂系统而言，获取完整的信息数据相当难甚至不可能完成。

灰色系统预测模型主要是利用对部分已知零散信息数据的数学处理，从中提取有用的信息，归纳描述灰色系统运行、演化的规律，进而完成对其未来变化趋势的定量预测。在灰色系统预测模型中，数据在经过数学处理后，确定性增加，随机性降低。此时对序列求解得到生成函数并可建立数据序列的数列预测模型，这个模型是只有一个变量的一阶微分方程，也就是灰色 GM（1，1）模型。

灰色 GM（1，1）和 Matlab 数学辅助软件的函数运算及工具箱结合，能够使解决灰色系统问题更加快速有效，是一条可供选择的捷径。

### 7.3.1.2　GM（1，1）预测模型的基本原理

灰色预测方法运用序列算子对原始数据进行生成、处理，挖掘系统内在规律，建立灰色系统模型，对系统未来状态做出科学的定量预测。灰色 GM（1，1）模型是具有单变量的一阶微分方程模型，生成的离散时间响应函数符合指数性规律。

大量的预测实践表明，用 GM（1，1）进行预测，有时效果很好，有时却出现很大偏差，甚至完全失效。经过进一步研究发现，用 GM（1，1）作预测模型存在着指数型发散误差源，响应函数指数系数越大，则误差越大。同小军从数学机理上对 GM（1，1）模型做了深入研究，并基于绝对误差提出了 GM（1，1）优化模型，进而导出了灰色 Logistic 模型。Logistic 模型最早是由比利时生物学家 Verhulst 于 1938 年提出的，该模型形式简单，在生物、经济、环境科学等领域都有着广泛的应用。诸多学者将 Logistic 模型和灰色理论结合在一起做了大量研究。

### 7.3.1.3　小水电现金流 GM（1，1）预测模型

设已有的小水电站电费利润值序列为

$$Y^{(0)} = (y^{(0)}_{(1)}, y^{(0)}_{(2)}, \cdots, y^{(0)}_{(k)}), k = 1, 2, \cdots, n \qquad (7-3)$$

对原始数列 $Y^{(0)}$ 作倒数变换进行生成处理，即有下式成立：

$$x^{(0)}(k) = \frac{1}{y^{(0)}_{(k)}}, k = 1, 2, \cdots, n \qquad (7-4)$$

求得新序列：

$$X^{(0)} = (x^{(0)}_{(1)}, x^{(0)}_{(2)}, \cdots, x^{(0)}_{(k)}), k = 1, 2, \cdots, n \qquad (7-5)$$

一次累加后得到

$$X^{(1)} = (x^{(1)}_{(1)}, x^{(1)}_{(2)}, \cdots, x^{(1)}_{(k)}), k = 1, 2, \cdots, n \qquad (7-6)$$

对 $X^{(1)}$ 作紧邻均值生成，令

$$z^{(1)}(k) = 0.5(x^{(1)}_{(k)} + x^{(1)}_{(k-1)}), k = 2, 3, \cdots, n \qquad (7-7)$$

$$得 \ Z^{(1)} = (z^{(1)}_{(2)}, z^{(1)}_{(3)}, \cdots, z^{(1)}_{(k)}), k = 2, 3, \cdots, n \qquad (7-8)$$

$$则 \ x^{(0)}_{(k)} + az^{(1)}_{(k)} = b \qquad (7-9)$$

为小水电项目利润值预测 GM（1，1）模型的基本形式。设

$$p = \begin{bmatrix} a \\ b \end{bmatrix} \qquad (7-10)$$

为参数列，且

$$\mathbf{Y} = \begin{bmatrix} x^{(0)}_{(2)} \\ x^{(0)}_{(3)} \\ \vdots \\ x^{(0)}_{(n)} \end{bmatrix}, \quad \mathbf{B} = \begin{bmatrix} -z^{(2)}_{(1)} & 1 \\ -z^{(3)}_{(1)} & 1 \\ \vdots & \vdots \\ -z^{(n)}_{(1)} & 1 \end{bmatrix} \qquad (7-11)$$

则 GM（1，1）模型 $x^{(0)}_{(k)} + az^{(1)}_{(k)} = b$ 的最小二乘估计参数满足

$$p = (\mathbf{B}^{\mathrm{T}}\mathbf{B})^{-1}\mathbf{B}^{\mathrm{T}}\mathbf{Y} \qquad (7-12)$$

得 GM（1，1）模型的白化方程：

$$\frac{\mathrm{d}x^{(1)}}{\mathrm{d}t} + ax^{(1)} = b \qquad (7-13)$$

模型的时间响应序列为：

$$x^{(1)}_{(k)} = \left(x^{(1)}_{(1)} - \frac{b}{a}\right)\mathrm{e}^{-ak} + \frac{b}{a}, k = 1, 2, \cdots, n \qquad (7-14)$$

GM（1，1）模型 $x^{(0)}_{(k)} + az^{(1)}_{(k)} = b$ 的时间响应序列为

$$\hat{x}^{(1)}_{(k+1)} = \left(x^{(0)}_{(1)} - \frac{b}{a}\right)\mathrm{e}^{-ak} + \frac{b}{a}, k = 1, 2, \cdots, n \qquad (7-15)$$

还原值：

$$x^{(0)}_{(k+1)} = (1 - \mathrm{e}^a)\left(x^{(0)}_{(1)} - \frac{b}{a}\right)\mathrm{e}^{-ak}, k = 1, 2, \cdots, n \qquad (7-16)$$

### 7.3.1.4　Matlab 辅助计算

Matlab 是由美国 MathWorks 公司推出的一款科技应用软件，它是一种广

泛应用于工程计算及数值分析领域的新型高级语言，它把科学计算、结果可视化和编辑都集中在一个使用非常方便的环境中。自 1984 年该软件推向市场以来，历经 30 多年的发展，Matlab 已成为国际公认的最优秀的工程计算应用开发软件。Matlab 功能强大、简单易学、编程效率高，深受广大工程技术人员的欢迎。

Matlab 被称为矩阵实验室，其基本数据单位是矩阵，一切运算都是以矩阵为基础，其核心是一个基于矩阵运算的快速解释程序，它的指令表达式与数学、工程中常用的形式十分相似，因此用 Matlab 来解决工程计算问题要比 C、Fortran 等语言完成相同的工作简捷得多，并且 Matlab 也吸收了 Maple 等软件的优点，使自身成为一个强大的数学软件。Matlab 将数值分析、矩阵计算、可视化、动态系统建模仿真等功能集成在一个开发环境中，为工程计算工作提供了强大支持。

Matlab 可以交互地接收使用者输入的命令，也可以运行大型程序或进行系统仿真。使用者可以集成地进行程序设计、数值运算、图形绘制、输入输出、文件管理等多项操作。Matlab 还包括丰富的预定义函数和工具箱。为某种目的而专门编写一组 Matlab 函数，放入一个目录内，即可组成一个工具箱，因此，从某种意义上说，任何一个 Matlab 的使用者都可以成为 Matlab 工具箱的制作者。一般来说，工具箱比预定义函数更为专业，它在数值分析、数值和符号计算、控制系统的设计仿真、数字图像处理、数字信号处理、通信系统设计仿真、最优化计算、财务与金融分析等多个专业领域中发挥着重要作用。

综上所述，Matlab 产品族可用于以下领域：数值和符号计算、信号处理、数据分析、控制与通信系统设计、仿真、工程与科学绘图、图像用户界面程序设计和财务等领域。利用 Matlab 不但可以方便地进行数值分析、优化分析、数据处理、自动控制、信号处理等领域的数据化处理，还可以便捷地实现计算可视化、图形绘制、场景创建和渲染、图像处理、虚拟现实和地图制作等分析处理工作。

我们在数学建模和研究中，有时会需要建立一些非线性的模型。跟线性模型相比，显然非线性模型计算起来更加复杂。因此，有时为了简化运算，我们需要利用相对成熟的线性模型来研究非线性模型，这样不但能减少运算量，还可以对模型进行检验和修正，这个工作的前提是需要将一些非线性模型转化为线性模型进行处理。下面通过 Matlab 来建立序列预测模型，并将其转化为线性模型进行处理。

应用 Matlab 辅助软件进行计算，程序代码如下：

```
Y＝input（'请输入数据'）；
k＝length（Y）；
X＝ones（k，1）；
X（1）＝Y（1）；
for i＝2：k
X（i）＝X（i－1）＋Y（i）；
end
Z＝ones（k－1，2）；
for i＝1：（k－1）
Z（i，1）＝－（X（i）＋X（i+1））/2；
Z（i，2）＝1；
end
ZT＝Z'；
for j＝1：k－1
N（j）＝Y（j+1）；
end
NT＝N'；
A＝inv（ZT＊Z）＊ZT＊NT；
a＝A（1）；
u＝A（2）；
t＝u/a；
te＝input（'请输入需要预测个数：'）；
i＝1：te+k；
P（i+1）＝（Y（1）－t）.＊exp（－a.＊i）＋t；
P（1）＝Y（1）；
for j＝k+te：－1：2
Ps（j）＝P（j）－P（j－1）；
end
x＝1：k；
xs＝2：k+te；
Pt＝Ps（2：k+te）；
plot（x，Y，'ˆr'，xs，Pt，'＊－b'）；
det＝0；
```

```
for i＝2：k
det＝det＋abs (Pt (i) －Y (i))；
end
det＝det/ (k−1)；
disp (［′百分绝对误差为：′，num2str (det),′%′])；
disp (［′预测值为：′，num2str (Ps (k+1：k+te))])；
```

## 7.3.2 BP 神经网络模型的基本原理

### 7.3.2.1 神经网络的定义

人工神经网络（Artificial Neural Network，ANN）是在神经生物学的基础上衍生出来的一种模拟人类大脑信息处理机制的网络系统，它不但具有处理数值数据的常规计算能力，而且还具有处理知识的思维、自我学习和自我优化能力。它还具有大规模并行处理、容错性、自组织和自适应能力以及联想功能。

人工神经网络可以模仿外界做出的交互式反应，通过对数据样本的训练，让其像人的大脑一样完成对数据的处理。人工神经网络能够分析归纳已有的数据，找出其间的内在联系，具有自我学习、自我适应、并行处理和非线性转换的能力。人工神经网络能够对离散的、正态的数据序列完成统计分析等数学处理，对规律性做出拟合和预测。

人工神经网络是由大量称为神经元或节点的简单信息处理单元组成的。多层节点模型与误差反向传播（Back Propagation，简称 BP）算法是一种目前比较成熟而又应用最为广泛的人工神经网络模型，它把一组样本的输入输出问题转化为一个非线性优化问题，是从大量数据中总结规律的方法。人工神经网络拟合序列有几个潜在的优点：第一，人工神经网络具有模仿多种函数的能力，包括非线性函数、分段函数等；第二，不像传统的数据序列辨识方法必须事先假设数据间存在某种内在的联系，人工神经网络能利用所提供的数据变量自身的属性或内涵建立相关的函数关系式，而且不需要预先假设基本的参数分布；第三，误差反向传播算法信息利用率高，而且避免了系统数据辨识方法因序列累加时正负抵消而产生信息失真的现象。因此，人工神经网络特别适合于对GM（1，1）模型进行残差修正。

### 7.3.2.2　BP 模型的基本原理

误差反向传播（BP）算法是一种多层前馈人工神经网络，采用最小均方差的学习方式，是使用最广泛的网络，可用于语言综合、语言识别、自适应控制等。它的缺点是仅为有导师训练，训练时间长，易于陷入局部极小。

BP 算法的基本思路是，学习过程由信号的顺向传递与误差的逆向传递两部分组成。信号从输入层传入，经过各隐层的逐层处理后，传向输出层。如果最终的输出值与期望的输出值有误差，就变为误差的逆向传递。误差值通过隐层向输入层逐层逆向传递，将误差分摊给网络的单元节点，从而得到每个单元的误差信号。该误差信号最终作为单元权值的修正依据。

信号的顺向传递与误差的逆向传递的每一层权值的修正过程，是循环进行的。每单元的权值在不断进行修正，同时也是网络的学习和训练过程。这个修正过程一直要持续到误差小到能够接受的程度，或者持续到预设的学习次数为止。上述顺向、逆向两个学习过程反复循环，一直持续到误差出现收敛。

### 7.3.2.3　BP 神经网络的训练

通过对样本数据反复的学习和训练，最终取得输入端和输出端之间有规律性的线性或非线性关系。对样本数据的具体训练如下：

（1）向前传递阶段。

从数据样本集合中取第 $k$ 个样本（$k$，$X_k$），将 $k$ 输入网络结构的输入层，经隐层逐层处理，最终计算出实际输出 $d_j$。

（2）向后传递（误差传播）阶段。

①设 $I_j^{(l)}$ 表示输入向量输入后，传递到第 $m$ 层节点 j 的输入，$O_j^{(m)}$ 表示第 $m$ 层节点 j 的输出，$w_{ij}^{(m-1)}$ 表示第 $m-1$ 层的节点 $i$ 连接第 $m$ 层节点 j 的权值，$f$ 为节点神经元的传递函数，BP 神经网络的神经元传递函数使用可微的 Sigmoid 型函数。

②用输出层的误差调整输出层权值矩阵。

③若第 $m$ 层是 BP 网络的输出层，即节点 j 是输出节点，则输出误差为

$$E_j^{(m)} = \frac{1}{2}(d_i - X_k)^2 \qquad (7-17)$$

④用此误差估计输出层的直接前导层的误差：

$$w_{ij}^{(m-1)} = -\eta \frac{\partial E_j^{(m)}}{\partial w_{ij}^{(m-1)}} \qquad (7-18)$$

因为

$$\frac{\partial E_j{}^{(m)}}{\partial w_{ij}{}^{(m-1)}} = \frac{\partial E_j{}^{(m)}}{\partial O_j{}^{(m)}} \frac{\partial O_j{}^{(m)}}{\partial I_j{}^{(m)}} \frac{\partial I_j{}^{(m)}}{\partial w_{ij}{}^{(m-1)}} = \delta_j{}^{(m)} \frac{\partial I_j{}^{(m)}}{\partial w_{ij}{}^{(m-1)}} = \delta_j{}^{(m)} O_i{}^{(m-1)}$$

$$(7-19)$$

$$\delta_j{}^{(m)} = \frac{\partial E_j{}^{(m)}}{\partial I_j{}^{(m)}} = \frac{\partial E_j{}^{(m)}}{\partial O_j{}^{(m)}} \frac{\partial O_j{}^{(m)}}{\partial I_j{}^{(m)}} = \frac{\partial E_j{}^{(m)}}{\partial O_j{}^{(m)}} f'(I_j{}^{(m)}) \qquad (7-20)$$

所以对于 $m$ 层，可得：

$$\delta_j{}^{(m)} = -(d_j - X_k) f'(I_j{}^{(m)}) \qquad (7-21)$$

$$\Delta w_{ij}{}^{(m-1)} = -\eta \delta_j{}^{(m)} O_i{}^{(m-1)} = -\eta (d_j - X_k) f'(I_j{}^{(m)}) O_i{}^{(m-1)}$$

$$(7-22)$$

再用 $m-1$ 层的误差计算 $m-2$ 层的误差，逐次计算得到网络所有各层的误差值。

⑤用这些估算值实现对权值和阈值的修正。完成 $m$ 层误差逆向逐层向输入端传递的过程。

在误差逆向传递算法进行权值修正时，网络中的每个神经元都力图使自己在总体计算中发挥更多的作用。误差信号其实给出了每个神经元需要完成的工作，但由于输入信号数据和误差信号一直处在变化中，因此神经元要完成的工作也一直处在变动中，于是各神经元在学习和训练过程中一直处于混沌状态，并需要相当长的时间才能够稳定下来。

### 7.3.3 灰色 Logistic 神经网络预测模型

BP 神经网络和灰色系统理论在信息数据的表现特征上存在着一定的相似性，是可以将两者结合起来建立计算模型的。

对于 BP 神经网络模型来说，模型的输出值理论上能够以某一个精度收敛到一个固定值。但是因为模型计算存在相对误差，输出值始终不能达到这个固定值，而是上下摆动不断地接近它。

按照对灰数的理解，BP 神经网络模型的输出值本质上也是一种灰数，BP 神经网络系统也含有不确定性的灰色内容。因此，可以应用灰色系统理论来复核 BP 神经网络模型，反过来也可以应用 BP 神经网络校验灰色系统。钟珞等认为研究贫信息复杂系统问题的处理可以采用 BP 神经网络和灰色系统理论相结合的方法，这种相结合的方法兼具上述两者的优点，能够相互取长补短。

Logistic 模型考虑了原始数据具有一定的误差，消除了 AGO 累加过程中造成的数据放大的波动影响，Logistic 模型结合 BP 神经网络算法进一步消除了过程中的误差。

### 7.3.3.1 应用步骤

（1）先计算原始数据序列的倒数，将倒数序列输入。

（2）建立灰色 Logistic 模型，输入要求的 $k$ 值，计算并得到预测数据序列。

（3）将原始数据作为期望值，预测序列作为输出值，对 BP 神经网络进行训练，最终得到相应的各层权值和阈值。

（4）输入需要预测的 $k$ 值，即可得到精度较高的预测序列。

### 7.3.3.2 具体步骤

（1）令原始数据为

$$Y^{(0)} = (y_{(1)}^{(0)}, y_{(2)}^{(0)}, \cdots, y_{(k)}^{(0)}), k = 1, 2, \cdots, n \tag{7-23}$$

（2）对原始数列 $y^{(0)}$ 作倒数变换进行生成处理，即有下式成立：

$$x^{(0)}(k) = \frac{1}{y_{(k)}^{(0)}}, k = 1, 2, \cdots, n \tag{7-24}$$

（3）一次累加后得到数列 $x^{(1)}(k)$，并有

$$X^{(1)} = (x_{(1)}^{(1)}, x_{(2)}^{(1)}, \cdots, x_{(k)}^{(1)}), k = 1, 2, \cdots, n \tag{7-25}$$

得 GM（1，1）模型的白化方程为

$$\frac{\mathrm{d}x^{(1)}}{\mathrm{d}t} + ax^{(1)} = b \tag{7-26}$$

模型的时间响应序列为

$$x_{(k)}^{(1)} = \left(x_{(1)}^{(1)} - \frac{b}{a}\right)\mathrm{e}^{-ak} + \frac{b}{a}, k = 1, 2, \cdots, n \tag{7-27}$$

（4）对等式进行如下变换：

$$
\begin{aligned}
x_{(k)}^{(1)} &= \left(\left(x_{(1)}^{(1)} - \frac{b}{a}\right)\frac{\mathrm{e}^{-ak}}{1 + \mathrm{e}^{-ak}} + \frac{b}{a(1 + \mathrm{e}^{-ak})}\right)(1 + \mathrm{e}^{-ak}) \\
&= \left(\left(x_{(1)}^{(1)} - \frac{b}{a}\right)\left(1 - \frac{1}{1 + \mathrm{e}^{-ak}}\right) + \frac{b}{a(1 + \mathrm{e}^{-ak})}\right)(1 + \mathrm{e}^{-ak}) \\
&= \left(\left(x_{(1)}^{(1)} - \frac{b}{a}\right) - x_{(1)}^{(1)}\frac{1}{1 + \mathrm{e}^{-ak}} + \frac{2b}{a(1 + \mathrm{e}^{-ak})}\right)(1 + \mathrm{e}^{-ak})
\end{aligned}
$$

$$\tag{7-28}$$

（5）将结果变换后的式子映射到 BP 神经网络中（见图 7.1）。

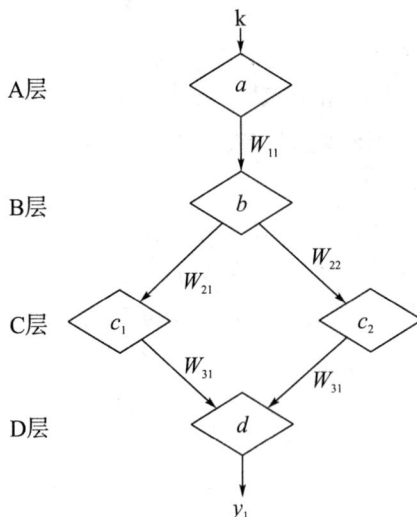

**图 7.1　BP 神经网络映射示意**

相应的 BP 神经网络权值可进行如下赋值：

$$\begin{cases} w_{11} = a, w_{21} = -x^{(1)}_{(1)}, w_{31} = w_{32} = 1 + \mathrm{e}^{-ak} \\ w_{22} = \dfrac{2b}{a} \end{cases} \tag{7-29}$$

$y_1$ 的阈值设为：

$$\theta_{y1} = (1 + \mathrm{e}^{-ak})\left(\frac{b}{a} - x^{(1)}_{(1)}\right) \tag{7-30}$$

将 Sigmoid 型函数作为 BP 神经网络 B 层神经元的激活函数：

$$f(x) = \frac{1}{1 + \mathrm{e}^{-x}} \tag{7-31}$$

其他层的激活函数可以取线性的。经过以上的网络结构设计，可以将灰微分方程的时间响应函数映射到一个 BP 神经网络结构中，这个 BP 神经网络中的各个神经元权值与灰微分方程的参数实际上存在着一一对应的关系。由于网络与时间响应函数存在一一对应关系，因此在对灰色 BP 神经网络进行训练时，$w_{31}$ 直接是由输入值与 $w_{11}$ 得到。

网络的第四层只有一个节点，它只是对 $d$ 层输出值进行简单的放大，使之能与式（7-28）相对应。由于灰微分方程和网络存在对应关系，学习算法要采用标准的 BP 算法。

（6）经过式（7-29）、式（7-30）赋值及 BP 网络激活函数确定后，可对网络中各个神经元节点进行计算：

①根据样本数据序列的特征，先为 $a$，$b$ 选取两个较小的值；

②根据神经网络的权值定义，计算出 $w_{11}$，$w_{21}$，$w_{22}$，$w_{31}$，$w_{32}$；

③对 $(k,\ y\ (k),\ k=1,\ 2)$ 进行计算：

第一步，将 $k$ 值输入 $a$ 层节点，对 $b$、$c$、$d$ 层的节点进行计算。

$b$ 层：

$$b = f(w_{11}k) = \frac{1}{1+e^{-ak}} \tag{7-32}$$

$c$ 层：

$$c_1 = bw_{21} = -x^{(1)}_{(1)} \frac{1}{1+e^{-ak}}, \quad c_2 = bw_{22} = \frac{2b}{a} \frac{1}{1+e^{-ak}} \tag{7-33}$$

$d$ 层：

$$d = w_{31}c_1 + w_{32}c_2 = \left(-x^{(1)}_{(1)} \frac{1}{1+e^{-ak}} + \frac{2b}{a} \frac{1}{1+e^{-ak}}\right)(1+e^{-ak})$$

$$\tag{7-34}$$

第二步，计算网络输出值与期望值之间的误差：

由于 $d$ 层激活函数是 $f(x) = x$，因此 $f'(x) = 1$，则 $d$ 层的误差为

$$\delta_d = f'(x)(d - y_{(k)}) = d - y_{(k)} \tag{7-35}$$

将误差反向传递到 $c$ 层，$c$ 层激活函数 $f(x) = x$，则 $c$ 层误差为

$$\delta_{c1} = \delta_d(1+e^{-w_{11}k}), \quad \delta_{c2} = \delta_d(1+e^{-w_{11}k}) \tag{7-36}$$

将 $c$ 层误差反向传递到 $b$ 层，$b$ 层激活函数为 $f(x) = \dfrac{1}{1+e^{-x}}$，因此

$$f'(x) = \frac{df(x)}{dx} = f(x)(1-f(x)) = \frac{1}{1+e^{-x}}\left(1-\frac{1}{1+e^{-x}}\right) \tag{7-37}$$

则 $b$ 层误差为

$$\delta_b = \frac{1}{1+e^{-w11}k}\left(1-\frac{1}{1+e^{-w11}k}\right)(w_{21}\delta_{c1} + w_{22}\delta_{c2}) \tag{7-38}$$

第三步，调整 $b$ 层到 $c$ 层的连接权值（由于 $w_{21} = -x^{(1)}_{(1)}$ 是恒定值，不需要调整，只需要对 $w_{22}$ 作如下调整）：

$$w_{22} = w_{22} - \mu\delta_{c2}b \tag{7-39}$$

$d$ 调整 $a$ 到 $b$ 的连接权值：

$$w_{11} = w_{11} - \alpha k\delta_b \tag{7-40}$$

e 调整阈值，得到 $d$ 层单元阈值的调整公式：

$$\theta = (1 + e^{-w_{11}k}) \left( \frac{w_{22}}{2} - x_{(1)}^{(1)} \right) \qquad (7-41)$$

再重复第三步，直到对于 $k=1,2,\cdots,n$，误差变为零或足够小为止。

**拓展与思考：**

1. 为什么灰色模型适合预测小水电电费收入？
2. 小水电电费收入预测受哪些因素影响？

# 第8章 预测及评估模型应用

## 8.1 四川省小水电建设现状

据四川省 2002 年完成的第二次水利资源普查资料，全省水电能源理论蕴藏量 1 万千瓦以上的河流共 781 条，水电能源理论蕴藏量 1.4 亿千瓦，年发电量 12571.89 亿千瓦时；技术可开发量 1.2 亿千瓦，年发电量 6121.59 亿千瓦时；经济可开发量 1 亿千瓦，年发电量 5232.89 亿千瓦时（见表 8.1）。

表 8.1 四川省水电开发现状

| 四川省水电能源技术可开发总量 1.2 亿千瓦 | | | | |
|---|---|---|---|---|
| 已建成 6293 万千瓦 | 雅砻江在建及规划 1300 万千瓦 | 大渡河在建及规划 1700 万千瓦 | 金沙江在建及规划 800 万千瓦 | 剩余 1907 万千瓦 |

据统计，2014 年，四川省电力发电机组总装机超过 7874 万千瓦，较 2013 年增长 15%；其中水电机组装机总容量超过 6170 万千瓦，较 2013 年增长 17%，装机容量稳居全国第一；火电机组装机容量超过 1547 万千瓦，较 2013 年下降 2.2%；风电、太阳能等新能源装机达 67.5 万千瓦。同时，当年在建及规划中的电站中：雅砻江流域总计约 1300 万千瓦、大渡河流域约 1700 万千瓦、金沙江流域约 800 万千瓦，除极个别偏远项目或造价较高项目外，正在开展工作的电站规模，合计已达 1.1 亿千瓦以上。2017 年，四川省水电装机容量约 7560 万千瓦，占全省发电装机总容量的八成以上，四川水电装机容量在全国的占比超过 1/5。

在四川省的电力结构中，水电近年来不但占比远远大于火电，发展速度也快于火电，详见表 8.2 和图 8.1。2014 年，四川省累计解决 10.4 万户暨 46.8 万人的用电问题。2015 年，四川省计划电力固定资产投资 254 亿元以上，将加大力度推进 500 千伏新都、九江等电力项目建设，全面完成甘孜州"电力天路"工程建设，推进四川省无电地区的电网建设，再解决 3.56 万户暨 16 万无电居民的用电问题。2016 年，四川省新增电力装机容量 434.6 万千瓦，其中水电 292.4 万千瓦，同比增长约 4.4%，增速阶段性放缓；新增风电 66.3 万千瓦，同比增长约 90%，新增光伏 62.6 万千瓦，同比增长约 170%，新能源装机规模成倍增长，火电发电小时数则首次降至 2000 小时以下。

表 8.2 四川省电力发电量构成统计（单位：亿千瓦时）

| 年度 | 2009 | 2010 | 2011 | 2012 | 2013 | 2014 | 2015 |
|------|------|------|------|------|------|------|------|
| 发电总量 | 1479.6 | 1703.9 | 2068.1 | 2130.2 | 2651.4 | 3079.5 | 3229.6 |
| 火力发电 | 500.2 | 564.1 | 599.8 | 584.6 | 628.0 | 586.2 | 450.3 |
| 水、核电等 | 979.4 | 1139.8 | 1468.3 | 1545.6 | 2023.4 | 2493.3 | 2779.2 |

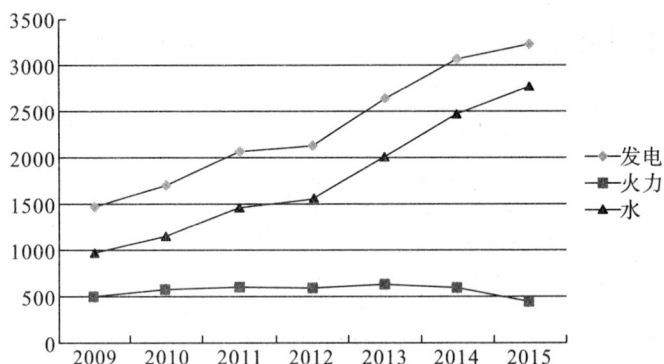

图 8.1 四川省历年发电量构成状况

经过多年的努力，小水电已经成为四川省农村地区特别是川西少数民族地区和四川盆地周边山区的主要电源，有力支撑了全省经济社会发展和人民群众生产生活。但是在小水电发展过程中也暴露出了一些问题，尤其是在规划指导、审批程序、建设管理、生态保护等方面还有待进一步加强和完善。

随着规划水平的提高、相关资源勘察工作的细化，技术开发总量正在部分转变为具有一定经济开发价值的资源点，这也是已建成电站及在建、规划电站总量超过经济开发总量的主要原因。但我国总的水资源体系是确定的，装机总量的转变不代表发电总量的同比例增长，伴随着主要省份的水电开发基本完成，其转变速度与效果将更多地依靠交通、电网、电价等客观因素的影响。四川省的小水电从目前的数据看，仍然有很大的发展空间（见表 8.3）。

表 8.3 四川省小水电发展状况统计

| 行政区域 | 技术可开发量（万千瓦） | 已开发装机容量（万千瓦） | 开发程度（%） | 2009 年发电量（万千瓦时） |
|---|---|---|---|---|
| 四川省 | 2069.9 | 657.1 | 31.75 | 2424496 |

四川省水电建设这些年增长趋势很猛，截至 2014 年年底，水电发电机组装机容量超过 6170 万千瓦，占四川省电力装机总容量的 79.9%。在整个"十二五"期间，四川省水电发电机组装机平均每年增加 1000 万千瓦以上，水电机组集中、快速投产，预计到 2015 年末和 2020 年末，四川省水电装机将分别达 7000 万千瓦和 9000 万千瓦。目前，四川省已开始控制火电的发展，表现在价格调整上，2016 年四川省发改委就调高了水电上网价格，调低了火电上网价格（见表 8.4、表 8.5）。从四川省小水电上网电价的变化可以看出，自 2004 年以来，四川省小水电上网价格就一直处在上调的通道中。而同火电、风电和太阳能发电相比，小水电上网电价仍有上调的潜力。

表 8.4 四川省小水电上网电价历年调价统计（单位：元/度）

| 年度 | 小水电上网价格 | 备注 |
|---|---|---|
| 2015 | 0.308 | 2015 年 2 月 4 日，四川省发展和改革委员会关于卡基娃水电站临时上网电价的通知 |
| 2013 | 0.308 | 2013 年 7 月，川发改价〔2014〕94 号 |
| 2005 | 0.288 | 2005 年 5 月，川价发〔2005〕123 号 |
| 2004 | 0.268 | |
| 2004 之前 | 0.192 | |

表 8.5 四川省电力上网执行价格统计（单位：元/度）

| | 火电 | 水电 | 风电 | 太阳能发电 |
|---|---|---|---|---|
| 价格 | 0.44 | 0.308 | 0.57 | 0.65 |

按四川省的远期规划，2020 年非化石能源消费比重要达到 37.8%，全省电力总装机达到 1.1 亿千瓦左右，水电装机达到 8301 万千瓦，新能源装机达到 912 万千瓦，其中风电装机 600 万千瓦，太阳能发电装机 250 万千瓦，生物质发电（含垃圾发电）装机 62 万千瓦，常规火电（含天然气、煤层气发电）装机不超过 1800 万千瓦。四川省坚持以水电为主的能源开发方针，着力调整优化水电开发结构，"十三五"期间，单站装机容量 5 万千瓦以下的小型水电

项目，除具有航运等综合利用为主、兼顾发电的项目外，全面停止核准建设。稳妥有序推进 2.5 万千瓦以下小水电遗留问题处理，已建成的中小型水电站不再扩容。

# 8.2 案例背景

本案例选取汶川县福堂水电站和黑水冰川水电开发有限责任公司的电费收益组成基础资产池，这两家水电站均属于上市公司岷江水电的控股企业，两家水电站相关数据均来自公开发布的年度报告。

在选取案例时，考虑到福堂水电站和黑水冰川水电公司具有相同的控股股东，在性质上属于同一原始权益人（岷江水电）名下的不同资产，可以作为组合建立基础资产池，相关数据也便于收集。在现金流预测的分析上，其装机容量虽然超过了小水电的范畴，但并不会对现金流预测分析结果产生实质性影响，也不会对研究结论产生实质性影响。另外，从水电建设行业和金融行业的角度展开分析研究，小水电的定义有装机容量的标准，但从金融行业来看，资产证券化有单只产品规模（如发行规模 101.66 亿元）超百亿元的。这里的案例设计规模不到 10 亿元，从这个角度讲，案例设计的小水电建设资产证券化仍属于小规模的水电建设项目资产证券化。

图 8.2 阿坝州汶川县福堂水电站

（1）福堂水电站（见图 8.2）位于四川省阿坝州汶川县境内的岷江干流上，是经国家计委批准并列入 2001 年第三批基本建设新开工的大中型项目，静态总投资 17.5 亿元，电站安装 4 台混流式水轮发电机组，单机容量 90MW，总装机容量 360MW，保证出力 133.4MW，年平均发电量 22.7 亿千瓦时，是汶川县迄今为止在建或已建的最大水电站工程，工程于 2004 年并网发电。福堂水电站近几年的资产变化情况及发电量、收入、利润状况详见表 8.6 和表 8.7。

**表 8.6　福堂水电站资产负债变化统计（单位：元）**

| 年度 | 总资产 | 总负债 | 净资产 |
|------|--------|--------|--------|
| 2009 | 1900228606.35 | 1416088547.02 | 484140059.33 |
| 2010 | 1848797077.44 | 1174733085.98 | 674063991.46 |
| 2011 | 1680607909.72 | 1041979625.41 | 638628284.31 |
| 2012 | 1560073801.02 | 882785912.00 | 677287889.02 |
| 2013 | 1456268492.95 | 778846930.65 | 677421562.30 |
| 2014 | 1449620888.26 | 729689299.13 | 719931589.13 |

**表 8.7　福堂水电站发电量、年度收入及净利润统计**

| 年度 | 发电量（亿千瓦时） | 总收入（万元） | 净利润（万元） |
|------|--------|--------|--------|
| 2005 | | | 22446 |
| 2006 | 237018 | 47448 | 27567 |
| 2007 | 215141.21 | 44576.23 | 24257.3 |
| 2008 | 5.46 | 17656.95 | −6884.84 |
| 2009 | 7.81 | 18802.88 | −1297.14 |
| 2010 | 21.37 | 48705.49 | 28992.39 |
| 2011 | 21.50288 | 49642.17 | 30956.43 |
| 2012 | 18.2907 | 42830.56 | 20465.963 |
| 2013 | 11.192 | 29558.12 | 8020.87 |
| 2014 | 20.68 | 48493.41 | 25751 |

注：2008 年和 2009 年由于受汶川"5·12"地震影响，于 2009 年 8 月重新并网发电，收入数据异常，2013 年受技改及"7·9"泥石流影响，业绩同比下降，收入数据异常。

（2）黑水冰川水电开发有限责任公司（见图 8.3）成立于 2004 年 5 月，注册资本 8000 万元，经营范围：水电开发、生产销售、水电器材销售。冰川水电站近几年的资产变化情况及发电量、收入、利润状况详见表 8.8 和表 8.9。

图 8.3  黑水冰川水电开发有限责任公司所属竹格多水电站

表 8.8  冰川水电公司资产负债变化统计（单位：元）

| 年度 | 总资产 | 总负债 | 净资产 |
|------|--------|--------|--------|
| 2009 | 334092424.99 | 244335479.16 | 89756945.83 |
| 2010 | 322514258.63 | 231427315.12 | 91086943.51 |
| 2011 | 298917777.74 | 179215102.94 | 119702674.80 |
| 2012 | 252990039.96 | 141356951.28 | 111633088.68 |
| 2013 | 248577621.64 | 148739713.70 | 99837907.94 |
| 2014 | 200213836.47 | 93525299.14 | 106688537.33 |

表 8.9  冰川水电公司年度收入及净利润统计

| 年度 | 总收入（万元） | 净利润（万元） |
|------|----------------|----------------|
| 2007 | 8750.80 | 5062.50 |
| 2008 | 2023.01 | −1977.09 |
| 2009 | 7326.46 | 3223.32 |
| 2010 | 8378.63 | 4171.68 |
| 2011 | 8002.98 | 2861.57 |

| 年度 | 总收入（万元） | 净利润（万元） |
|---|---|---|
| 2012 | 7773.88 | 1596.60 |
| 2013 | 7072.73 | 1914.06 |
| 2014 | 6016.13 | 1618.91 |

（3）将福堂水电站和冰川水电站未来 5 年（2015—2019 年）的电费收入组成资产池，设计组成证券化产品基础资产池。

（4）由于 2008 年汶川地震造成的数据异常，基础数据序列扣除 2008 年和 2009 年利润数据，2007—2014 年，福堂水电站的利润平均值为：

$$（24257.3 ＋ 28992.39 ＋ 30956.43 ＋ 20465.963 ＋ 8020.87 ＋ 25751）/6 ＝23073.99$$

利润偏离值最高为：（30956.43－23073.99）/23073.99＝0.3416

利润偏离值最低为：（8020.87－23073.99）/23073.99＝－0.6524

冰川水电站的平均利润值为：

（5062.5＋4171.68＋2861.57＋1596.6＋1914.06＋1618.91）/6＝2870.887

利润偏离值最高为：（5062.5－2870.887）/2870.887＝0.7634

利润偏离值最低为：（1596.6－2870.887）/2870.887＝－0.4439

组合后利润平均值为：25944.88

利润偏离值最高为：（33818－25944.88）/25944.88＝0.3035

利润偏离值最低为：（9934－25944.88）/25944.88＝－0.6171

数据表明，经组合后的利润值波动程度小于组合前单个水电站造成利润值波动的程度。

# 8.3　未来现金流的计算

## 8.3.1　灰色 GM（1，1）模型方法

（1）以福堂水电站未来 5 年，即 2015—2019 年的发电电费收益作支撑发行 5 年期支撑证券化产品，对未来收益即现金流的预测方法如下：

设原始序列

$$Y^{(0)} = (y_{(1)}^{(0)}, y_{(2)}^{(0)}, \cdots, y_{(k)}^{(0)}), k = 1,2,\cdots,n$$

$$= (2.2446, 2.7567, 2.4257, 2.8992, 3.0956, 2.0466, 2.5751) \quad (8-1)$$

①按下式做倒数处理：

$$x_{(k)}^{(0)} = \frac{1}{y_{(k)}^{(0)}}, k = 1, 2, \cdots, n$$

$$X^{(0)} = (x_{(1)}^{(0)}, x_{(2)}^{(0)}, \cdots, x_{(k)}^{(0)}), k = 1, 2, \cdots, n$$

$$= (0.445514, 0.362753, 0.412252, 0.344923, 0.323039, 0.488615, 0.388334)$$
$$(8-2)$$

一次累加后得到数列

$$X^{(1)} = (x_{(1)}^{(1)}, x_{(2)}^{(1)}, \cdots, x_{(k)}^{(1)}), k = 1, 2, \cdots, n$$

$$= (0.445514, 0.808267, 1.220519, 1.565442, 1.888481, 2.377096, 2.76543)$$
$$(8-3)$$

②对 $x^{(0)}$ 做准光滑性检验，由

$$\rho_{(k)} = \frac{x_{(k)}^{(0)}}{x_{(k-1)}^{(1)}}$$

$$p_3 = 0.51, p_4 = 0.28, p_5 = 0.21, p_6 = 0.26, p_7 = 0.16$$

当 $k > 3$ 时，准光滑条件满足。

③检验 $X^{(1)}$ 是否具有指数规律，由

$$\sigma_{(k)}^{(1)} = \frac{x_{(k)}^{(1)}}{x_{(k-1)}^{(1)}}$$

得 $\sigma_{(3)}^{(1)} = 1.51, \sigma_{(4)}^{(1)} = 1.28, \sigma_{(5)}^{(1)} = 1.21, \sigma_{(6)}^{(1)} = 1.26, \sigma_{(7)}^{(1)} = 1.16$

当 $k > 3$ 时，$\sigma_{(k)}^{(1)} \in [1, 1.5]$，准指数规律满足，可对 $X^{(1)}$ 建立 GM（1，1）模型。

④对 $X^{(1)}$ 作紧邻域均值生成

$$z_{(k)}^{(1)} = 0.5(x_{(k)}^{(1)} + x_{(k-1)}^{(1)}), k = 2, 3, \cdots, n$$

得 $Z^{(1)} = (z_{(2)}^{(1)}, z_{(3)}^{(1)}, z_{(4)}^{(1)}, z_{(5)}^{(1)}, z_{(6)}^{(1)}, z_{(7)}^{(1)})$

$$= (0.626891, 1.014393, 1.392981, 1.726962, 2.132789, 2.571263)$$
$$(8-4)$$

于是

$$Y = \begin{bmatrix} x_{(2)}^{(0)} \\ x_{(3)}^{(0)} \\ x_{(4)}^{(0)} \\ x_{(5)}^{(0)} \\ x_{(6)}^{(0)} \\ x_{(7)}^{(0)} \end{bmatrix} = \begin{bmatrix} 0.362753 \\ 0.412252 \\ 0.344923 \\ 0.323039 \\ 0.488615 \\ 0.388334 \end{bmatrix}, B = \begin{bmatrix} -z_{(2)}^{(1)} & 1 \\ -z_{(3)}^{(1)} & 1 \\ -z_{(4)}^{(1)} & 1 \\ -z_{(5)}^{(1)} & 1 \\ -z_{(6)}^{(1)} & 1 \\ -z_{(7)}^{(1)} & 1 \end{bmatrix} = \begin{bmatrix} -0.626891 & 1 \\ -1.014393 & 1 \\ -1.392981 & 1 \\ -1.726962 & 1 \\ -2.132789 & 1 \\ -2.571263 & 1 \end{bmatrix}$$

⑤对参数列 $p = \begin{bmatrix} a \\ b \end{bmatrix}$ 进行最小二乘估计得

$$p = (B^T B)^{-1} B^T Y$$

$$p = \begin{bmatrix} a \\ b \end{bmatrix} = \begin{bmatrix} -0.025025 \\ 0.346733 \end{bmatrix} \tag{8-5}$$

⑥确定模型

$$\frac{dx^{(1)}}{dt} - 0.025025 x^{(1)} = 0.346733 \tag{8-6}$$

模型的时间响应序列为

$$x^{(1)}_{(k+1)} = \left( x^{(0)}_{(1)} - \frac{b}{a} \right) e^{-ak} + \frac{b}{a}, k = 1, 2, \cdots, n$$

$$= 14.300979 e^{0.025025k} + 13.855465 \tag{8-7}$$

⑦求出 $X^{(1)}$ 的模拟值：

$\hat{X}^{(1)} = (\hat{x}^{(1)}_{(1)}, \hat{x}^{(1)}_{(2)}, \hat{x}^{(1)}_{(3)}, \hat{x}^{(1)}_{(4)}, \hat{x}^{(1)}_{(5)}, \hat{x}^{(1)}_{(6)}, \cdots, \hat{x}^{(1)}_{(12)}) = (0.445514, 0.807912,$
$1.179493, 1.56049, 1.951142, 2.351693, 2.762395, 3.183504, 3.615284,$
$4.058006, 4.511947, 4.977391)$

⑧还原求出 $X^{(0)}$ 的模拟值：

$\hat{X}^{(0)} = (\hat{x}^{(0)}_{(1)}, \hat{x}^{(0)}_{(2)}, \hat{x}^{(0)}_{(3)}, \hat{x}^{(0)}_{(4)}, \hat{x}^{(0)}_{(6)}, \cdots, \hat{x}^{(0)}_{(12)}) = (0.445514, 0.362398,$
$0.371581, 0.380997, 0.390625, 0.400551, 0.410702, 0.421109, 0.43178,$
$0.442722, 0.453941, 0.465444)$

也就得到 2015—2019 年净利润预测值为：

$(\hat{Y}^{(0)} = (\hat{y}^{(0)}_{(8)}, \hat{y}^{(0)}_{(9)}, \hat{y}^{(0)}_{(10)}, \hat{y}^{(0)}_{(11)}, \hat{y}^{(0)}_{(12)}) = (2.374682, 2.315994, 2.258754,$
$2.202929, 2.148486)$

⑨检验误差（见表 8.10）：

表 8.10　检验误差统计

| 序号 | 实际数据 $x^{(0)}_{(k)}$ | 模拟数据 $\hat{x}^{(0)}_{(k)}$ | 残差 $\varepsilon_{(k)} = x^{(0)}_{(k)} - \hat{x}^{(0)}_{(k)}$ | 相对误差 $\Delta_{(k)} = \frac{|\varepsilon_{(k)}|}{x^{(0)}_{(k)}}$ |
|---|---|---|---|---|
| 2 | 0.362753 | 0.362398 | 0.000355 | 0.000979 |
| 3 | 0.412252 | 0.371581 | 0.040671 | 0.098656 |
| 4 | 0.344923 | 0.380997 | -0.036074 | 0.10459 |
| 5 | 0.323039 | 0.390625 | -0.067586 | 0.20922 |
| 6 | 0.488615 | 0.400551 | 0.088064 | 0.180232 |
| 7 | 0.388334 | 0.410702 | -0.022368 | 0.0576 |

由表 8.10 可以算出残差平方和为：

$$s = \varepsilon^T \varepsilon = [\varepsilon_{(2)}, \varepsilon_{(3)}, \varepsilon_{(4)}, \varepsilon_{(5)}, \varepsilon_{(6)}, \varepsilon_{(7)}] \begin{bmatrix} \varepsilon_{(2)} \\ \varepsilon_{(3)} \\ \varepsilon_{(4)} \\ \varepsilon_{(5)} \\ \varepsilon_{(6)} \\ \varepsilon_{(7)} \end{bmatrix} = 0.015779$$

平均相对误差

$$\Delta = \frac{1}{6} \sum_{k=2}^{7} \Delta_k = 10.8546\%$$

（2）用上述方法计算，同样可以预测冰川水电站 2015—2019 年净利润为：

（0.1272，0.106389，0.088983，0.074425，0.062248）

（3）该组合资产池 2015—2019 年组合收益为：

（2.501882，2.422383，2.347737，2.277354，2.210734）

$i_c$ 取央行最新数据，按 5 年期贷款利率取为 5.5%。

参照式（7-1），该组合资产池 2015—2019 年预计净利润折现值为：

$$NPV = \sum_{t=1}^{N} \frac{NI_t}{(1+i_c)^t}$$

$$= \frac{2.501882}{1.055} + \frac{2.422383}{1.055^2} + \frac{2.347737}{1.055^3} + \frac{2.277354}{1.055^4} + \frac{2.210734}{1.055^5}$$

$$= 2.371452 + 2.176396 + 1.999365 + 1.838318 + 1.691509$$

$$= 10.07704$$

如果按 3.7% 的收益率发行证券化产品，则发行金额加 5 年收益不得超过上述折现值：

$$IA + \sum_{t=1}^{5} \frac{I_t}{(1+r)^t} \leqslant NPV$$

式中，$IA$ 为证券化产品发行金额；$r$ 为产品年收益率，此处为 3.7%；$I_t$ 为第 $t$ 年的投资收益金额。

$$IA + \frac{0.037IA}{1.037} + \frac{0.037IA}{1.037^2} + \frac{0.037IA}{1.037^3} + \frac{0.037IA}{1.037^4} + \frac{0.037IA}{1.037^5} \leqslant 10.07704$$

$$1.166115IA \leqslant 10.07704$$

$$IA \leqslant 8.64155$$

则福堂水电站和冰川水电站以未来 5 年（2015—2019 年）电费收益作支撑发行证券化产品，如果证券按 3.7% 的年收益率设计，发行金额控制在 8.64155

亿元以内，未来的电费收入是可以覆盖产品的还本付息的，因此是合理的。

## 8.3.2　灰色神经网络模型方法

（1）应用 Matlab 程序进行计算，程序代码如下：

$X$ ＝ ［0.445514，0.362753，0.412252；0.362753，0.412252，0.344923；0.412252，0.344923，0.323039；0.344923，0.323039，0.488615］

$Y$＝［0.344923；0.323039；0.488615；0.388334］

```
net=newff（［0 1；0 1；0 1］，［3 1］，{'tansig','logsig'},'traingd');
for i=1：4
p1（i,:）=X（i,:）
t（i,:）=Y（i,:）;
    net. trainParam. epochs=1500;
    net. trainParam. goal=0.001;
net. trainParam. lr=0.1;
    net=train（net，X（i,:）'，Y（i））;
end
y1=sim（net，［0.344923，0.323039，0.488615］'）;
y2=sim（net，［0.323039，0.488615，y1］'）;
y3=sim（net，［0.488615，y1，y2］'）;
y4=sim（net，［y1，y2，y3］'）;
y5=sim（net，［y2，y3，y4］'）;
disp（y1）
disp（y2）
disp（y3）
disp（y4）
disp（y5）
```

上机运行程序求出 2015—2019 年 $\hat{X}^{(0)}$ 预测值（见图 8.4）为：

$$\hat{X}^{(0)} = (\hat{x}_{(1)}^{(0)},\hat{x}_{(2)}^{(0)},\hat{x}_{(3)}^{(0)},\hat{x}_{(4)}^{(0)},\hat{x}_{(6)}^{(0)},\hat{x}_{(7)}^{(0)})$$

$$= (0.419551,0.492938,0.364347,0.468292,0.354680)$$

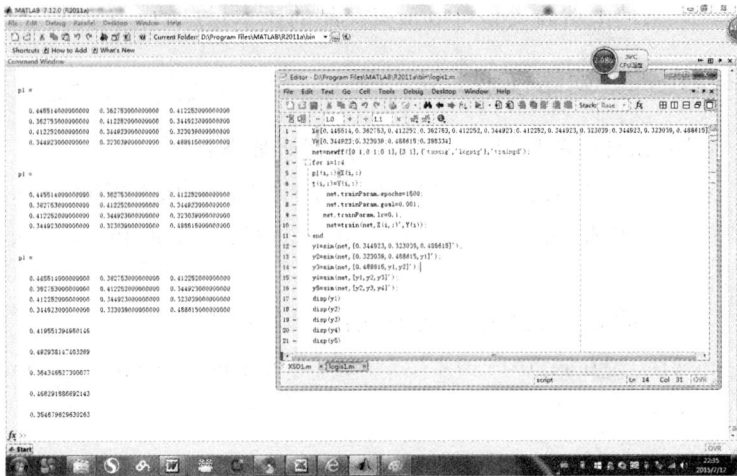

图 8.4　用 Matlab 神经网络工具箱预测福堂水电站电费

也就得到 2015—2019 年净利润预测值为：

$$\hat{Y}^{(0)} = (\hat{y}_{(8)}^{(0)}, \hat{y}_{(9)}^{(0)}, \hat{y}_{(10)}^{(0)}, \hat{y}_{(11)}^{(0)}, \hat{y}_{(12)}^{(0)})$$

$$= (2.383500, 2.028653, 2.744636, 2.135420, 2.819443)$$

（2）用上述方法计算，同样可以预测冰川水电站 2015—2019 年净利润（见图 8.5）为：

$$(0.162745, 0.158463, 0158685, 0.158444, 0.158773)$$

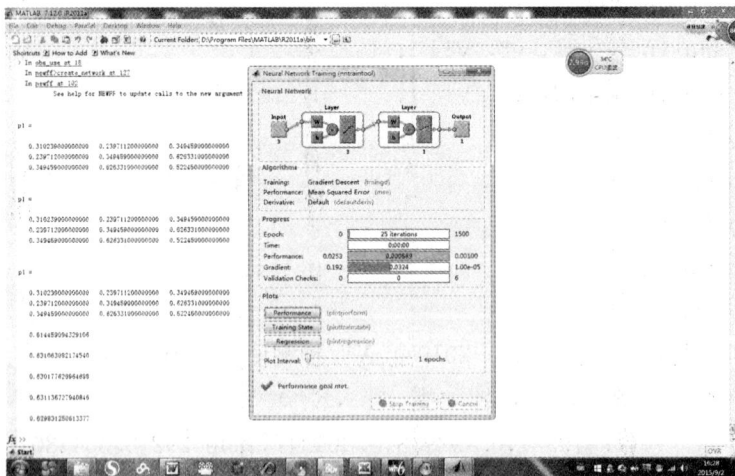

图 8.5　用 Matlab 神经网络工具箱预测冰川水电站电费

（3）该组合资产池 2015—2019 年组合收益为：

（2.546245，2.187116，2.903321，2.293864，2.978216）

$i_c$ 取央行最新数据，按 5 年期贷款利率取为 5.5%。

参照式（7-1），组合资产池 2015—2019 年预计净利润折现值为：

$$NPV = \sum_{t=1}^{N} \frac{NI_t}{(1+i_c)^t}$$

$$= \frac{2.546245}{1.055} + \frac{2.187116}{1.055^2} + \frac{2.903321}{1.055^3} + \frac{2.293864}{1.055^4} + \frac{2.978216}{1.055^5}$$

$$= 2.413502 + 1.965019 + 2.472508 + 1.851645 + 2.278735$$

$$= 10.981409$$

如果按 3.7% 的收益率发行证券化产品，则发行金额加 5 年收益不得超过上述折现值：

$$IA + \sum_{t=1}^{5} \frac{I_t}{(1+r)^t} \leqslant NPV$$

式中，$IA$ 为证券化产品发行金额；$r$ 为产品年收益率，此处为 3.7%；$I_t$ 为第 $t$ 年的投资收益金额。

$$IA + \frac{0.037IA}{1.037} + \frac{0.037IA}{1.037^2} + \frac{0.037IA}{1.037^3} + \frac{0.037IA}{1.037^4} + \frac{0.037IA}{1.037^5} \leqslant 10.981409$$

$$1.166115IA \leqslant 10.149809$$

$$IA \leqslant 8.703952$$

则福堂水电站和冰川水电站以未来 5 年（2015—2019 年）电费收益作支撑发行证券化产品，如果证券按 3.7% 的年收益率设计，发行金额控制在 8.703952 亿元以内，未来的电费收入是可以覆盖产品的还本付息的，因此是合理的。

该结果同灰色 GM（1，1）模型算出的结果 8.64155 亿元相差不大，说明这两种模型算法均是有效的。

另外，在用上述两种方法计算时，为计算方便，本案例没有扣除融资费用 $AF$，在进行实际证券化定价设计时，要按式（7-2）减去融资费用。

案例的计算结果表明，用灰色 Logistic 模型算出的结果和 Matlab 算出的结果相差不大。这两种模型的算法精确度较高，都是有效的。相比较而言，灰色 Logistic 模型的计算结果更加保守一些，从风险控制的角度看，是较优的预测模型。

# 8.4 收益凭证的设计

用上述两种计算方法预测基础资产池未来 5 年产生的现金流大约在 8.6 亿元至 8.7 亿元之间，为节约发行成本，不采用第三方担保的形式，而采用优先级和次优级的结构设计方式。

以福堂水电站和冰川水电站未来 5 年（2015—2019 年）电费收益作支撑发行专项资产管理计划，专项计划管理人为证券公司，专项计划资金投资于福堂水电站和冰川水电站自专项计划成立次日起 5 年内特定期间地向电力公司收取的上网电费收入中合计金额为 8.64 亿元的现金收益，收益凭证发行金额为 8 亿元。

收益凭证总共为 8000000 份，其中优先级收益凭证 7500000 份，次级收益凭证 500000 份。收益凭证面值均为 100 元，每份收益凭证参与价格亦为 100元，收益凭证均为 5 年期，年收益率为 3.7%，产品构成见表 8.11。

**表 8.11　电费收入资产证券化产品构成**

| 简称 | 类别 | 期限 | 金额 | 年利率 |
|------|------|------|------|--------|
| 电收益（优） | 优先级 | 5 年期 | 75000 万元 | 3.7% |
| 电收益（次） | 次优级 | 5 年期 | 5000 万元 | 3.7% |

在计划成立之次日起，每满一年分配一次该专项计划各期优先级收益凭证的收益，计划到期后，一次性付清投资者持有的优先级收益凭证总的面值金额。

专项计划的次优级收益凭证的分配要等到专项计划期满，在扣除专项计划全部优先级收益凭证及其收益、清算费用、相关税款、管理费和托管费等间接费用、专项计划其他债务后，先一次性地支付次优级收益凭证的总的面值金额，再将剩余计划资产作为次优级收益凭证的预期收益予以一次性全额支付。

**拓展与思考：**

1. 多个小水电组合成资产池怎样确定权重？
2. 四川省小水电发展有什么特点？

# 第9章　小水电建设项目资产证券化融资模式的风险和应对设计

## 9.1　小水电建设项目资产证券化的风险

### 9.1.1　融资的风险

#### 9.1.1.1　小水电资产证券化的经营风险

小水电项目作为相对封闭的一个细分行业，在相关政策的限制下，多年来一直没有形成能够反映项目真实发电成本的合理的基础上网电价，导致长期以来我国电源建设和运行的真实利润难以确定。若煤炭、石油、天然气等一次性能源价格市场化，将会使小水电项目利润变得可确定。此外，小水电建设项目虽然投资规模不大，但项目建设、回收期长，小水电项目的运营风险具有长期性、隐蔽性和复杂性。将来如果电力市场放开，完全按竞价模式上网，规模不足会造成小水电项目市场竞争力不足的风险。

#### 9.1.1.2　小水电资产证券化面临的违约风险

部分小水电作为带有准公益性质的项目，有相对垄断和封闭的地位，相比很多行业投资风险较小，拥有较为稳定的细分市场，短时间的波动对企业生存影响不大。但小水电项目的资金主要还是靠外部提供，企业的信用一旦受影响，立刻会产生资金链断裂的风险，市场抗风险能力严重不足。我国发电企业的资产负债率大都比较高，多在60%以上，企业自身的资金积累能力偏弱，无法短期靠电费收入解决，投资新项目的资金主要还是靠银行贷款，一旦小水电市场的发展趋势向淡，小水电建设项目经济效益不再增长，很容易发生财务流动性的风险，偿付本息的违约风险很显然是存在的。

### 9.1.1.3　小水电建设项目资产交易的道德风险

小水电资产的原始权益人将基础资产卖给专项资产管理计划时，基础资产的定价是以未来产生现金流收入的折现值为基础的：

$$NPV = \sum_{k=1}^{M} \sum_{t=1}^{N} \frac{C_{Ft}}{(1 + i_c)^t} \qquad (9-1)$$

式中，$C_{Ft}$代表第$t$期的税后现金流量净额(Free Cash Flow)；$i_c$代表电力行业平均内部收益率。在这个地方，由于$C_{Ft}$和$i_c$都是预估而得，实际上未来还可能发生一定的变动。

有些小水电资产的原始权益人是国有企业或国有控股企业，与专项资产管理计划之间发生的基础资产交易带有国有资产的性质。我国相关法律对公司管理层和控股股东行为规范有所欠缺，有可能使管理层和控股股东滥用控制权和经营权，使专项资产管理计划缺乏相应的约束机制，可能存在基础资产交易价格与其真实价值偏差太大的情况，造成基础资产交易中隐藏着国有资产流失的道德风险。

## 9.1.2　经营的风险

### 9.1.2.1　小水电项目的经营风险

第一，相当一部分小水电集中的省份，如果在外送通道不畅的情况下，其发电量有可能受经济下滑等因素的影响。第二，虽然小水电证券化产品结构设计选用的水文数据相对可靠，但随着周期性气候变化影响，存在上游来水量波动甚至减少的风险，进而直接影响发电收入。同时，由于小水电项目固定资产比重较高，面对地震、山洪和泥石流等不可抗力，存在遭受重大损失的可能性。第三，假若资本市场对小水电项目的定价出现重大变化，有可能影响小水电项目的市场估值。第四，虽然在电力改革的大背景下，不大可能出现政策性的电价下调，但鉴于小水电站收入与电价的相关性，仍然会有一定的风险。第五，小水电还面临着天然气发电、核能发电、地热、光热技术和海洋能技术等新兴发电技术的冲击。第六，大中型水电企业运行稳定，股权关系相对明晰，治理结构比较严谨，受到国家政策的扶持；而小水电项目建设完工后受到诸如上网电价低、发电量达不到设计标准、电能质量和供电可靠性相对较差、调节能力弱等因素的影响，经营状况不稳定，会造成收入波动，抗风险能力有限。

### 9.1.2.2　财务风险和担保风险

发电项目的资本金比例是所有行业中最低的，尤其是小水电项目，自有资本金偏低的情况普遍存在，部分小水电企业的资金主要依靠银行贷款，财务费高、负债率高、投资回收期长、运行成本高，部分企业为关联企业担保数额也较大，会造成银行贷款的潜在风险。有的水电企业同时经营着若干个小水电站，在前期投产项目效益还没有如期发挥的情况下，仍在进行后续的滚动开发，挤占现有企业的流动资金，会影响到期银行贷款按时归还。

小水电项目固定资产贷款一般会要求以小水电站在建工程作抵押，建成以后以小水电站的土地、厂房、设施设备作抵押。而实际上部分小水电站土地权证受政策影响，大多都不能及时办理，造成抵押不能落实。

### 9.1.2.3　小水电项目公益性和小水电企业破产无法执行的障碍

在我国经济欠发达地区，小水电项目建设带有更多的公益性质，一些小水电项目建成后很可能社会效益重于经济效益，企业经营、还贷较艰难，这类小水电沉淀资产仍然可以进行证券化处理。但这类项目的经济效益得不到保障，风险较大，影响了这类小水电资产证券化的推进。

小水电项目具有较强的公益性，一旦企业经营不善甚至破产，债权人还不能轻易对其破产清算。尽管证券投资者利用专项资产管理计划进行了一定程度的破产隔离处理，但基础资产的原始权益人破产后，专项资产管理计划是由发起人构建的一个空壳，不能随意地执行破产财产，加大了专项资产管理计划的破产风险，也相应加大了证券投资者的风险。

### 9.1.2.4　高素质专业人才和高质量的中介服务机构还很欠缺

小水电项目资产证券化设计难度大，怎样结合小水电行业的特点，合理构建"小水电资产池"本身就是一个技术难度很大的问题。小水电项目资产证券化运作技术性、专业性很强，行业内可供参考的实践经验很少。小水电资产证券化业务需要大量的高素质专业人员，但目前还缺乏一批既具有丰富的证券化业务经验、熟悉我国的市场环境和法律体系，同时也对小水电项目特点有深刻理解的高素质复合型人才。

现阶段中介服务机构的高素质专业技术人才的数量和公正性还难以保证。资产证券化过程中涉及法律、会计、信用增级、评级、证券和信托等众多的中介机构。这些中介机构在资产证券化业务上的经验还不足，现阶段资产评估和资信评估行业还远达不到证券化业务要求。而我国小水电的资产评估、评级专业性太强，对中介机构的要求更加严格，这造成现有的评级结果还不能达到应有的水平，缺乏可信度。

### 9.1.2.5　小水电行业投资环境还有待完善

前些年，国内民间资金大量进入我国中西部支流小水电投资市场，但是近年来，由于小水电企业生存环境不佳，国内以中水、华润、国电和大唐等为代表的国有央企又陆续通过收购兼并方式进入小水电投资市场。对投资者来说，市场的稳定性和可预测性是投资与否的重要考量因素。今后国内如果不能强化电力规划管理，利用宏观调控手段维持电力市场供需的总量平衡，将会使投资者对小水电投资市场产生担忧情绪。

## 9.1.3　政策支持不够

### 9.1.3.1　对机构投资者的限制还要放开

从欧美发达国家的市场情况来看，机构投资者历来是资产证券化市场的主力军。我国的法律现阶段仍然对银行、保险和社保基金等机构投资者准入证券市场进行了严格的限定，变相将这些潜在的理性投资者的投资规模加以限定，给小水电资产证券化的推进带来了障碍。

### 9.1.3.2　资产证券化的监管部门有待统一

监管部门太多是我国资产证券化交易中存在的一个重要问题。资产证券化过程牵涉到证券发行、基础资产的转让和设立特殊目的机构，涉及的相关监管部门很多。

在实施证券化过程中，信贷资产证券化业务归口央行和银监会监管，企业资产证券化业务归口证监会监管，资产支持票据的注册发行业务归银行间市场交易商协会自律管理，保监会下辖也有资产证券化业务的发行。总体来看，我国资产证券化市场的管理规则、信息披露平台、统计口径以及互通的交易场所，在打通平台通道、建立统一性上亟待改善。

如果商业银行发行证券，银监会要管；如果证券化是债券形式，其规模发改委要管；证券化产品能不能上市交易，证监会要管。各个部门都想管，都想伸手，但结果没有哪个部门能全方位地行使监管职责，把它管好。

电监会没有发挥行业监管作用，造成电力项目的全域总体规划和建设无法实现有效的监督，小水电资产证券化也缺乏有力的行业主管部门的监督机制。

近年来在电力不足的情况下，我国投资建设了大量的发电基础设施，致使局部地区出现了严重的重复建设和电力供应、消费的不平衡，很多地方小水电建设呈现无序开发状态，后期并网发电得不到保证造成弃水过多。如果电监会能够发挥有效的监管力量，不仅能够保证行业的宏观发展方向，还能确保小水电项目资产证券化业务得到规范的、有计划的实施。

### 9.1.3.3　信用评级机构有待规范

我国的信用评级体系还有待完善，信用评级机构的中立性、规范性还不能令人满意。信用评级机构的评级方法和评级指标体系科学性不足，评级程序的行政色彩较强，信用评级还缺乏必需的法律保障。现阶段，在国内还缺乏认可度较高的信用评级机构，资产证券化的信用评级结果可信度不高会导致投资人的担忧。

### 9.1.3.4　我国资本市场发展还不够成熟

我国资本市场的发展时间相对较短，跟国际资本市场比起来，产品的定价能力偏低，证券市场规模还有待提高，产权、债券市场都还缺乏足够的成熟度，能不能高质有效地操作小水电资产证券化还让人疑虑。

## 9.1.4　法律体系不完善

### 9.1.4.1　证券化载体的法律定位

首先，《公司法》对公司实体的注册资本、人员、场所和投资者等都有规定，而原始权益人设立的特殊目的机构通常是一个空壳公司（比如专项资产管理计划），很难成为法律认可的法人主体。如果按《公司法》的要求成立合法的法人实体，只是用来专门为证券化交易服务，则完全使资产证券化融资手段缺乏成本上的优势。我国多项法规对债券制定了严格的发行条件，比如要求企业发行之前的连续三年要持续盈利，而证券化产品是由刚成立的特殊目的机构发起销售，根本无法满足这个盈利条件。

小水电资产证券化产品既不是银行发行的金融类债券，也不是公司发行的公司债券，在证券发行的管辖和审批上还没有成型的法律法规条文。特殊目的机构作为一个特殊机构，现阶段其发行证券化产品的管辖和审批的归属也没办法界定。

其次，欧美主要国家在法律中对担保融资和真实销售有明确的条文。在我国，"真实出售"、特殊目的机构的破产隔离和发起人的破产隔离问题，都没有形成具体的法律条文加以明确。目前，我国大多数资产证券化产品是以信托公司或证券公司的专项资产管理计划的形式存在的，这种形式绝不可能从根本上解决真实出售和风险隔离问题。例如，今年全国发生若干起信托产品兑付违约，不能排除其中有信托公司作为受托人疏于管理，最后风险仍由投资人承担的结果，因此上述资产管理计划形式仍然不能保证资产证券化产品的风险隔离。

再次，信用增级要求必须具备一定的担保。我国《担保法》对不动产的规定条文比较多，对动产的担保有所欠缺。而担保登记又是多部门管理，相关的程序和收费增加了证券化的交易成本。

### 9.1.4.2 会计相关的法律、法规问题

证券化交易是要通过"真实出售"的手段将基础资产移出原始权益人的资产负债表，以提高资金收益率、资金流动性及资本充足率。但按照《企业会计制度》规定，基础资产的真实出售和表外处理是无法实现的。

即使能解决表外处理的难题，原始权益人与特殊目的机构的合并又成了新的问题。小水电资产证券化模式设计中，小水电项目的原始权益人与小水电项目存在关联关系，证券化交易是原始权益人对特殊目的机构实施重大影响，按照规定就必须将原始权益人与特殊目的机构的资产负债表合并处理。这样一来，基础资产交易就转化成实实在在的交易，成立特殊目的机构、风险隔离和真实出售等一系列复杂的金融交易安排就变得毫无意义。

### 9.1.4.3 小水电资产证券化面临的税收问题

按我国税法的规定，当发起人将基础资产出售给特殊目的机构时，如果符合"真实出售"，就会相应地计算营业税、印花税和企业所得税。资产证券化交易额规模通常少则亿计，多则数十亿计，按现行的营业税、印花税和所得税税率计，缴纳各种税额不是一个小数目，会大大提高资产证券化的融资成本，实施证券化将变得毫无意义。

即使特殊目的机构是一个空壳，依然存在缴纳营业税、印花税和企业所得税的问题。根据现行的税法，怎样建立税收高效的特殊目的机构，降低证券化融资成本是需要解决的重要问题。

资产证券化比常规交易增加许多节点，如果不进行相应的税收减免，也会

增加证券化的融资成本。

目前，怎样解决特殊目的机构的税收问题，从而建立高效率的特殊目的机构是资产证券化面临的最大问题。资产证券化的参与者不能因为证券化交易而产生额外的纳税，特别是因此增加融资成本，否则会使资产证券化在税收层面失去优势。

# 9.2　小水电建设项目资产证券化模式的风险应对

## 9.2.1　融资风险的应对

### 9.2.1.1　提升项目经营管理水平

（1）认真开展小水电项目运营成本核算工作，在对历史成本进行核算、分析的基础上，要采用先进成熟的技术，优化运行模式，降低经营成本。同时，要积极进入主区域供电，确保现金流的稳定性和可预测性。

（2）加强企业经营管理水平。

（3）为了降低市场波动带来的风险，应实行直接向大客户供电的模式，拓宽客户渠道。

应逐步推进发电机组竞价上网试点的范围，让小水电平等参与市场竞争，有效刺激小水电的经营发展潜力，提升其经营管理水平。要形成有效的电价市场确定机制，提高小水电企业的经济效益，确保投资者的权益。

### 9.2.1.2　违约风险的防范

（1）要加强小水电企业融资结构的动态化管理，优化小水电企业融资结构并建立多层次的融资渠道，建立融资风险控制体系，降低财务风险。

（2）证监会应该加强对信用评级过程的管理，完善评级机构的资质管理，加强对信用的评级。证监会须明确并规范资产证券化过程中各参与主体的行为，做好监督管理，限制评估费用过高，降低证券发行成本。

（3）为了防止资产交易过程中道德风险的发生，在特殊目的机构和原始权益人资产买卖过程中，可以预先约定未来实际发生现金流量与理论交易价格不相等时的处理办法。

## 9.2.2　经营风险的应对

### 9.2.2.1　组建科学的资产池

合理应用基础资产组合、分层等手段，把各种信用级别和性质的基础资产科学搭配组成"小水电资产池"。把社会效益、经济效益各有优劣的小水电项目进行技术性组合，提高资产池的整体资信质量，以吸引证券投资者。

### 9.2.2.2　破产的不可强制执行性

对于这个问题，必须在《破产法》等相关法律中增加修订条文，对小水电等公益性项目的破产问题加以明确。

### 9.2.2.3　提高中介机构和从业人员素质

在国外，各行各业的专家遍布投行、证券公司和金融中介机构。我国针对高素质从业人员严重不足的现状，在有关高等院校开设了相关专业课程，招收培养相关的研究生。有的中介机构选派员工到证券化市场发达的国家考察、进修，以吸收证券化成功经验，等等。另外，还可以在证券化过程中采取工作小组的形式，吸收法律、金融和专业技术人员等组成工作小组，以弥补个人综合能力的不足，以小组的形式提供中介服务。

### 9.2.2.4　采用离岸业务，回避国内制度障碍

我国现阶段的资本市场和相关法律体系都还不够健全，在国内开展资产证券化业务还存在诸多困难，在万不得已的情况下，可以采取离岸发行方式，以回避国内的诸多法律限制。国外的一些投行和从业人员经验丰富，对国际惯例和相关国家的法律研究得很透，由这类投行参与策划、设计和发行证券，容易得到国外各种投资者的大量认购。

另外，参照证监会以 CDR 方案解决百度、阿里巴巴、京东和腾讯等优秀公司在国内证券市场上市的问题，还可以将特殊目的机构设在境外，证券化产品仍然在境内发行上市，这样既可以解决目前国内相关法律法规无法解决的特殊目的机构的法律地位问题，又可解决合规避税的问题，降低了证券化的交易成本。

### 9.2.2.5　创造良好的投资环境

要提高小水电建设的总体规划水平，强化小水电市场的可预测性。通过加强小水电行业的宏观管理，维持电力市场的供需总量平衡。

小水电上网电价是投资小水电项目最大的不确定性因素，应当继续深化电力体制改革，建立市场化的上网电价形成机制。例如，四川省为促进节能减排和推进清洁能源的发展，持续出台了价格政策，调低火电上网价格，提高水电上网价格，以保证水电企业的生产积极性。只有电价政策透明化，才能增强投资者的信心，吸引更多的投资者。

此外，小水电经营主体的变更要采取合理的处理方式。特别是带有国有性质的资产，要明确经营主体变更的处理方式，尽量使用市场化手段，避免行政手段，以保障投资者的合法权益不受到损害。

## 9.2.3　政策支持措施

### 9.2.3.1　小水电规划思路的改变

小水电建设规划与现代经济社会发展思路存在差异，社会经济的发展对水资源的需求是全方位的、立体的，除了传统的需求之外，还包括农村饮用水、生态、环境和旅游等，这些需求是传统规划所没有考虑的。

一些重要的小水电项目的规划修编工作没有及时跟上，尤其是跨行政区域边界河流的小水电建设规划，导致县与县之间的纠纷、省与省之间的纠纷。在新的经济社会环境下，社会经济、生态环保、移民政策处理等需要多方面的论证和协调，小水电规划实施的难度有所增加。

社会上和水利系统内部现阶段还存在着认识上的不足，存在只重视小水电的建设开发，不重视小水电的建设规划的问题。由于前些年大量社会资本进入小水电行业，许多江河的流域规划无法跟上小水电建设开发的进度，经常出现小水电业主排队等规划的现象，这种情况最终会导致小水电建设规划的水平较低。此外，由于流域经济结构和种养殖结构的调整，原来编制的规划已经不符合现实的发展需要，特别是对项目的资源优化的考虑，传统的规划与现实的思路有较大差距。这些差距导致小水电开发与农村群众生活用水、灌溉用水之间产生新的矛盾。有些地方编制了流域综合规划，但没有编制专业的小水电开发规划，或者对水能配置、生态保护及水生物繁衍等方面欠缺考虑。小水电项目建设时也没有统筹考量发电、生态保护、灌溉和养殖等众多目标，造成对江河小流域的过度、无序开发，超过流域生态环境的承载极限，导致水能资源的极大浪费。

水资源的开发应该做到时间和空间上全面规划，兼顾各方面的需求，在空间上合理地布局，在保护生态环境的基础上有序地开发小水电，完善水能资源的战略性规划。规划一旦制订下来，就必须维护规划的严肃性。

#### 9.2.3.2　政府要完善投资环境并加强监管

要对机构投资者松绑，让其积极参与资产证券化交易，逐渐消除对机构投资者的相关限制，以便给资产证券化的发展提供源源不断的动力。同时，对机构投资者的资金投向要进行合理的导向，使社会资金的应用效率尽可能优化。

在小水电资产证券化过程中，证券化要涉及证监会、银监会等多个监管部门，运作协调十分耗费精力。应该改变这种多头管理的现状，设计具体的监管模式，不但要考虑我国金融管理的现状，也要考虑证券化业务的特殊性，可以走联合监管的方向，也可以在国务院成立专门的机构，走专业化监管的路子。

应进一步修订《电力法》，强化电监会的监管职能，使电力监管机构在行使职权时有法可依。

#### 9.2.3.3　完善中立性的评级机构并健全资本市场环境

可以由央行或证监会建立定期对评估机构的评级制度，发起人可以用必选方式择优选取评级中介机构，促使评级机构维护独立性、公正性、权威性原则。要完善信用评级方法和评级指标体系的建立。

政府主管部门要从制度上、政策上加大投入，排除资本市场的波动带来的影响，加快完善我国的资本市场环境，为资产证券化创造市场化的条件。

### 9.2.4　法律环境的完善

#### 9.2.4.1　解决特殊目的机构的法律障碍

为了解决基础资产的"真实出售"，就必须解决特殊目的机构的法律定位。因此，有必要在《公司法》和《证券法》中增加相应条文或解释，要对特殊目的机构作为空壳的这一特定形式给出变通性的条款予以承认，否则，发起人为了满足特殊目的机构的合法定位要求，不得不选择离岸方式发行资产证券化产品或在境外设立特殊目的机构，导致相关的税收流失。

在资产证券化产品的发行上，应该在《证券法》中增加资产支持证券的注册、审批和信息披露等相关条文。此外，为便于资产证券化产品上市交易，建议采用类似我国新三板的做市商制度作为补充，提高小水电资产证券化产品的及时性和流动性，还兼具价格发现的功能。采用做市商制度进行交易比较灵活，做市商可以证券价值对证券的买卖进行撮合，增强证券化产品的流动性。

在《担保法》中也需要补充对动产和债权担保的相关条文，明确当事人以动产或债权作担保时应采用的形式。

修改信托法，以实际受益者征税原则只对信托受益人的所得进行征税而不对受托者征税，从而避免重复征税，降低资产证券化的经营成本。为特殊目的机构的所得税减免提供法律支持，以推动小水电资产证券化在我国的发展。

资产证券化作为舶来品，在国内实施过程中还不能完全找到法律支撑，但近期证监会的 CDR 方案给我们提供了崭新的借鉴思路。新浪、京东等国内优秀公司由于多采用 VIE 架构，注册地均在国外，受国内证券市场相关法律框架和相关规定限制，注册地在海外的公司并不能直接在 A 股上市，因此它们多在美国等证券市场上市交易，这使得国内众多投资者没有享受到这些企业发展的红利。近期证监会为了解决 VIE 结构的国内优秀企业在国内上市问题，在国内证券市场创新性地提出 CDR 方案，可以在基本不改变现行法律框架的基础上，也不用通过拆除 VIE 结构再私有化回归的路径，实现境外上市公司在 A 股上市。这一创新举措给我们解决资产证券化实施中出现的法律环境问题提供了解决思路。

### 9.2.4.2　做到破产隔离

应该严禁特殊目的机构从事基础资产范围之外的其他经营活动，以降低特殊目的机构破产的可能性。

应修订《企业破产法》条文，对证券化资产的真实出售行为加以界定，对于原始权益人的破产问题进行完善，特别是对公益性资产的破产隔离问题进行规定。明确规定证券化的基础资产不得作为破产财产清算，使投资人做到与特殊目的机构和原始权益人之间的破产隔离。在破产相关法律条文没有完善的情况下，要实现对特殊目的机构真正的破产隔离，在小水电资产转让时，尽可能让信用等级高的第三方提供担保也是一种防范措施。

必须维持特殊目的机构严格的独立性，除非特定情况，特殊目的机构不得免除或减轻任何证券化交易参与方应履行的义务，不能发生重组或兼并行为。特殊目的机构要绝对保持为一个独立的实体，才能保证做到真实出售和破产隔离。

在资产证券化实施过程中，相关部门也意识到破产隔离的重要性。2017年6月19日，财政部、央行、证监会联合印发《关于规范开展政府和社会资本合作项目资产证券化有关事宜的通知》（以下简称《通知》），《通知》要求原始权益人应通过特殊目的机构和必要的增信措施，坚持真实出售、破产隔离原则，在基础资产与原始权益人资产之间做好风险隔离。资产证券化产品如出现偿付困难，原始权益人应按照合同约定与投资人妥善解决，原始权益人不承担约定以外的连带偿付责任。PPP项目资产证券化产品的偿付责任将由特殊目的载体及增信机构承担，政府部门将不承担刚性兑付责任。《通知》对破产隔离原则的明确，体现了监管部门以市场化方式管控风险的理念。

### 9.2.4.3　会计相关法律的解决措施

按我国现行《企业会计准则》的规定："合并财务报表的合并范围应以控制为基础予以确定。控制，是指投资方拥有对被投资方的权力，通过参与被投资方的相关活动而享有可变回报，并且有能力运用对被投资方的权力影响其回报金额。"从以上准则规定对"控制"的解释来看，拥有对被投资方的权力、享有可变回报和有能力影响回报金额这三项要点组成了控制的要素。

但是对于资产管理计划到底划分为权益类还是债务类，直接影响到对这些金融资产的投资分类是否能归入公允价值计量，且其变动计入其他综合收益的金融资产。

从目前行业内的观点来看，资产管理计划应该直接归入负债，因无法满足本息的现金流测试，故只能计入公允价值计量且变动计入损益的金融资产。因为这类产品从合同条款设计来说，只要投资者发起赎回的指令，管理人都必须返还价款，故符合债的属性。

由于现阶段缺乏资产证券化交易的相关会计准则条文，在《企业会计准则》修订时，应该参考欧美国家资产证券化的相关会计处理规定，根据实际需要对现有的会计准则针对资产证券化这一特定业务增加相应的条文。

对于基础资产的表外处理，要对现有的《企业会计准则》进行修订，使证券化资产的表外处理找到依据。

由于证券化交易将原始权益人基础资产转变成新的资产和负债，应该依据真实性原则，采用公允价值计量，对已经用历史成本计量入账的资产及负债，涉及上述基础资产的部分要做相应追溯和调增调减处理。

对资产证券化这一特殊交易建议不进行会计报表的合并，并反映到《会计准则》的修订条文中。

如果要彻底解决证券化的相关会计问题，最好是针对资产证券化市场运作，再制定一套比较完善的会计制度，以解决困扰资产证券化的会计问题。

### 9.2.4.4 解决税收方面的问题

按我国现行的相关税务规定（主要可参考的是财税〔2006〕5 号和财税〔2016〕36 号），资产证券化交易过程中涉及的税种主要是增值税、所得税、营业税和印花税，涉及的纳税人有发起机构、交易服务机构、投资者和交易者。

证券化交易印花税的征缴税率虽然不高，但其计税基数是总交易额。资产证券化交易涉及的金额都不小，因此印花税的征收对融资成本有比较大的影响。关于增值税的计税，规定资产管理计划产品管理人运营资管产品过程中发生的增值税应税行为，暂适用简易计税方法，按照 3% 的征税率缴纳增值税。

财税〔2006〕5 号文对原始权益人转让拟证券化资产的形式没有做出明确的界定和区分。通常情况下，原始权益人可以采用担保融资或真实出售形式转让基础资产。如果基础资产以担保融资（资产负债表内融资）的方式转移，这就相当于仅是一种债项安排，发起人无须缴纳企业所得税；但如果采用真实销售的方式转移资产，证券化融资就是资产负债表外融资，发起人要缴纳企业所得税。我国资产证券化尚处于起步阶段，法律法规允许发起人转让资产的形式还仅限于担保融资。发起机构与受托机构因缔结信托合同而交付信贷资产，显然与通常意义上的财产所有权转让行为有着本质的区别。信托行为并不导致信贷资产的有偿转让。

发起人从税收成本最小化的目的出发，希望资产以担保融资的方式转移。但担保融资使基础资产仍保留在发起人的资产负债表中，发起人仍然需要以自己的全部资产偿还所借贷的资金，而只有真实销售才能实现 SPV 同发起人的破产风险隔离，真正保证交易结构的安全性。

笔者认为，我国对发起人转让资产所得税的制度设计，应对担保融资与真实出售做出明确的法律区分，在保证国家财政收入和税制统一的同时，又为发起人合法避税提供法律依据和具体形式。可借鉴欧美税法的做法，使发起人得到表外融资和规避税收的双重实惠。让即使架构为真实出售的证券化交易也可以免除一部分企业所得税，以降低证券化的成本负担，推动我国资产证券化的发展。

关于所得税，在财政部国家税务局《关于信贷资产证券化有关税收政策问题的通知》（财税〔2006〕5 号）中规定，发起机构转让信贷资产取得的收益应按企业所得税的政策规定计算缴纳企业所得税，机构投资者买卖信贷资产支持证券获得的差价收入，应当按照企业所得税的政策规定计算缴纳企业所得税。针对前者，发起机构将拟证券化资产销售给特殊目的机构其实不同于一般意义上的资产出售，而仅仅是为了完成资产证券化的一个必需流程，类似于融资所提供的担保或抵押，最终还是需要回购以完成资产证券化的流程。从这个角度分析，为了降低交易成本，应该在回购完成后予以减免销售及收购的企业所得税。针对后者，为了促进资产证券化在交易市场的流动性，应该参照我国A股市场的一些规定，在持有一定时间后的交易可以给予交易价差的所得税减免。

为降低资产证券化的税务成本，有必要在税法中对资产证券化这一特殊交易行为的纳税问题制定条文。

同时还需要减免原始权益人、特殊目的机构和投资者在资产证券化交易中的税务，发起人代收的小水电电费现金流要减免营业税，特殊目的机构的所得税也需要减免。

为符合资产证券化产品低税收成本的要求，需推动金融创新，促进证券市场资源配置和资产证券化融资构架的完成，税务部门可针对性地规定投资者投资于资产证券化产品享受与投资国债相同的税收待遇，既减免印花税又免征交易所得税，以激发投资者对此类证券的需求。

### 9.2.4.5 证券化的相关立法

经过几轮试点，我国的资产证券化经历了从无到有的过程，资产证券化品种也在不断丰富，但是相关法律、会计和税务制度还有待进一步完善，市场发展水平依然很低、规模很小，资产证券化市场产品余额总量还不及银行资产的0.1%。目前，我国资产证券化缺乏相关立法，大部分是临时性的部门规章，如证监会在2014年发布的《证券公司及基金管理公司子公司资产证券化业务管理规定》及配套规定，这类文件无论是法律层级还是稳定性都不太高。证券化的发展，既有来自市场的利益驱动力，也有来自法律制度建设的推动力，这两股力量是相互起作用的。这几年各部委陆续出台了一系列推进、规范资产证券化的文件，但都是从各部委行政管理的角度出发，缺乏统一性、全局性，有些甚至相互矛盾。

目前，我国资产证券化的分业监管模式虽然有利于减少金融风险，却影响了资产证券化业务的发展进程。由于资产证券化的相对特殊性，产品的创设、发行、审批、交易和监管等环节分别涉及"一行三会"4个监管部门，监管部门过多必然导致部门本位主义泛滥、监管成本上升、监管效率低下和责任划分不清等弊端，从而限制我国资产证券化的发展速度与规模。随着我国资本市场的逐步完善，也迫切需要单独的立法来规范政府金融机构现行的监管模式。

从资产证券化在全球的发展轨迹来看，也可以看到各国专门立法的发展过往。法国在引入资产证券化 5 年后的 1988 年就完成了专门的证券化立法，以推动资产证券化在其国内的发展。韩国制定有《资产证券化法案》和《住房抵押债权证券化公司法》，其对推动韩国的资产证券化发挥了相当大的促进作用。

这些都说明立法是我国资产证券化业务开展的迫切需要，只有好的立法才能够保障我国资产证券化持续健康发展的轨迹。我国应尽快启动《资产证券化法》的立法进程，对诸如真实出售、破产隔离和特殊目的机构的定位等难题做出明确规定，以避免其成为继续困扰证券化交易参与者的问题。各相关部门可在此法规基础上，制定具体的操作细则。如果短期内不能完成立法，也可以由国务院出台资产证券化的专门行政条例，作为过渡时期可以参考的制度性文件。

资产证券化研究和应用不但有利于资本证券市场的发展，对小水电行业的统筹规划也有积极的助推作用。在制定专门立法时，视野不应该只限于证券化的资产，而是要放在我国整个金融体系的创新和改革上，放在对我国经济增长的结构性调整上来，站在这个层面上做好调查研究，对各项法律制度进行系统性的完善和修订，以此为契机推动小水电资产证券化事业向纵深发展。

2017 年 6 月 19 日，财政部联合中国人民银行和证监会发布《关于规范开展政府和社会资本合作项目资产证券化有关事宜的通知》财金〔2017〕55 号，该文件在实施资产证券化中意义重大，具有创新性。文件提出探索在项目建设期利用未来收益权发行债务融资工具的渠道，真正解决项目资金需求困局，提高项目融得资金专项使用率。未来资产证券化将不仅用来解决社会资本资金周转及快速变现的问题，还将为项目自身融资提供解决方案，PPP 项目的融资渠道将得到进一步拓宽。但该文件尚未对市场较为关心的 PPP 资产证券化产品的增信措施、产品期限及到期处置等问题给出明确解释，后期还需在实践摸索中完善。

按照文件的指导思路，资产证券化的主体更加多元，从 PPP 项目公司延伸到了 PPP 项目股东和其他相关主体（包括为项目公司提供融资的各类金融机构和提供建设支持的承包商等），几乎涵盖了 PPP 项目的所有利益相关方，其影响之大，不言而喻。PPP 项目运营时间的要求也放宽了，文件规定项目公司作为发起人（原始权益人）的，应当已落实融资方案，前期融资实际到账即可。相比发改投资〔2016〕2698 号文"项目已建成并正常运营 2 年以上"的要求，55 号文将更广泛地适用于目前正在推进的 PPP 项目。

　　尽管数量众多的文件组成了实施资产证券化的政策基础，但这些文件仍然属于部委层级的，缺乏高层次的解释力度。因此，随着资产证券化在我国的深入实施，最终将有必要在法律层面给予明确的规范。

**拓展与思考：**

　　1. 小水电资产证券化的风险主要是什么？

　　2. 小水电资产证券化的载体有哪些法律风险？

# 结　语

本书简述了资产证券化在国外和国内的发展历程，介绍了国内外研究者的研究状况和资产证券化融资模式的相关基本理论。通过对国内外现有模式的分析、对比，找出小水电项目融资中需要解决的主要问题，对小水电项目融资模式的构建提出了具体的交易模式及定价、评估方面的计算模型，最后分析了小水电项目融资中资产证券化的实证案例。期望本书的研究成果对今后小水电项目融资的发展起到一定参考作用，为我国小水电行业持续健康发展增添良好的推动力。

本书的研究目的是促进小水电项目资产证券化融资业务的开展，从而优化小水电项目的融资结构，规避融资风险，降低融资成本，盘活小水电项目存量资产，改善财务状况，提高小水电项目的资信度等。

通过广泛、深入的研究，本书主要取得以下认识：

（1）通过小水电建设项目资产证券化的具体融资模式设计，分析了企业融资、项目融资和资产证券化融资的异同。与火电企业和大中型水电站相比，小水电缺乏规模效应，资信等级不高，企业融资和项目融资的难度较大。从融资的成本和可行性上指出资产证券化是解决小水电建设项目发展所面临的资金瓶颈和盘活小水电项目存量资产的有效方法。

（2）给出了小水电建设项目资产证券化的产品定价模型，在模型建立过程中，针对小水电资产与房产抵押贷款等常规证券化资产的特殊性，提出在小水电建设项目资产证券化定价时可以不计提清偿因素对定价的影响，使得定价模型更加简便和具有针对性。不管何种资产进行证券化，未来现金流量仍然是确定证券化产品定价的基础，小水电未来的电费现金流量净值是确定证券化产品定价的基础。

（3）给出了小水电建设项目资产证券化定价的评估模型，未来现金流的折现是确定资产证券化产品定价的基本因素，针对此因素建立了小水电建设资产证券化定价的评估模型。小水电资产证券化产品的定价是否合理，最终取决于未来现金流量净值能否覆盖证券化产品最终本息还款总额。

（4）建立了小水电建设项目未来现金流的预测模型，小水电建设项目资产证券化产品的定价、发行和清算都与未来现金流相关。小水电的发电收入受用电需求、来水量、上网电价、气候、国家和地方政策等因素影响。总体来说，该种情况属于贫信息的情况，现金流历史数据少、不稳定，缺乏明显的规律性，本书针对性地提出了建立在灰色理论和神经网络基础上的现金流预测模型，在案例分析中的结果也证实两种模型预测精度较高，有实际的应用价值。

（5）明确了小水电资产证券化的发行模式，经大量的国内外资产证券化理论及案例分析，明确在我国目前的法律法规制度环境下，由于特殊目的机构的定位问题是始终无法回避的，采用证券公司或信托公司专项资产管理计划的形式是解决特殊目的机构定位的最好办法。因为小水电的规模、性质、融资规模的限制，离岸发行不是小水电项目资产证券化的首选，所以仍以在国内发行为优。

（6）提出立法是推进资产证券化在我国发展的必然途径，不管是特殊目的机构设立的定位、证券化产品的税收，还是小水电建设电费收入资产证券化的定性，都需要在专门立法框架下给予明确，这是目前各部门规章所无法解决的。

因此，资产证券化在解决小水电融资通道、盘活小水电存量资产上具有重要的现实作用，对我国小水电行业的稳步发展意义重大，有极其良好的发展空间。我国水电行业的发展要满足区域经济、社会发展和人民生活质量水平发展不平衡的问题，也要考量水电能源和生态环境的承载能力，这都需要投入大量的资金。国民经济持续良好的发展势头，带动水电的持续建设和改造升级，为推进小水电资产证券化业务提供了市场操作空间。

我国经过 20 多年的理论研究和实践，再加上政府几轮试点工作的推动，已基本具备实施资产证券化的理论和实践经验，这几年在地方政府降杠杆的大背景下，在实践和市场环境制度方面也在不断完善。国务院近几年一直在政策上加快资产证券化的推进步伐，加紧相关法律法规的修订，这都将为小水电证券化的实施创造更好的现实和理论支撑条件。

资产证券化在公共基础设施建设领域的应用和推广，为小水电项目资产证券化积累了成熟的操作经验。随着我国水电新农村建设、小水电代燃料项目和农村小水电扩容改造项目的不断推进，以及投融资体制改革的不断深化，资产证券化将成为小水电行业新的融资通道，为小水电行业的发展起到积极的推动作用。

另外，本书在撰写过程中参阅了众多国内外相关文献，以小水电建设的发展为目的，为其资金需求探索一个融资成本较低、流动性较强的融资通道，使得小水电项目能够根据自身相关的财务指标、外部监管环境、金融环境等影响要素，以现实可行的思路开展资产支持证券的设计与操作，并依据小水电项目的资产、规模状况选取适合自身发展战略和相关资金需求的资产证券化融资模式。

鉴于小水电建设项目的特殊性，以电费收益资产作支撑，在设计具体的电费收益资产管理计划方案时，有必要进行一定程度的创新，以提高产品的安全性、可行性和收益性，提高操作的成功度，从而进一步推动小水电项目资产证券化的推广和普及。严格来讲，国内对资产证券化的理论探讨直到 20 世纪 90 年代才开始，当时的研究主要集中在房地产证券化和信贷资产证券化两大领域。同抵押贷款、BOT、BT 和 PPP 等传统的项目融资手段相比，资产证券化模式在我国的研究和应用只能算是刚刚起步，通过资产证券化为小水电项目解决资金来源有着广阔的发展前景。与此同时，在我国推广资产证券化，还存在许多制度或非制度、法律或非法律等诸多的问题和不足困扰着众多的交易参与者。除了本书中提到的不足外，还有许多需要进一步深入研究的问题。搭建资产证券化融资的法律体系，完善实施的宏观市场环境，对相关法规的修订和进行专门的立法，都是艰巨而复杂的系统工程，需要从业人员长期和持续的研究与创新。

（1）持续推进小水电建设资产证券化。

在 2008 年金融危机之后，国内外资产证券化的发展和推广有暂缓的趋势。但随后在实体经济复苏的拉动下，证券化产品的发行和交易又重新活跃起来。经过金融危机的教训，国内外在资本证券市场都加大了对交易规模的限制力度，并对参与者的交易行为进行监管，对于资产证券化来说，则面临着更为严格的监管氛围，这不但是资本市场所必需的，也是资产证券化业务所必需的。证券市场只有在制度化、规范化的思路指导下发展，才能真正保障投资者的权益，从更为长远的视角看，才能构建良性的证券化市场和运作环境。

当前和今后的一个时期，我国正处于全面建设小康社会、全面深化改革、加快推进现代化的重要历史阶段，各行各业对电力的需求仍将保持稳定增长的趋势。我国正在发动全社会的力量推进节能减排工作，促进产业升级，推动技术进步，积极地发展水电、核电、风电、太阳能发电等清洁能源仍将是今后一段时期的工作重点。

不论是去产能、治理雾霾和节能减排，还是小水电代燃料工程及新农村建设，都将使小水电行业的发展直接受益，小水电行业目前处在发展的最好历史时期。同时，政策的有力支持和相对低廉的融资成本使小水电企业的建设规模创造了历史新高。

资产证券化融资手段不同于传统的项目融资，在我国应用的时间不长，对于国内的资本市场和小水电行业来说都是相对陌生的课题。因此，资产证券化融资手段不但在大中型水电建设项目中有着非常广阔的操作空间，对于资金缺乏的小水电行业来说，更无疑是找到一条生路。随着资产证券化融资手段在中国运用得越来越广泛和成熟，随之配套的各方面的市场环境和政策法律法规体系也会日益完善，从而充分保障资产证券化交易的执行，提高参与者行为的透明度，最终会有效地解决小水电行业建设资金严重不足的现状。

（2）通过立法解决证券化过程中的难题。

①关于特殊目的机构的法律定位问题。从全球成熟的市场经验来看，特殊目的机构的形式主要有信托、公司及有限合伙三种。在我国，上述三种形式都还在一定程度上存在法律上的瑕疵，真正能够顺畅运行尚需时日。

作为公司形式成立的特殊目的机构实质上是一个非常特殊的法律实体，它通常只是起特殊作用的空壳，只在名义上对基础资产和权益拥有权利，实际的管理和控制均委托第三方行使，特殊目的机构也不拥有职员和办公场地设施。但是按照我国《公司法》的规定，公司仅包括有限责任公司和股份有限公司两类。《公司法》对股东人数、股东出资、公司章程、公司名称和公司住所都做出了明确规定。

基于相关法律对人员、固定经营场所和法定最低资本金的要求，将使得作为"空壳"存在的特殊目的机构很难获得《公司法》认可的合法地位。此外，我国《公司法》还规定，公司应当提取公积金，用于弥补公司亏损，扩大公司生产经营或者转增股本。由于在通常情况下特殊目的机构需要将其绝大部分的收益返还给投资者，自身没有留存利润，因此在现行的公司法律制度下，特殊目的机构以公司形式成立将会增加证券化的交易成本，实在不是最优选择。

新修订的《合伙企业法》增加了有限合伙企业的相关条文，以及对特殊的普通合伙企业的相关条文，允许法人体可以合伙成立。至此，我国特殊目的机构采取有限合伙形式似乎具有了法律上的依据。但由于没有具体的操作细则，制度的缺失必然导致选择合伙作为特殊目的机构的形式暂时不具可行性，仍需专门立法来对特殊目的机构的性质做出明确的定位。

目前，在我国实施证券化交易大都采用信托公司和证券公司专项资产管理计划的无形模式来替代特殊目的机构的设立。为了保障证券化交易的合法性，在《公司法》中可以增加相关条文，对为实施证券化交易而成立的特殊目的机构作针对性解释，尤其是公司住所、公司章程等等，可借鉴欧美国家的成熟经验，给予特殊目的机构合法地位。

②关于收益权的定性问题。通常情况下，资产证券化的基础资产应该具有可转移性、可让与性，能够实现交付，从而实现权属的转移。如果不能实现交付或权利的转移，则基础资产的特定化、独立性、权属清晰性、破产隔离也就失去了基础，这也是原始权益人应当向专项计划移交（转移）基础资产的意义所在。

但是按照我国《民法通则》中权利的分类标准，对不动产收益权没有明确规定，也无法清晰界定其范围和边界，最多构成一种不动产权利人对该不动产享有的权能或利益，而这种利益尚未上升至法律可提供保护和救济的"权利"，仅是一种非独立的附加权利。因此，"不动产收益权"作为资产证券化的专项计划资产（基础资产）无法独立于原始权益人的固有资产（不动产），脱离了对该项不动产本身权利的享有（或所有权、或用益物权、或租赁权），该"不动产收益权"本身并不能产生收益或现金流。物权法将应收账款列入可以单独出质的权利质权，认为应收账款实质上属于一般债权。按物权法的条文解释，应收账款的概念中包括了公路、桥梁等收费权。

由于"不动产收益权"不构成一项权利，因此，"不动产收益权"欠缺特定化及独立性，无法在法律上有效实现向专项计划的交付或转移，也难以实现向作为资产证券化特殊目的载体的专项计划的移交或转移，也就不具备资产证券化基础资产的特征。因此，不宜作为资产证券化的基础资产，也难以作为买卖合同标的及信托财产。

《证券公司及基金管理公司子公司资产证券化业务管理规定》将"不动产收益权"规定为资产证券化基础资产中的一类，不排除监管机构及市场主体对"不动产收益权"的法律性质认识有偏差，但更有可能是出于其他因素的考虑。"资产收益权"作为信托财产存在法律瑕疵，以之作为信托财产设立财产权信托，存在很大的法律风险，容易引发争议。

未来要解决以"资产收益权"作为资产证券化基础资产及作为信托财产存在的法律问题，应从以下两方面建立健全相关法律制度：一是制定与信托法相配套的信托登记制度，使需要登记或注册的财产权（如土地使用权、房屋所有权、股权、知识产权等）能作为设立信托的财产并能信托登记，从而使此类信托财产真正能实现特性化、独立性和破产隔离，并能对外产生生效或对抗效力；二是规范各类资产管理、资产证券化等业务的法律结构，可规定采取信托结构，或采取特殊目的机构结构。对资产证券化来说，采取信托结构，就是原始权益人将基础资产作为信托财产转移给信托公司，并向社会投资人发行信托受益证券；采取特殊目的机构结构，就是原始权益人将基础财产转让给特殊目的机构，而由特殊目的机构以之为基础对社会投资者发行资产支持证券。无论采取信托结构还是采取特殊目的机构结构，都比采取专项计划结构更便于基础资产的转移和登记，也能更好地发挥保障社会投资者的作用。

我国的实体经济增速已经进入追求经济发展质量的新常态，外部的经济环境愈加复杂，小水电行业面临资金需求与融资成本间平衡的选择。能够组合使用各种融资手段，将有利于小水电项目优化自身的资本结构，提高项目的经济效益。资产证券化因其独特的融资方式，较低的融资财务成本，将有机会成为小水电项目重要的融资通道。相信随着国民经济的持续发展，资产证券化融资手段在小水电行业建设中终将发挥极大的推动作用。到 2020 年，我国每年都会加大在水电行业和新农村建设的投资规模，完全靠政府财政的投资是不现实的，因此资产证券化融资将大有作为。

在推进资产证券化的业务中，小水电企业可以依靠专业的中介服务机构的协助完成相关交易事项，但最终决策依然还是需要小水电企业自己来选择。资产证券化产品的复杂性为小水电企业提出了重要的研究课题。小水电企业在实际资产证券化操作中，将会不断遇到新的问题和困境，唯一出路就是积极解决问题，积累关于小水电项目资产证券化业务的经验。

总之，在借鉴国外先进技术和经验的同时，必须结合我国的国情和实际市场环境情况进行不间断的探索。伴随着国内多层次的资本市场不断完善和扩展，相信我国小水电项目融资方式还会出现更多的创新模式。

# 参考文献

[1] 陈辉. PPP 模式手册：政府与社会资本合作理论方法与实践操作 ［M］. 北京：知识产权出版社，2015.

[2] 纪志宏，朱烨东. 中国资产证券化发展报告（2017）［M］. 北京：社会科学文献出版社，2017.

［3］ Tamar Frankel，Mark Fagan. Law and the Financial Sysytem——Securitization and Asset Backed Securities：Law，Process，Case Studies，and Simulations ［M］. Vandeplas Publishing. 2009.

[4] Joseph C. Hu. Asset Securitization：Theory and Practice ［M］. Wiley；1 st edition. 2011.

[5] Frank J. Fabozzi. Handbook of finance volume i financial markets and instruments ［M］. John Wiley & Sons，Inc. 2008.

[6] Faltin—Traeger，Oliver，Johnson，Kathleen W. ，Mayer，Christopher. Issuer credit quality and the price of asset backed securities ［J］. The American Economic Review，2010 (2)：501－505.

［7］ Vasiliki Skreta，Laura Veldkamp. Ratings shopping and asset complexity：A theory of ratings inflation ［J］. Journal of Monetary Economics，2009，56 (7)：678－695.

[8] Jerome Mathis，James McAndrews，Jean—Charles Rochet. Rating the raters：Are reputation concerns powerful enough to discipline rating agencies ［J］. Journal of Monetary Economics，2009，56 (7)：657－674.

[9] 沈炳熙. 资产证券化：中国的实践 ［M］. 2 版. 北京：北京大学出版社，2013.

[10] 邓海清，胡玉峰，蒋钰炜. 资产证券化——变革中国金融模式 ［M］. 北京：社会科学文献出版社，2013.

[11] 张奇. 旅游资产证券化（ABS）研究 [M]. 北京：经济科学出版社，2013.

[12] 魏建国，胡艳平. 水电项目 ABS 融资模式研究 [J]. 国外建材科技，2006（5）：101－103.

[13] 付彬. 电力企业应收账款证券化融资问题研究 [D]. 郑州：河南大学硕士学位论文，2009.

[14] 李智. 资产证券化及其风险之化解 [M]. 上海：立信会计出版社，2013.

[15] 史祯昕. 资产证券化流程及其会计处理研究 [J]. 辽宁师范大学学报（自然科学版），2014（9）：325－330.

[16] 杨大楷，杜新乐，肖烨. 资产定价理论 [M]. 上海：上海财经大学出版社，2004.

[17] 赵贞玉. 证券资产的定价研究 [M]. 北京：经济管理出版社，2012.

[18] 李斯克. 权益类证券定价方法 [M]. 上海：复旦大学出版社，2014.

[19] 李景欣. 信贷资产证券化问题研究 [M]. 北京：人民邮电出版社，2008.

[20] 王固琴. 试论 ABS 融资方式在西部基础设施建设中的应用 [J]. 建筑经济，2011（5）：39－42.

[21] 侯光明，江燕，孔德成，张旭. 我国资产证券化网络运作机制研究 [J]. 技术经济与管理研究，2014（7）：103－107.

[22] 郑磊，杨郡皓. 资产证券化评级：国际模型与中国实践 [M]. 北京：中信出版集团股份有限公司，2016.

[23] 梁志峰. 资产证券化的风险管理 [M]. 北京：经济管理出版社，2008.

[24] 郑林平. 水电站项目资产证券化融资模式选择 [J]. 水力发电，2005，31（12）：8－11.

[25] 李明. 我国小水电项目的资产证券化模式探讨 [J]. 水利水电科技进展，2009，29（2）：66－70.

[26] 张金若. 发起人金融资产证券化会计问题研究 [M]. 北京：中国经济出版社，2010.

[27] 葛培键，张燎. 基础设施 BT 项目运作与实务 [M]. 上海：复旦大学出版社，2011.

[28] 赵辉. 基础设施项目融资模式及其选择研究 [M]. 天津：南开大学出版社，2014.

[29] 王守清，柯永建. 特许经营项目融资（BOT、PFI 和 PPP）[M]. 北京：清华大学出版社，2008.

[30] 高峦，刘宗燕. 资产证券化研究 [M]. 天津：天津大学出版社，2009.

[31] 姚长辉. 固定收益证券——定价与利率风险管理 [M]. 北京：北京大学出版社，2013.

[32] 方国华. 水能利用 [M]. 北京：中国水利水电出版社，2013.

[33] 裴宏志，魏炳才，赵海深，田圃德. 准公益性水电项目财政补偿政策研究 [M]. 北京：中国水利水电出版社，2009.

[34] 孙鹏. 可再生能源发电产业发展与上网价格规制研究——基于能源替代博弈的视角 [M]. 武汉：武汉大学出版社，2015.

[35] 王亚华. 中国水利发展阶段研究 [M]. 北京：清华大学出版社，2013.

[36] 杨永江，王春元. 中国水战略：以水电开发为先导 [M]. 北京：中国水利水电出版社，2011.

[37] 王治中. 小水电及其他问题研究 [M]. 北京：中国水利水电出版社，2012.

[38] 傅振邦. 大型水电开发与区域经济协调发展——以三峡工程移民县湖北省秭归县为例 [M]. 北京：经济科学出版社，2013.

[39] 陈振斌等. 小水电 [M]. 北京：化学工业出版社，2010.

[40] 杨名舟. 中国新能源 [M]. 北京：中国水利水电出版社，2013.

[41] 华电电力科学研究院. 水电站经济运行及评价 [M]. 北京：中国水利水电出版社，2012.

[42] 郑有贵，张鸿春. 三线建设和西部大开发中的攀枝花：基于攀枝花钢铁基地建设和改革发展的研究 [M]. 北京：当代中国出版社，2013.

[43] 水利部农村水电及电气化发展局. 小水电代燃料工程建设与管理 [M]. 北京：中国水利水电出版社，2010.

[44] 宁健武. 我国基础设施资产证券化融资研究 [D]. 武汉：武汉大学硕士学位论文，2004.

[45] 燕宏川. 我国水电项目融资问题研究 [D]. 成都：西南财经大学硕士学位论文，2008.

[46] 邓聚龙. 灰预测与灰决策 [M]. 武汉：华中科技大学出版社，2002.

[47] 刘思峰，党耀国，方志耕，谢乃明. 灰色系统理论及其应用（第五版）[M]. 北京：科学出版社，2010.

[48] 和斌涛. 基于灰色模型的 Logistic 方程参数优化 [J]. 重庆文理学院学

报，2010，29（6）：7-9.

[49] 钟珞，饶文碧，邹承明. 人工神经网络及其融合应用技术 [M]. 北京：科学出版社，2007.

[50] 厉莎，张仁贡. 面向新农村小型水利水电运行管理——以浙江省为例 [M]. 杭州：浙江大学出版社，2013.

# 附录：近期涉及资产证券化
# 的支撑文件

[1] 2013 年 3 月 15 日，《证券公司资产证券化业务管理规定》，证监会
〔2013〕16 号.

[2] 2014 年 11 月 19 日，《证券公司及基金管理公司子公司资产证券化业务管
理规定》，证监会公告〔2014〕49 号.

[3] 2014 年 11 月 25 日，《深圳证券交易所资产证券化业务指引》，深证会
〔2014〕130 号.

[4] 2014 年 12 月 26 日，《上海证券交易所资产证券化业务指引》，上证发
〔2014〕80 号.

[5] 2015 年 6 月 26 日，《机构间私募产品报价与服务系统管理办法（试行）》，
中证协发〔2015〕132 号.

[6] 2016 年 2 月 2 日，《关于深入推进新型城镇化建设的若干意见》，国发
〔2016〕8 号.

[7] 2016 年 2 月 14 日，《关于金融支持工业稳增长调结构增效益的若干意
见》.

[8] 2016 年 3 月 3 日，《关于金融支持养老服务业加快发展的指导意见》，银
发〔2016〕65 号.

[9] 2016 年 3 月 25 日，《发改委关于 2016 年深化经济体制改革重点工作的意
见》，国发〔2016〕21 号.

[10] 2016 年 3 月 24 日，《关于加大对新消费领域金融支持的指导意见》，银
发〔2016〕92 号.

[11] 2016 年 4 月 19 日，《不良贷款支持证券信息披露指引（试行）》，中国银
行间市场交易商协会公告〔2016〕10 号.

[12] 2016 年 5 月 13 日，证监会《资产证券化监管问答（一）》.

[13] 2016 年 5 月 17 日，《关于加快培育和发展住房租赁市场的若干意见》，

国办发〔2016〕39 号.

[14] 2016 年 7 月 5 日，《关于深化投融资体制改革的意见》，中发〔2016〕18 号.

[15] 2016 年 8 月 10 日，《关于切实做好传统基础设施领域政府和社会资本合作有关工作的通知》，发改投资〔2016〕1744 号.

[16] 2016 年 9 月 22 日，《关于积极稳妥降低企业杠杆率的意见》，国发〔2016〕54 号.

[17] 2016 年 10 月 14 日，《微小企业贷款资产支持证券信息披露指引（试行）》，中国银行间市场交易商协会〔2016〕33 号.

[18] 2016 年 10 月 28 日，《资产证券化业务指南（第 10 次修订）》.

[19] 2016 年 11 月 14 日，《信贷资产支持证券信息披露工作评价规程（试行）》，中国银行间市场交易商协会〔2016〕35 号.

[20] 2016 年 12 月 21 日，《关于推进传统基础设施领域政府和社会资本合作（PPP）项目资产证券化相关工作的通知》，发改投资〔2016〕2698 号.

[21] 2017 年 1 月 11 日，《关于创新政府配置资源方式的指导意见》，国务院公报〔2017〕3 号.

[22] 2017 年 2 月 17 日，《深圳证券交易所关于推进传统基础设施领域政府和社会资本合作（PPP）项目资产证券化业务的通知》，深证会〔2017〕46 号.

[23] 2017 年 2 月 17 日，《关于推进传统基础设施领域政府和社会资本合作项目资产证券化业务的通知》，上证函〔2017〕783 号.

[24] 2017 年 2 月 17 日，基金业协会《关于 PPP 项目资产证券化产品实施专人专岗备案的通知》.

[25] 2017 年 3 月 2 日，《中国证监会关于支持绿色债券发展的指导意见》，证监会公告〔2017〕6 号.

[26] 2017 年 3 月 3 日，深交所《深圳证券交易所资产证券化业务问答（2017 年 3 月修订）》.

[27] 2017 年 5 月 31 日，《关于深入推进农业设施领域政府和社会资本合作的实施意见》，财金〔2017〕50 号.

[28] 2017 年 6 月 7 日，《关于规范开展政府和社会资本合作项目资产证券化有关事宜的通知》，财金〔2017〕55 号.

[29] 2017 年 6 月 19 日，《资产支持证券挂牌条件确认业务指引》，深证上〔2017〕387 号.

［30］2017 年 6 月 20 日，《资产支持证券挂牌条件确认业务指引》，上证发〔2017〕28 号.

［31］2017 年 7 月 7 日，《关于加快运用 PPP 模式盘活基础设施存量资产有关工作的通知》，发改投资〔2017〕1266 号.

［32］2017 年 7 月 21 日，上交所《关于进一步推进政府和社会资本合作（PPP）项目资产证券化业务的通知》.

［33］2017 年 9 月 15 日，《关于进一步激发民间有效投资活力促进经济持续健康发展的指导意见》，国办发〔2017〕79 号.

［34］2017 年 10 月 9 日，《非金融企业资产支持票据指引（修订稿）》〔2017〕27 号.

［35］2018 年 1 月 24 日，《保险资金运用管理办法》，保监会令〔2018〕1 号.

# 后　记

　　本书最初成稿于 2015 年年底，当时国内资本市场仍处于降杠杆的阶段，在编写过程中，我们发现国内资产证券化在实施过程中始终有些问题没有得到彻底解决，因此一直不能完稿。进入 2016 年，伴随着清理地方 PPP 项目、降地方债务等举措，资产证券化进入了新的发展机遇期，国务院、各部委相继发布促进、规范资产证券化实施的文件通知。尤其是近期证监会为了解决 VIE（Variable Interest Entities）结构的国内优秀企业在国内上市问题，在国内证券市场创新性地提出 CDR（China Depository Receipt）方案，可以在基本不改变现行证券市场法律框架的基础上，实现境外上市公司回归 A 股。在过去，鉴于我国目前的法律框架及相关规定，注册地在海外的公司并不能直接在 A 股上市，按照 CDR 方案发行上市，则相对方便很多，上市手续大大简化，发行成本也能够被发行方接受。

　　这无疑给国内资产证券化实施过程中解决 SPV 法律地位、税收等问题提供了借鉴和指导方向，有利于加速国内资产证券化体系的完善。再者，国内大量社会资金由于没有足够的投资品种，这些年在房地产、农产品、字画甚至一些并不合法的投资市场中游荡，有必要将这些资金合理地引入资产证券化市场，解决资金市场的供需匹配。我们觉得有必要尽快完成本书，为那些对资产证券化感兴趣的读者提供参考。

　　本书将小水电和资产证券化结合在一起，对资产证券化的发展、结构、实例、小水电资产特点等方面都予以涵盖，其中收集了大量资产证券化的实施案例和小水电行业的数据。既可以让小水电领域的读者了解资产证券化的大量知识，也可以让资产证券化领域的读者获取大量小水电行业的真实数据。

　　本书的写作、整理及出版均耗费了大量的人力、物力，参与编写的几位作者因为各自承担着繁忙的工作，编写工作都是断断续续，牺牲了各自的休息时间，只为能让读者及早地阅读到本书。相信本书的出版能使更多的读者与业内同仁有所获，并成为我们与广大读者以及业内同仁对小水电项目资产证券化进行理论与实践交流的起点。

我们尽可能详细并如实地表达我们在小水电资产证券化方面研究的心得，以对拟进入此领域或对此领域感兴趣的读者朋友了解资产证券化提供借鉴。虽然本书力求观点表达清晰、准确，但限于目前我国资产证券化实施仍然处于起步阶段，很多方面还处于边实践边完善的过程中，因而书中难免存在不足甚至谬误之处，欢迎广大读者及业内同仁批评指正，作者邮箱：342333934@qq. com。

最后，借此机会向参与本书编写的各位作者表示真挚的感谢，正是他们在繁忙的工作之余，仍然利用业余时间进行写作，才使得本书最终得以成稿付印。